刘国光经济论著全集

（进入社会主义市场经济初期的思考 1994—1996年） 第 12 卷

知识产权出版社
全国百佳图书出版单位

目　录

中国经济体制改革：成就、难点和21世纪的展望

  ——在日本青山学院召开的21世纪的中国国际研讨会上的演讲

  稿　（1994年10月29日）　1

国有企业改革路走何方

  ——《中国信息报》记者专访　（1994年10月31日）　11

中国经济的动向和中日经济关系

  （1994年11月1日）　14

对中国经济实力迅速增长及其对世界经济政治影响的几点看法

  ——在北京2000年中国经济前景分析与预测国际会议上的讲

  演　（1994年11月11日）　22

坚决抑制通货膨胀

  ——在《求是》杂志社召开的经济形势座谈会上的发言

  （1994年12月7日）　29

在加快发展南中国海外向型经济研讨会上的讲话

  （1994年12月）　34

国有企业发展两条途径的统一

  ——论"改革"和"管理"的关系　（1994年）　39

关于社会主义市场经济体制的基本框架和建立现代企业制度问题

　　——在国家统委转机建制研讨班上的报告摘要　（1994年）　43

略论京九沿线的资源开发

　　——在京九沿线资源开发战略研讨论证会上的发言　（1995年
1月10日）　57

从单项改革转向制度创新

　　——《中国市场经济报》记者专访　（1995年1月10日）　60

中国统计改革的目标取向：建立现代统计制度

　　——《北京统计》杂志记者专访　（1995年1月）　64

加强邓小平经济特区建设理论与实践的研究

　　——《邓小平经济特区建设理论与实践》序　（1995年1月22
日）　67

《资源生态经济学》序

　　（1995年2月）　71

1994年国内经济形势与1995年展望

　　——在伦敦中国驻英大使馆内举行的一次报告会上的讲话
（1995年3月17日）　74

关于以国有企业改革为重点的经济体制改革问题

　　——在伦敦中国驻英大使馆内举行的一次报告会上的讲话
（1995年3月17日）　82

谈谈当前中国国有企业改革

　　——在英国中国经济学会召开的研讨会上的发言　（1995年5
月11日）　88

中国经济成长：成就、展望、评价

　　（1995年5月）　94

当前中国国有企业改革的重点和难点问题

　　——在英国牛津大学当代中国研究中心的讲演稿摘要

（1995年5月） *104*

大转变时期的消费问题

——《消费经济》杂志记者专访 （1995年5月） *110*

当前中国经济的走向

——在日本东京三井物产贸易经济研究所的讲演 （1995年6月13日） *115*

物价上涨难避免，通货膨胀须控制

——《中国贸易报》记者专访 （1995年7月20日） *126*

在中国劳动力市场的培育与工资改革国际研讨会上的讲话

（1995年8月10日） *128*

在全国小城市企业改革研讨会上的讲话

（1995年8月18日） *133*

坚定信心，搞好国有经济

——《工人日报》记者专访 （1995年8月28日） *138*

国有银行与国有企业的协调改革问题

——在武汉大学举行的转轨时期金融改革与企业发展理论研讨会上的讲话 （1995年9月20日） *142*

转变增长方式　加快体制改革

——《中华工商时报》记者胡舒立专访 （1995年10月11日） *147*

实行经济增长方式的转变

——跨世纪发展规划的一个关键问题 （1995年10月） *153*

私营企业主是社会主义的帮手

——在中国南北私营企业家对话会开幕式上的讲话 （1995年10月17日） *157*

"九五"、2010年发展目标与增长方式转变问题

（1995年9—11月） *161*

对当前经济形势与宏观调控取向的一些看法

    ——在第八次全国中等城市经济发展研讨会上的讲话 （1995
年11月5日） *171*

中国证券市场之我见

    （1995年11月16日） *190*

"崇洋"与"崇富"

    （1995年11月17日） *201*

两个具有全局意义的根本转变

    ——《文汇报》记者专访 （1995年11月25日） *203*

1996年宜保持调控力度

    ——香港《文汇报》记者专访 （1995年12月5日） *212*

证券市场正在规范发展

    ——《中国证券报》记者专访 （1995年12月20日） *216*

国债市场：进一步规范和发展的方向与举措

    ——《证券研究》记者专访 （1996年1月） *219*

国企改革出路何在？

    ——《经济日报》记者专访 （1996年1月7日） *226*

略论转变经济增长方式

    （1996年1月） *228*

我赞成继续"适度从紧"

    （1996年1月） *235*

发挥武汉在地区协调发展中的作用

    ——在武汉与中西部发展战略研讨会上的讲话 （1996年1月
29日） *240*

论中国证券市场的发展前景

    （1996年2月） *246*

刘国光解答经济难题

　　——《中国经济时报》记者专访　（1996年3月19日）　*250*

中国区域经济发展与城市规划

　　——在区域经济和城市规划国际研讨会上的讲话　（1996年4月29日）　*253*

经济形势分析与宏观调控对策

　　——在中国社会科学院经济形势分析与预测1996年春季座谈会上的开幕词（摘要）　（1996年5月3日）　*261*

实行稳定的宏观调控政策促使经济波动的平滑过渡

　　——《经济参考报》记者专访　（1996年5月14日）　*265*

财政、货币政策将继续"适度从紧"

　　——《北京周报》记者专访　（1996年5月）　*268*

努力探索搞活国有中小企业的新路子

　　（1996年6月20日）　*272*

对当前经济形势与若干流行观点的一些看法

　　——在中国社会主义经济规律系统研究会第八届年会上的发言　（1996年8月21日）　*278*

关于物价形势

　　——在全国人大八届常委会第21次分组会议上的发言　（1996年8月）　*292*

经济增长方式转变要以体制转变为前提　两个"转变"密不可分　互相促进　同步前进

　　（1996年8月）　*296*

可持续发展战略与生态经济学

　　——在中国生态经济学会第四届年会暨学术讨论会上的讲话　（1996年9月6日）　*300*

中国经济实力迅速增长对世界经济政治的影响

　　——2000年中国经济前景分析与预测　（1996年9月）　*312*

当前我国经济形势的特点与问题

　　——在中国社会科学院经济形势分析与预测1996年秋季座谈会

　　上的开幕词　（1996年10月）　*319*

中国中小企业改革若干问题

　　（1996年11月）　*325*

走向繁荣的中国经济

　　——"中国经济发展研究论丛"总序　（1996年11月25日）　*361*

孙冶方对中国经济科学的重要贡献和当前中国经济形势问题

　　——在孙冶方经济科学基金会与香港中文大学联合举办的中

　　国内地与香港之经济发展研讨会上的发言　（1996年12月1

　　日）　*367*

收缩国有经济范围

　　——《中国经济时报》记者访谈　（1996年12月3日）　*375*

中国经济体制改革：成就、难点和21世纪的展望

——在日本青山学院召开的21世纪的 中国国际研讨会上的演讲稿 （1994年10月29日）

一、改革的进展和基本经验

1. 新中国于1949年建立以后，曾长期实行高度集中的计划经济体制。1978年12月，中国共产党第十一届三中全会才决定实行改革开放的方针。经过15年来市场取向的改革，中国的经济体制已经发生了深刻变化。

（1）以公有制为主体，国有、集体、个体、私营经济和外资经济等多种经济成分共同发展的格局，初步形成。非国有经济成分的快速发展和比重增长，给经济运行增添了不少活力。

（2）国有企业经营机制通过放权让利和包括承包制、股份制等在内的多种形式的改革试验，逐步转换。

（3）市场机制的范围和作用不断增强，目前80%以上的生产资料、85%以上的农副产品和95%以上的工业消费品的价格都已由市场供求决定。

（4）国家对宏观经济的管理，开始由行政指令性的直接控制向主要运用经济、法律手段间接调控转换。

（5）农村经济中家庭联产承包责任制得到巩固和完善，乡

镇企业异军突起，在吸收大量农村剩余劳动力和促进城乡一体化中显示了积极作用。

（6）对外经济技术交流合作广泛展开，多层次、全方位的对外开放新格局基本形成。

2. 改革和开放取得的进展，把中国经济推入了一个快速发展阶段。近十余年来，中国经济的增长速度，在世界上和亚洲都是比较领先的。与一些原实行社会主义传统计划经济制度国家相比，中国的经济体制改革是比较成功的。为什么会成功？以下几条经验是值得强调的。

（1）认真吸取当代市场经济的文明成果，但又不照抄照搬别人的模式，而是走有中国特色社会主义的道路。例如，在农村改革中，采取家庭联产承包责任制，发展乡镇企业，试行股份合作制等，都是中国农民群众自己在市场化改革浪潮中的创造。又如，所有制结构改革，中国既不走全盘私有化的路，也不排斥私人经济的发展，而是一方面使非公有制成分迅速发展，一方面改革公有制本身的实现形式，探寻公有制和市场经济相结合的道路。

（2）采取积极渐进的改革方式，而不采取"一揽子"方式或"休克"疗法。中国是一个人口众多、经济落后、内部发展又很不平衡的大国，采取积极渐进改革方式的好处：一是及时启动；二是震动面小；三是在实践中积累经验，纠正偏差，并培养改革所需的干部。

（3）改革与开放相结合，相辅相成。中国开放的特点之一是近有港、澳、台，远有海外数千万华人的背景，他们在市场经济环境中积累了资金和经验，中国易于从这些方面得到借鉴和支持。

（4）恰当处理政治改革与经济改革的关系。1978年以来，中国开始将国家的工作中心转移到经济建设和经济改革方面来。

而对政治体制改革，则采取稳步前进方式，目的是为经济改革和经济发展提供一个比较稳定的社会政治环境。实践证明，中国这样处理政治改革与经济改革的关系，客观效果是比较好的。

二、新阶段改革的基本框架和前景展望

1. 1992年中国共产党召开第十四次代表大会，第一次正式确认了中国经济改革的目标是建立社会主义市场经济体制。以此为标志，中国经济改革进入一个崭新的阶段。对中国改革的这一重大转折，我国经济学界有几种提法：

一种是说改革进入了"攻坚"阶段。认为在1991年年底以前，改革基本上打的是"外围战"。经过十多年的改革，政企还没有真正分开，国有企业没有成为市场主体，市场培育还没有体系化、规范化，宏观调控手段还不得不主要靠指令计划和行政举措。现在的改革，就是要攻下这些难题，让市场代替计划在资源配置中起基础性作用。

一种是说改革进入了"并轨"阶段。认为改革以来中国经济中形成了计划与市场新旧双重体制并存的局面。双重体制并存是渐进改革的必然结果，对推进改革有过积极作用，但是也引起种种冲突，绝非长远之计。新阶段的改革，就是要从双轨并存走向"并轨"，即通过把计划一轨并入市场一轨，以缩小旧体制的运行范围，扩大新体制的运行范围。

还有一种说法是改革"从体制外转向体制内"。认为过去在改革开始时，是稳住计划控制的一大块，放开市场一小块，让市场调节一块在一些领域不断扩大。这种改革，实际上是在旧体制外面让新体制逐步成长。因此，一些旧体制的传统阵地，特别是对国有企业触动不大。改革进入新阶段，就是要从体制外深入到包括国有经济在内的传统体制内部，使旧体制的传统阵地发生实

质性的变化，从而让新体制逐步占领一切阵地。

可见，当前改革的转折有重大意义。新阶段中国经济改革的"广度""深度"和"力度"都将是前所未有的，其"难度"也将大大增加。这是由于建立新体制，要求人们从观念到行动都相适应，特别是涉及既有利益格局的调整，绝非简单、容易的事。

2. 1993年中共十四届三中全会的《关于建立社会主义经济体制若干问题的决定》，对社会主义市场经济新体制提出了一个总体框架。按照这一框架，新阶段的改革主要在以下领域：

（1）理顺产权关系，建立现代企业制度。过去15年，国有企业的改革主要沿着让利放权的路子。企业获得了某些自主权，但始终没有触动产权关系不清、政企职责不分的传统企业制度本身，因而国有企业效率一直不很理想。今后，企业改革的重心将从让利放权转向以理顺产权关系为主要内容的企业制度的创新。基本思路是把国有大中型企业改造为以股份公司为主要形式的现代法人企业。国有小型企业可实行承包经营、租赁经营或出售给集体或个人经营。对不同所有制企业制定政策和法规，要逐步做到一视同仁，创造公平竞争的条件。

（2）培育和发展市场体系。前15年的改革，主要是培育包括消费品和生产资料在内的商品市场，而生产要素市场尚处于萌芽状态。今后，在继续完善和发展商品市场的同时，重点要加快资本、劳动力和土地等生产要素市场的培育和发展。今后价格改革的主要任务是进一步放开竞争性商品和服务的价格，加速生产资料双轨制价格并轨和生产要素价格市场化的进程。

（3）建立有效的宏观调控体系。政府对经济的管理从过去以直接行政管理为主转向今后以间接的宏观调控为主，主要运用货币政策与财税政策进行调控，并通过计划进行规划和指导，以促进经济的总量平衡和结构优化。

宏观调控体系的改革涉及财税体制、金融体制等方面的改

刘国光

经济论著全集

第12卷

革。财税体制方面，首先要把现行的地方财政包干制，改革为在合理划分中央与地方事权基础上的分税制，逐步提高中央财政收入在国家财政总收入中的比重，以增强中央财政的调控能力。为此，要对税制进行大的改革，逐步统一内资、外资企业所得税和个人所得税，推行以增值税为主体的流转税制度。

金融体制改革的重点，一是把现在的中国人民银行改造为真正的中央银行。二是建立政策性银行，实现政策性融资与商业性融资的分离，同时把现有的专业银行逐步转变为真正的商业银行。三是改革利率、汇率形成和管理体制，逐步走向市场化。在汇率方面，取消固定牌价汇率，建立以市场为基础的有管理的人民币浮动汇率制度，使人民币逐步成为可兑换货币。

上述建立现代企业制度、培育和完善市场体系和完善宏观调控体系的改革，是建立社会主义市场经济体制框架的核心部分。此外，还有劳动工资的改革、社会保障制度的建立、农村经济体制和对外开放体制的进一步深化改革，以及加强法律制度的建设等方面，也是建立社会主义市场经济体制的有机组成部分。所有上述改革，都在制定方案和实施细则，从1994年起一一全面铺开。

3. 中国经济体制的改革，今后大体可分为两大阶段：第一阶段是从1994年到2000年，初步建立社会主义市场经济体制，或者说，实现上述基本框架；这一阶段改革将与中国经济现代化发展战略的第二步相配合，即2000年同步实现GNP比1980年翻两番，人民生活达到小康水平的目标。在此基础上进入21世纪，再花20年时间不断完善新体制，使之逐步成熟，更加成型，以促进中国经济发展第三步战略目标的进一步实现，即到21世纪中叶人均GNP达到中等发达国家水平，人民生活比较富裕，基本实现现代化。

我们知道，旧中国的市场经济不发达，新中国建立后又经过了计划经济的30年统治，现在通过改革，建立市场经济体制，其基础也是薄弱的，整个经济发展的水平和素质也不高。因此，中国在20世纪内建立的市场经济体制，只能说是欠发达的市场经济体制。人们设想，到21世纪，中国应当建立现代化的社会主义市场经济体制，其特征大致有：一是在财产组织形式上以公有制为主体，各种所有制将进一步相互渗透，所谓"混合经济"将占较大比重。二是市场体系特别是生产要素市场进一步完善，金融市场发挥枢纽作用。三是以间接手段为主的宏观调控体系更加完备、有效。四是收入分配更加体现效率优先、兼顾公平的原则，社会保障制度也趋完备。五是经济法制日益健全，使市场经济真正成为法治经济。六是与国际市场相沟通，与国际惯例相接轨。七是政治体制改革也将有新的进展。

中国是一个大国，经济发展不平衡，改革在区域之间也呈梯度状态。发达地区如华南、沿海，在提前实现"小康"后，有可能到2010年或2020年就达到中等发达国家的水平；这些地区的改革也是先走一步，有可能在2010年就使新体制进一步成熟。这些地区市场化和现代化的先行性和超前性，将成为带动其他地区深化改革的"火车头"。

三、改革面临的难题及其对策考虑

1. 面向21世纪，我们对中国经济体制改革的前景是乐观的。国际和国内的形势给中国经济的加快发展提供了一个难得的机遇。当前更是实行改革最有利的时机。当然，中国的改革不可能一帆风顺。在新旧体制转轨过程中，必然带来许多摩擦，这与经济发展中的矛盾交错在一起，使走向21世纪的改革面临不少难题，主要是：

（1）反复出现的通货膨胀问题。长期以来，由于旧体制中吃"大锅饭"和预算软约束等因素的影响还未消除，盲目追求产值和扩大投资规模进而导致经济过热和通货膨胀的现象反复出现，形成周期性的经济波动，使改革进程受到干扰。

（2）国有企业改革的滞后问题。这不仅由于传统的企业体制存在弊端，并且由于企业负担沉重。国有企业一般有四大包袱：一是承担社会就业任务，安排人员过多，特别是老企业退休职工多，都不能辞退或推出不管。二是过去企业利润大部分上缴国家，而企业流动资金基本上靠银行贷款，这十余年来的基本建设和技术改造投资也多靠贷款，以致债务越积越重。三是企业"办社会"，即为职工包办各种生活福利、社会服务事业，从住宅、医疗到职工子女的教育、就业等。四是税费负担不断增加，即所谓"乱收费、乱摊派"，屡禁不止。

（3）就业压力问题。中国劳动力丰富是一种资源优势，同时也带来就业难题。20世纪70年代以来，乡镇企业和其他非农产业已经吸收农村剩余劳动力达1亿多，现在农村剩余劳动力仍有1.7亿左右。这在地区之间很不平衡，于是出现了所谓"民工潮"，从90年代初的100万~200万人增加到近年来的500万人以上。此外，国有企业制度的改造、产业结构的重组，以及政府职能的转换等，也有大量多余劳动力需要重新安排，如果处理不好，就会影响社会稳定，使改革进程受挫。

（4）地区发展不平衡和收入差距扩大问题。改革开放以来，东南部沿海地区经济发展持续快于西、北部地区，使两者之间经济发展水平和居民收入水平的差距越来越大。同时城乡之间，不同行业、职业，不同经济成分，不同单位之间的工资收入差距也在扩大，一些暴富和不少畸高收入者不尽是靠辛勤劳动或合法经营所得，这种情况已经带来社会心理失衡和若干社会矛盾，处理不好也会影响社会稳定，干扰改革和发展。

（5）不良现象的滋生问题。新中国的社会风气和治安情况，原来是较好的。改革开放以后，在唤醒个人利益动机和引进积极事物的同时，也带来许多消极腐败的东西，如色情、吸毒、暴力、贪污、权力与金钱交易等丑恶现象。

（6）在众多改革措施中，转变政府职能、精简政府机构是一个关键，但这方面的改革涉及权力重组和人员安排，阻力很大，因此进展缓慢，并阻碍其他方面改革的顺利实施，等等。

2. 对于上述中国经济改革面临的难题，必须研究相应的对策，才能保证中国改革开放和现代化建设顺利进入21世纪。这些问题都是当今中国经济学界热门话题，可供考虑的有下述一些意见：

（1）为改革提供一个比较良好的发展环境。中国的经济发展，必须要有适宜的增长速度，过高、过低的速度和经济的大幅波动，既不利于经济的持续增长，也不利于改革的顺利推进。在目前到20世纪末建立社会主义市场经济体制的过渡时期，主要依靠控制投资规模和采取松紧适度的宏观调控措施，把经济年增长率掌握在8%~9%，以减缓周期波动幅度，尤其要注意防止和抑制经济过热和严重通胀的再现。

（2）为国有企业减轻负担，加快转制。国有企业只有放下包袱，才能逐步转换机制。放下包袱的办法：对人员过多，可以通过完善社会保障制度和改革劳动用工制度来解决，并有一部分分流到新扩建企业和第三产业；对债务过重，可以区别不同情况，采取以债转股、冲销陈欠等来解决；对企业"办社会"，可以通过发展第三产业，逐步把这些社会福利和服务事业从企业剥离出来；对税费负担，可以通过税制改革，使各种经济成分的企业负担公平。对长期亏损、经营无望的企业，实行破产、兼并，关键是对其人员要有适当处理和安排。

（3）为农村剩余劳动力的转移创造多种途径。这主要是进一步大力发展乡镇企业，在农村地区广泛建立小城镇，并在逐步发展资金、技术密集型产业的同时，继续发展劳动密集型产业和第三产业；既有"离土不离乡"的就地转业，也有城乡之间、异地之间的流动和迁移。为此，有必要进一步改革长期以来城乡隔离的户籍制度。农村劳动力向非农产业转移，以及其他部门、企业间劳动就业重组，还有一个提高劳动力素质和适应能力问题，这要通过提高农村教育水平和广泛建立劳动就业培训体系来解决。

（4）为缩小地区之间的差距，要改变过去单纯依靠财政资助的"输血"政策，转向培育"造血"机制。主要在内地因地制宜地加快发展农业、运输业和开采业、加工业，充分发挥其土地、矿产和劳动力的资源优势。同时，还要着力于在沿海和内地之间，东南部和中西部之间进行大量的铁路、公路、通信等基础设施建设；并组织相互协作，把沿海的资金、技术、人才与内地的资源结合起来。要进一步放宽外资在内地的投资政策，加强内地的资源开发和经济发展。

（5）为走向共同富裕改革收入分配制度，要进一步贯彻效率优先、兼顾公平的原则。尽快消除由于双轨制的价差（利率差、汇率差等）而引发的寻租行为和分配不公现象，并推行所得税等，力求逐步消除不合理的差距过大，随着时间的推移走向绝大多数人的共同富裕。

（6）为消除社会不良现象，要一手抓物质文明建设，一手抓精神文明建设。一方面要加强教育，提高人民群众特别是青少年的道德水平，使他们能自觉抵制这些消极的东西；另一方面要加强法制建设，详细制定并严格执行法律法规，坚决打击社会丑恶现象。这里的一个关键还在于政府官员奉公守法，防止腐败，上行下效，这样才能逐步形成良好的社会风气。

（7）最后，转变政府职能和精简政府机构。看来，政府职能与机构的改革涉及权力结构调整方面的问题，必须通过政治体制和行政体制的进一步深化改革来解决。涉及精简人员再安排的问题，则要靠发展各种经济文化实体来吸收，并通过人员再培训的办法来解决。

总之，中国人民在建立现代化的社会主义市场经济的伟大事业中，还要在世纪之交走一段相当长的路。过去十多年改革的经验，使我们有充分的信心，克服途中的险阻，达到光明的彼岸。

国有企业改革路走何方*

——《中国信息报》记者专访

（1994年10月31日）

改革开放以来，我国经济体制发生了很大变化，也遇到了许多新情况、新问题，尤其是国有企业改革路走何方，引起社会各界的关注。带着这个问题，记者石方川采访了刘国光。

记者向刘国光介绍，最近国家统计局出了一份研究参考资料，这份资料认为：对近几年国有工业比重大幅度下降的趋势无须忧虑，只要把握住几个重点行业，其他均可放开；并提出现阶段我国国有工业企业比重以保持在25%左右为宜。这份资料在《中国信息报》刊登之后，引起社会各界很大关注，甚至引起中央最高层领导的重视。国有企业比重下降是喜是忧，记者请刘国光谈谈自己的看法。

刘国光并没有直接回答这个问题，而是反问道："改革开放以来，哪些地区发展最快？"记者说："沿海开放地区。""沿海开放地区，哪些企业发展快？""当然是乡镇企业、三资企业了。"刘国光说："这有什么不好？！改革开放以来，旧有的老一套模式已不适用，现在我国是国有、集体、其他类型的多种经济各显神通，只要符合邓小平'三个有利于'的精神，即有利于发展社会主义社会的生产力，有利于增强社会主义国家的综合国力，有利于提高人民的生活水平，我们就应该支持。"

---

* 原载《中国信息报》。

对于国有企业在国民经济中应占多少比重为宜的问题，刘国光认为，这实际上是掌握国民经济命脉的问题。他说，几年前，国务院研究室对这个问题曾进行过研究，研究报告中提出，到2000年国有企业比重有可能降到30%，但并没有引起人们的关注。现在这个问题又一次提出来，却成了一个敏感问题。刘国光的看法是：

1. 公有经济是我国各种经济成分的主体，因而在国民经济中应该占有足够的份额。我们国家要以公有制为主体，公有制包括国有和集体的财产，这部分比重现在仍占80%左右，也就是占绝对优势，因而没有必要担心。今后不管发生什么变化，公有制占主体不能丢。至于国有经济的主导地位，我认为这不是一个数量概念，而是质量概念。对于涉及国家命脉的重要行业，国家必须掌握，或国家独资，或国家控股。其他行业可让给非国有以致非公有成分。我们必须明确，哪些行业由国家掌握而不能让非国有经济控制，哪些行业可以由非国有成分（如集体）控制掌握但不能由非公有成分控制掌握，哪些行业可以让给非公有成分掌握控制但不能让外资掌握控制，哪些行业外商可以控股。

2. 近年来国有企业效益不高甚至下降，这并不是必然的现象。现在，我们的国有企业与非国有企业并不在一个起跑线上，大部分企业面临着设备旧、负担重、上缴利税高、自有资金低等实际困难，这就很难与非国有企业竞争。如果这些国有企业能丢掉包袱，与非国有企业在同等条件下竞争，那么国有、非国有比重的高低应由市场竞争决定。

3. 计算方法值得商榷。传统的计算方法统计国有工业产值，只计算国有全资工业企业的部分，一旦企业与外商合资或转轨为股份制企业，或与其他所有制联营，便被列入其他类型统计。所以，随着这些企业的增加，在数字上就必然反映出国有企业的减少。最近，上海市统计局采用新的统计方法对国有企业产值进行了测算。这种方法是按照国家资金中的国有部分为线索，将在集体和其他类型工业企业中的国家部分纳入国有成分。新的统计结果显示，1993年上海市国有工业的固定资产原值、总产值、出口产值和利税总额等主要指标均占2/3以上，并非人们所说的国有企业比重那么低。

建立现代企业制度，是我国当前改革的重点，也是国有企业改革的方向。现在社会上有一种普遍的看法，认为国有企业搞现代企业制度的途径就是全部公司化、股份化。当记者问到刘国光对这个问题的看法时，他说："从十一届三中全会决定的精神来看，这种看法是不准确的。需要说明的，一是现代企业不等同于公司，有许多企业不是用公司的形式。二是公司也不一定是股份制公司。三是股份制公司不一定所有企业的股票都上市。中国的国有企业实行现代企业制度，不一定非得搞成上市的股份公司。实行公司制不是简单更换名称，也不是单纯为了筹集资金，而是着重于转化机制。"

中国经济的动向和中日经济关系[*]

（1994年11月1日）

一、中国经济动向

从1949年新中国成立，到1978年12月中国共产党十一届三中全会召开，中国实行了高度集中的计划经济体制。经过15年来改革的逐步推进，中国的经济体制发生了深刻的变化：以公有制为主体，国有、集体、个体、私营、外资经济多种成分共同发展的格局已经初步形成；市场经济的范围和作用不断增强；国家对经济的管理，由过去行政指令性直接控制开始转向用经济、法律手段进行间接调控；初步形成了包括经济特区、沿海、沿边（境）、沿江（长江、珠江等）、沿主要交通干线和内陆中心城市在内的多层次、全方位的对外开放的新格局。

中国经济改革和对外开放取得的进展，把中国经济发展推向一个快速发展阶段。1979—1993年，中国GNP（国民生产总值）每年平均增长9.3%，农业年平均增长6.1%，工业增长14.2%。中国的综合国力不断增强。相应地城乡居民生活水平也得到提高，1978—1993年，农村居民人均收入扣除物价因素，每年实际增长7%；城市居民人均工资收入每年实际增长5%。

---

[*] 系作者应日本宫城县日中友协、东北经济联合会、仙台商工会议所及仙台经济同友会等五团体联合邀请，在日本仙台市所作的讲演。原载《日本市场经济》1994年第4期。

改革开放的结果，使中国经济与世界经济的联系更加紧密。中国的进出口贸易从1979年的240亿美元增加到1993年的1957亿美元，占世界贸易总额的比重，从第32位提高到第11位。1979年到1993年全国共批准外商投资项目17.4万个，外商实际投资639亿美元；其中，1993年外商直接投资260亿美元，占当年全世界发展中国家吸收外商直接投资的30%，成为世界上仅次于美国的第二大吸收外国直接投资的国家。

改革开放以来，中国经济的发展并不是一帆风顺，而是存在不少问题，也经历了几次周期起伏。1992年以来进入新一轮的高速增长，1992年、1993年两年GDP的增长率都达到13%以上，工业增长率在20%以上。但是与此同时，中国经济生活中也出现了一些令人担忧的现象，诸如投资过热、金融混乱、物价上涨，以及某些泡沫经济现象的出现等。1993年下半年以来，中国政府开始实行了名叫"十六条"的加强宏观调控的措施，1994年以来在财税、金融、外贸、外汇等领域又采取了一些重大的改革措施，克服了前两年高速增长过程中出现的某些过热和某些混乱的现象。固定资产投资明显降温，金融秩序好转，特别是外汇改革稳定了汇率，使人民币向可兑换货币的方向迈进了一大步。同时，中国经济的发展在过高的增长率有所回落的情况下，仍然保持了较快的速度；1994年前三季度GDP比1993年同期增长了11.4%，工业增加值保持了16.6%的增长幅度，预计全年GDP增长11.5%，宏观经济运行的态势基本是正常的，但还存在不少问题。目前的主要问题是物价上涨率偏高，与1993年相比，物价上涨率达到20%以上。再就是国有企业遇到困难较大，相当多的无效投资和亏损企业仍在吞噬大量的社会财富，形成国民经济中的大黑洞。农业的基础也不稳固，农产品涨价成为1994年物价上涨的一个最主要的动因。此外，东部和西部地区的经济收入差距扩大，社会分配不公的问题也突出起来，等等，这些问题都需要解决。为了保障1995年改革和发展的顺利进行，1994年下半年首先集中治理通货膨胀，采取强化宏观调控和改革的措施，争取到1995年把物价上涨率控制到10%以下，以保证经济的"软着陆"和平稳发展。

中国经济生活中存在的种种问题，归根结底，要靠进一步深化改革来解决。1993年中共十四届三中全会通过《关于建立社会主义市场经济体制若干问题的决定》（以下简称《决定》），为进一步深化改革制定了总体框架。今后几年经济体制改革将主要在以下领域进行。

1. 企业改革。国有企业改革的基本做法是大中型国有企业将改造成为有限责任公司和股份有限公司，小型国有企业可以承包、租赁和出售给集体或个人经营。要平等地对待各种不同所有制的企业，为它们创造一个公平竞争的环境，这样有利于整个经济的发展。

2. 培育发展各种市场。今后市场培育和发展的重点，将从商品市场转到生产要素市场方面来，包括资金、劳动力、房地产市场。此外，还有技术市场、信息市场。

3. 建立一个有效的宏观经济调控体系。政府对经济的管理，要进一步由过去的直接行政手段为主转向主要用间接的经济手段和法律进行管理，用货币政策、财税政策进行调控。为此，要对财政税收体制、金融体制、投资体制以及流通体制等进行全面系统的改革。

上述企业改革、市场改革和宏观调控改革是建立市场经济体制的核心，环绕这个核心，还要配套进行一系列改革，如劳动工资制度的改革，社会保障、保险制度的改革，住房体制的改革以及加强法律制度的建设，等等。这些都是建立社会主义市场经济体制必不可少的。所有上述改革，都在一一制定方案和实施细则，从1994年起逐步铺开。

1994年是落实中共十四届三中全会《决定》的第一年，各项深化改革的措施陆续出台，1994年的改革重点在宏观调控体系方面，特别是财税体制和外汇体制改革，已经有了一个良好的开端。国有企业制度的改革也进行了一些准备和试验工作，看来这是我国经济改革中的一个最难的难点和最重的重点，1995年起将着重抓这方面的改革，以及与之相应的社会保障、保险制度的建立。总之，各项改革将要全面、配套、有重点地坚持进行下去，从现在起经过五六年到20世纪末，我们将初步建立起社会主义市场经济新体制。进入21世纪后，再花10年到20年的时间，大约到2020年，使新体制逐步完善，更加成熟，能够同国际上市场经济的规矩、做法自然接轨。

这里我讲讲中国经济发展的长远目标。20世纪80年代初，邓小平提出了中国经济发展的三步走的战略部署。第一步的战略目标是到1990年，GNP比1980年翻一番，人民生活达到温饱水平。这一步经过80年代改革和开放的努力，已经基本实现。第二步是到2000年，GNP达到1980年的400%，人民生活达到小康水平。这一步我们正在通过90年代进一步深化改革来促成。到2000年，初步建立社会主义市场经济新体制，第二步经济发展战略目标也将同步实现。第三步是进入21世纪以后，再花30年到50年的时间，初步实现现代化，达到中等发达国家的水平。这一步要靠21世纪进一步完善新体制，使社会主义市场经济体制逐步成熟，逐步成型，促成第三步发展战略目标到2050年基本实现。

总之，走向21世纪的中国经济，充满着机遇和希望，当然也面临着许多挑战和困难。我们要抓住机遇，迎接挑战，克服困难，把中国的改革和发展推向前进。

二、中日经济关系

1972年中日两国恢复邦交以来，特别是中国改革开放以来，中日两国在贸易投资和技术等领域的交流与合作得到了长足的发展。

在贸易方面，中日双边贸易额从1979年的11亿美元迅速增加到1993年的380亿美元，增长了33倍，日本已成为中国的第一大贸易伙伴，同时中国也成为日本仅次于美国的第二大贸易伙伴。在对华直接投资方面，到1990年年末，日本对华直接投资累计件数达859件，金额累计28.22亿美元，比1979年分别增长了285倍和201倍。20世纪90年代以来，日本对华投资有了新的发展，到1993年累计件数达7182件，金额达88.6亿美元，现在日本已是除中国香港、中国台湾以外，仅次于美国的第二对华直接投资大国。在对华技术转让方面，1981—1986年，日本不论在数量还是金额上均占首位。尽管80年代中后期曾大幅度缩减，但1992年重新恢复迅速发展，到1993年上半年，双边技术贸易额已占同期中国对外技术贸易总额的32%，日本再度名列第一。

20多年来，中日经济在迅速发展的同时，也面临着一些矛盾和问题，主要有：

1. 中日贸易不平衡问题。过去20年中日贸易发展历程中存在周期波动的现象，双方贸易赤字交替出现。在目前贸易商品结构条件下，中国对日出口的一些重要商品的市场潜力已不很大，而转变出口商品结构涉及产业结构、生产结构的调整，需要一个过程；同时，随着日本经济逐渐走向复苏，特别是中国一旦恢复GATT席位，日本对华出口将迅猛增长，其结果是中日贸易中，中方逆差很可能急剧扩大，出现新的更严重的不平衡。对此，中日双方都应给予高度重视。如果今后中日双方不能有效地解决贸易不平衡问题，双方的经济矛盾会加剧，并将损害中日经济关系的长期稳定发展。

2. 日本对华直接投资起步较晚，投资规模和企业就业规模都比较小，最近才急起直追，某些财团大企业对华进行现代化大规模投资，开始初现端倪。在投资结构上过去偏重于非制造业，特别明显倾斜于服务业、商业等第三产业。截至1990年7月，日本对华直接投资累计额中，制造业只占22.5%，资源开发占2.3%，而第三产业高达75.2%，这与中方引进外资的结构导向不完全符合。

3. 日本对华技术转让，从总体上看仍然是中日经济关系发展中的薄弱环节，转让项目技术含量较低。1988年，美、西德对华技术出口额中技术费所占比重分别为44%和29.8%，日本只有25.7%，日本企业更倾向于转让标准化技术而非先进技术，这种情况同我方技术引进方针也有一定矛盾。

形成上述问题的原因，有中国方面的原因（如投资环境特别是软环境的整备等问题），也有日本方面的原因。这里仅就日本政府与企业界对华投资和技术转让的态度来说，日本政府在对华投资问题上比较积极，向我提供了大量日元贷款，但受政治影响较大。作为直接投资主体的日本企业界，特别是大企业对华投资曾长期持迟疑观望的态度，这种情况近来已开始有所改变。最近，越来越多的日本企业包括一些财团大企业开始表现出对华投资的越来越大的兴趣。但在技术转让方面，日本一些人士对中国技术水平和经济实力的提高抱有顾虑，把中国看成是潜在的竞争对手，非常重视保持对中国的技术优势，对华技术转让主要采取设备出口的方式。这种顾虑严重阻碍了日本对华进行技术转让。这不仅不利于双方贸易关系，也会影响日本在中国投资市场技术市场的地位。

尽管中日经济关系的发展面临着一些矛盾和问题，但总体上看，20世纪90年代后半期中日经济关系将保持良好的发展势头，为21世纪中日经济关系的大发展奠定坚实的基础，主要表现如下。

1. 20多年来中日经济关系的发展，使中日双方共同认识到保持良好的中日关系对双方都是极为重要的。事实证明，中日两国的经贸合作是互利的。保持良好的中日关系，不仅有利于中日双方，而且由于中日两国对东亚地区有重要的影响力量，两国关系的稳定发展还将为该地区的繁荣和稳定做出贡献。现在，推动中日经济关系的稳定发展，已成为双方各自对外战略的重要组成部分。

2. 20世纪90年代初，日本经济经历了战后历时最长的不景气，为促进经济复苏和振兴，日本除了采取政府干预刺激国内需求等传统办法外，重要的一条就是开拓海外市场，加强同世界经济最富有活力、发展最快的亚太地区特别是中国的合作。由于日元升值等因素，日方的发展承受着巨大的压力。为缓和这一矛盾，日本正在积极地进行产业结构调整，向国外转移资金和技术。中国是缺乏资金和技术的国家。朱镕基副总理1994年春访日时曾说："在这方面中日两国之间是很好的合作伙伴，而不是竞争对手。"处于不同发展水平的中日两国经济的互补性很强。这是今后相当长时期两国经济关系的一个深厚的基础。

3. 中国日益增长的市场潜力，成为今后中日经济关系进一步发展的重要推动力量。现在，全世界都看好中国市场。根据预测，到2000年，中国进口总额将达4000亿美元，从现在到20世纪末中国进口订货累计总额将达1万亿美元。目前中国从沿海到内地到处都在开发建设，投资市场潜力也非常之大，一些日本学者已敏锐地指出中国是地球上最后的也是最大的市场。日本对华投资与日本对亚洲其他国家地区单纯的"劳动力指向型""资源指向型"的投资不同，具有明显的市场指向。可以预测，20世纪90

年代后半期日本对华投资将会掀起新的高潮，相应的中日贸易也将进一步扩大和发展。

4. 中国改革开放政策的坚持执行，将为中日经济关系的进一步发展提供体制和法制的保障。如前所述，中国将在20世纪末初步建立社会主义市场经济体制，以后再花20年时间完善市场经济体制，使之逐步成型，同时完成和完善法制建设，使我国经济运行能够同国际上市场经济的规矩、做法自然接轨。中国经济管理体制和投资环境的逐步完善，将有益于中日两国经济合作的发展。

5. 如前所述，日本与中国的经贸合作已经取得了积极的进展，并且合作的领域正在不断扩展和优化。特别值得一提的是，日商开始在基础设施、能源和原材料工业领域兴办了一批我国国民经济所急需的资金密集型项目。日本一些国际著名财团大公司正在中国设立工业投资项目，或增加了投资，许多大公司还做出了向中国投资的中长期规划。不少中小企业也继续积极到中国投资，并且有很高的投资热情和兴趣。这些都是值得我们高兴的事情。

中日两国是一衣带水的邻邦，有着2000多年友好交往的历史。天时、地利、人和各方面的因素，都有利于中日两国经贸合作的进一步发展。10年前，邓小平在会见日本前首相中曾根时说："要把中日关系放在长远的角度来考虑，来发展。第一步到21世纪，还要发展到22世纪、23世纪，要永远友好下去。"中日两国经济贸易合作关系的不断发展和深化，将会促进两国经济繁荣、两国人民的友好，并有利于亚太地区和世界的和平与发展。

对中国经济实力迅速增长及其
对世界经济政治影响的几点看法

——在北京2000年中国经济前景分析与预测
国际会议上的讲演
（1994年11月11日）

    1. 十多年来，中国经济在改革开放政策的推动下，取得了较高的增长速度。1979年到1993年，GDP增长近2.8倍，年均增长率为9.3%。中国经济的迅速成长举世瞩目，引起人们对中国经济实力的种种议论。国际货币基金组织（IMF）去年（1993年）公布了用实际汇率和购买力平价两种折算方法估算的各国1991年的GDP（见附表1）。其中，中国的GDP按照实际汇率（1美元=4.7元人民币）折算为4300亿美元，在世界各国排位第10名；而按购买力平价（1美元=1.2元人民币）折算，则为16 600亿美元，排位一下子升到第3位。这件事曾引起一些人士的震惊，其实，这两种折算方法各有其自身的含义、用途与缺陷，这里不去详论。中国社会科学院课题组也按这两种折算方法初步测算了未来二三十年内中国GDP的成长及其国际位次（见附表2）。

    根据实际汇率折算法，到2000年，中国GDP为9300亿美元，由1991年的世界第10位上升到第7位；2010年为19 200亿美元，上升到第4位；2020年为36 000亿美元，上升到第3位，但仍远远落后于美国和日本（美国将为11 8000亿美元，日本为11 0700亿美元）。而按照购买力平价折算法，到2000年，中国GDP为36 000

亿美元，将略微超过日本（34 300亿美元），由世界第3位上升到第2位；到2020年，将达139 400亿美元，略微超过美国（118 000亿美元）。

由此我们看到，对各国GDP的估算和预测，采用不同的方法，会得出不同的结果。一般来说，用实际汇率折算法，发展中国家的相对经济实力往往被低估；而用购买力平价折算法，则发展中国家的相对经济实力往往被高估。探讨这些折算方法和预测是否妥当，不是我们这里的目的。但是，无论采用哪种折算法，都表明了中国经济总规模的迅速增长，在未来的二三十年将走向世界前列。对于中国经济实力的迅速发展应该给予怎样的评价，它对世界政治与经济的发展将产生怎样的影响，众说纷纭，莫衷一是。下面谈谈我个人的看法。

2. 对中国经济迅速增长的评价。20世纪80年代以来中国经济进入一个高速增长的时代，是从一个很低的基础上起步的。近一个半世纪以来，西欧、北美、日本以及后来亚洲一些国家和地区，先后完成了工业化，实现了经济的高速增长。而与此同时，由于外部、内部种种原因，中国的经济却大大落后了。80年代以后，世界和中国的政治经济形势，给中国经济的快速发展提供了机遇。但是中国经济的快速发展，只是后进者的加快发展。后进者需要补发展的课。现在，中国仍然是一个发展中国家，1994年6月1日联合国《1994年人类发展报告》再次肯定了这一点。无论从全球角度还是从新近加快发展的亚洲来看，中国的发展水平还落后很多，补发展的课还是一项极艰巨的任务。

众所周知，估量一个国家的经济实力和发展水平，不能光看经济总量（以GDP或GNP为代表），还要看人均水平和经济发展的结构、质量。中国经济总量增长尽管很快，但是人均水平还很低，发展质量也还很差。

首先，从人均GDP来考察。根据中国社会科学院课题组的初步测算，在未来的二三十年内，中国不可能进入高收入国家的行列。

即使不用汇率折算法，而用估算结果往往夸大发展中国家相对地位的购买力平价折算法，2020年中国人均GDP将达到10 570美元，属上中等收入国家范围。而2020年美国人均GDP将是35 410美元，为中国的3.4倍；日本人均GDP是56 580美元，为中国的5.4倍。中国与美国、日本的差距依然很大（见附表3）。

中国不仅人均收入水平较低，而且地区之间收入差距相当大。1991年全国人均国民收入为1429元人民币，收入最高的上海市为5423元，为收入最低省份（贵州、安徽两省人均国民收入只有888元）的6.11倍。地区差距的扩大，是20世纪80年代以来推行的"让一部分人和一部分地区先富起来"政策的结果，这无疑是中国通向高效增长和共同富裕的必由之路，但是它带来目前地区间的不平衡是一个事实。海外一些人士在评估中国经济发展水平时，往往容易以某些经济较发达地区，特别是上海、北京、广州等地的观感为依据，结果形成整体高估的结论。现实的情况是，在中国还有不少地方尚未真正实现温饱，少数民族地区和一些边远农村还相当落后，有8000万人还处于贫困之中，中国的脱贫压力还相当大。这是在评估中国经济实力时不能不看到的事实。

再从产业结构来看，尽管中国经济总量迅速增长，但其产业结构的现代化程度还很低。1992年各类产业从业人员占总从业人员的比重，第一产业高达58%，第二产业为22%，第三产业仅为20%。而在经济发达国家，第一产业一般在5%以下，第三产业一般均在60%以上。中国目前发展较快的还是劳动密集型产业，而高科技和高附加值产业的发展还刚刚起步。中国面临着产业结构优化和升级的艰巨任务。

再从城乡结构来看，中国都市化程度很低，与经济发达国家形成强烈的反差。1993年，中国城镇人口的比重为28%，乡村为

72%。而在经济发达国家，二者的比重正相反，城市人口比重一般在75%以上，乡村一般在25%以下。中国要把巨量农业就业人口转移到非农产业，看来也不是二三十年就能解决的。

以上我以人均水平、地区差距、产业结构、城乡结构为例，简要说明了尽管中国GDP总量增长令人注目，但实现现代化的任务仍然很艰巨。这方面的例子还可以举出很多，诸如管理水平、技术水平、基础设施、环境质量等，从全国范围来说，离现代发达国家的差距仍然很远。中国提出到2050年初步实现现代化的任务，接近发达国家的水平，这并不是为了谦虚，说说而已，而是从国情出发的战略估计。所以，我们在评价和认识中国经济实力增长这一事实时，必须实事求是，全面考虑，这样才能得到正确的结论。

3. 下面再谈谈我对中国经济的快速增长对世界政治经济影响的看法。当前，世界上带全球性的有两大问题，一是和平问题，一是发展问题。就发展问题来说，中国拥有世界1/5的人口，10多亿人口的中国如果今后长期仍然停留在贫困落后的不发达状态，不仅对于中国，对于世界也是一个大包袱。从这一角度来看，中国经济发展的本身就是对全球人类发展做出的重大贡献。现在世界上有不少人说，21世纪是"亚洲太平洋世纪"，但是目前亚太只有日本、四小龙、澳洲、新西兰比较发达，加上美国、加拿大西部地区，总共人口不过3亿。而亚洲30亿人口中，中国就占1/3。没有中国的发展，没有印度的发展，没有亚洲其他国家的发展，就谈不上什么"亚洲太平洋世纪"。所以，中国经济的发展是亚太地区和整个世界经济发展的不可忽视的组成部分。我想，对这一点，大家是有共识的。

更重要的一点是，中国经济的发展和经济实力的增强，为亚太地区和世界经济发达国家扩大商业出口与对外投资提供了良好的机遇和宽阔的场所。大家知道，中国自改革开放以来，进出口贸易增长势头强劲，1979—1993年15年间，每年年均以16%的增长率上升。其占世界贸易总额的位次，1979年为第32位，1993年提升到第11位。中国利用外资的规模也一直呈增长趋势，1979年到1993年间，外商在华投资项目累计已达17万个，中国实际利用外资金额达639亿美元。其中，仅1993年中国就批准了外资项目8.3万个，实际利用外资金额257亿美元。中国已成为全世界仅次于美国的第二大吸收外国直接投资的国家。现在全世界都在看好中国市场。根据预测，2000年中国的年进出口贸易总额将达4000亿美元，从现在到2000年进口订货累计将达1万亿美元。这个大市场的吸引力是显而易见的。中国经济规模的扩大、收入水平的提高和投资环境的改善，将为从亚太地区和世界经济发达国家吸纳更多的商品和投资，提供更广阔的市场，从而有利于亚太地区的繁荣，有利于经济发达国家景气的上升和就业的增长。

有人对中国出口能力的相应增大表示担心。但是中国如果不增加出口能力，又如何能够对外扩大开放中国的市场？1985年3月4日邓小平在接见日本商工会议所访华团时说过："一些发达国家担心，如果中国发展起来，货物出口多了，会不会影响发达国家的商品输出？这里是存在一个竞争问题，但是，发达国家技术领先，高档的东西多，怕什么？"发达国家与中国处于不同发展水平，在世界各国产业结构重组和国际分工发展过程中，中国与各国经济的互补余地很大，这将是今后相当长时期发展中国与各国经济关系的一个深厚的基础。有些人士担心，随着中国经济规模的扩大，会对世界能源、原材料的需求和价格产生巨大的压力；会给周边国家地区增加大气污染；一些制成品的出口竞争力也会增强，特别是一些劳动密集型产品会与一些国家的就业和出口发生某些矛盾。这些问题也是中国自己要关心的问题，如加强环境保护，开拓自己巨大的国内市场，等等；同时也需要通过双边、多边的国际协调和协作，共同探索解决这些问题的有效途径。我想，对于中国同一些国家形成某种新的竞争关系，也要积极地看待，通过竞争，可以促进竞争各方努力改善自身条件，逐渐明确各方在哪些方面有真正的比较优势，从而确定产业结构和出口产品结构调整的方向，以获得更大的产业优势。这样，地区各国间的经济互补性将更加明显，这将促进国际分工与合作发展，使地区经济和世界经济更加繁荣。

4. 最后，简单说说中国经济发展对世界政治的影响。由于中国经济发展有利于亚太经济和世界经济的发展，所以世界上绝大多数人欢迎中国经济的迅速成长，或者不得不根据中国经济迅速成长的前景在调整对中国的政策。但毕竟还有很少数人对这一事实和前景有另一种看法，他们把中国经济实力的增长看成是对别国的"威胁"；把包括中国台湾和香港在内的所谓"中华经济圈"的出现看作是新的划分国际势力范围的挑战，而心存戒惧或用种种借口和方式来策划遏制中国的发展。我以为这些戒心和策划都是脱离实际的。

中国要发展经济，就需要一个和平与稳定的国际环境。中国实行的独立自主的和平外交政策中，很重要的一条就是中国永不称霸，中国也永远不当头。邓小平说这是一个根本国策。即使中国将来发展起来了，仍将坚定奉行永远不称霸、永远不当头的方针。那么，形成以中国为中心的势力范围的戒心，是完全没有必要的。至于中国香港、中国台湾与大陆的关系，是按照"一国两制"的原则来处理，这是中国内部和平统一的问题，与其他人为创造出来的区域组织的划分势力范围也是完全不同性质的问题。

现在，中国是世界政治中的一个重要的和平力量、稳定的力量。目前，我们这个力量还小。中国经济的发展，意味着世界和平力量的增强。随着中国经济的发展壮大，中国对于世界和平和国际局势的稳定将会做出更大的贡献。

附表1　国际货币基金组织对各国GDP（1991年）的估算

位次	汇率折算法		购买力平价折算法	
	国家	GDP（亿美元）	国家	GDP（亿美元）
1	美国	56 100	美国	56 100
2	日本	33 600	日本	23 700
3	德国	15 700	中国	16 600
4	法国	12 000	德国	12 500
5	意大利	11 500	法国	10 400
6	英国	10 100	印度	10 000
7	加拿大	5800	意大利	9800
8	西班牙	5300	英国	9000
9	巴西	4500	巴西	7900
10	中国	4300	墨西哥	6000

注：数据引自美国《时代》周刊1993年5月31日。

附表2　1991—2020年GDP的国际比较
（1991年）

单位：亿美元

国家	汇率折算法				购买力平价折算法			
	1991年	2000年	2010年	2020年	1991年	2000年	2010年	2020年
中国	4300	9300	19 200	36 000	16 600	36 000	74 300	139 400
美国	56 100	70 600	91 300	11 8000	56 100	70 600	91 300	118 000
日本	33 600	48 600	73 400	11 0700	23 700	34 300	43 500	65 600

注：中国社会科学院经济预测研究课题组计算。

附表3　1990—2020年人均GNP（或GDP）的国际比较
（1990年）

单位：美元

国家	汇率折算法（人均GNP）				购买力平价折算法（人均GDP）			
	1990年	2000年	2010年	2020年	1990年	2000年	2010年	2020年
中国	370	650	1140	2000	1950	3420	6020	10 570
美国	21 790	25 790	30 520	36 120	21 360	25 280	29 920	35 410
日本	25 430	38 000	56 800	84 880	16 950	25 330	37 860	56 580

注：中国社会科学院经济预测研究课题组计算。

坚决抑制通货膨胀*

——在《求是》杂志社召开的
经济形势座谈会上的发言
（1994年12月7日）

1994年我国经济形势总的看来是好的，以建立社会主义市场经济体制为目标的各项改革陆续出台，进展比人们预料的要顺利；加强和改善宏观调控进一步取得成效；在金融秩序和经济结构有所改善的同时，国民经济保持了快速增长的势头。但前进中也存在着一些困难和问题，当前人们最关注的问题是通货膨胀和物价上涨幅度过大。中央把抑制通货膨胀作为1995年经济工作的首项主要任务，是符合我国经济发展的实际情况的，是反映广大群众的共同愿望的。

但是，对于目前通货膨胀是不是那么严重，要不要坚决抑制，并不是所有的人都这么看，确实有这样的看法，即通货膨胀并不可怕，甚至有益，并试图用通货膨胀政策来促进经济发展。我在1988年发表的两篇文章中，就指出这种观点是不正确的。但是每逢新一轮的高通货膨胀出来，这种观点总要顽强地表现，不仅理论界有人提倡，而且地区、部门、企业都有一些人响应。我想这里面既有认识问题，也可能有利益问题。认识问题就是笼统地认为通货膨胀是经济发展和经济改革中不可避免的，不必大惊小怪；利益问题就是通货膨胀对于某些社会集团和成员确实有

---

* 发言摘要原载《求是》1995年第1期，此为全文。

利，特别是对在现行体制下有可能取得贷款进行负债经营者以及关系人有利。他们是很赞成维持通货膨胀的局面的。当然，在经济转制、结构转换过程中，物价总水平一定程度的上升是不可避免的，这是改革和发展必须付出的代价。但是，对于价格改革和结构性物价调整所带来的物价总水平上升，也应适时适度、有步骤地进行。过快过高的物价上涨，特别是由货币供应超量增长所支持的总需求膨胀引发的物价总水平的大幅上涨，则只能搅乱经济秩序，误导资源配置，强化分配不公，助长腐败现象，对于国民经济整体和长远的发展是绝对有害的。进入20世纪90年代，几年来我国物价总水平及其上涨率都呈现直线上升趋势。零售物价指数，1991年为102.9%，1992年为105.4%，1993年为113.2%，1994年将超过120%，是改革15年来物价上涨率最高的年份。这么高的通胀率已经开始对我国经济的正常运行和社会安定带来消极的影响，而且通货膨胀率的走势，往往有滚雪球的效应，超过一定界限就会出现奔腾式的跃升而难以收拾，就像拉丁美洲一些国家曾经发生和前苏联东欧国家还在发生的情况那样。诺贝尔奖金得主萨缪尔逊把这比作"骑上虎背"，"当你试着从虎背上下来时，有可能导致一次经济危机和萧条"。另一位得主弗里德曼把通胀比作"酒瘾"，说："从长远的观点看，通货膨胀具有破坏性。它就像'酒瘾'一样，很容易使人们上瘾，特别是使政府上瘾，但抵消它却非常困难。"我在1988年年底发表的文章也曾把通货膨胀比之于吸鸦片："国际经验表明，通货膨胀性的物价上涨，从短期看，对经济的发展可能有某些刺激作用，但从长期看，一定会损伤整个经济的机体。这种通货膨胀性的物价上涨就像吸鸦片一样，一吸上瘾就不容易戒掉，所以在一开始发现苗头时，就应努力设法控制，不使经济被它拖入歧途。"我国人民政府是对人民负责的政府，当然不会上瘾，而且在越过恶性界限以前就采取抑制措施。对于通胀的恶果和危险性，一般受通胀之害的人士（广大工薪劳动者，退休金、劳保金领取者，储蓄者，非投机性的经营者等）是很容易理解的，他们对我国政府坚决控制通胀的决心和措施也是十分欢迎和拥护的；而前述从通货膨胀中得益的某些社会集团和成员对此却不那么容易理解和欢迎。因此抑制通胀是有难度的。这就要求用局部利益服从整体利益，短期利益服从长远利益的大道理对这部分人去做工作，教育他们"皮之不存，毛将焉附"，抑制过度的通胀最终对他们也是有益的。

这次物价总水平大幅上升的原因，1994年9月电话会议及这次经济工作会议都做了详尽的分析。造成1994年物价大幅上涨的原因很复杂，既有货币供应过量增长导致总需求与总供给失衡方面的原因，也有价格改革和结构性调整方面的原因，还有"成本推进"和其他供给方面的原因。现在理论界和社会上对这些原因强调的重点也不一样。有一种看法认为，造成1994年物价总水平大幅上扬的主要原因不在货币供应过量和需求拉动，而在于价格的结构性调整和成本推动，并且判断现在的问题不是需求过旺而是需求不足，所以用紧缩货币控制需求的办法不能解决当前的问题。而价格的结构调整，以及成本推进等供给方面的因素对于物价总水平的影响，一般是一次性的，其滞后影响将迅速衰减，所以对这种物价上涨用不着过分担心。这种意见担心的是需求不足，从而主张适当放松银根，以避免滞胀的发生。这种看法流传颇广，需要商榷。我认为，目前一些产品库存积压增加，并非需求不足之结果，而是结构不合理造成的。不少品种质量不符合社会需要的产品仍然继续生产，生产这些产品的亏损企业不能破产，当然会出现这种现象。其根源深植于体制之中，需要通过进一步深化改革来解决，这不是一朝一夕的事情。与1988年相比，这次物价总水平的上涨受到成本推进因素的影响更大，这是事实，但不能因此小看货币需求方面的因素。成本推进和需求拉动的提法本来就是相对又相连的。我国经济中即期成本价格

31

的上涨，从根本上说是由上期需求膨胀拉动的结果（工资、原料等）。在财务预算制约软弱的经济条件下，工资、能源、原材料等要素成本价格的提高会倒逼货币超发，但这个问题也只能靠推进改革和硬化财务预算压缩来解决，而不能靠松动银根、提高增长速度，以追求所谓的"速度效应"来缓解。尽管价格结构性调整和成本推动倒逼货币增发的影响不能忽视，但从宏观调整来说，更不能忽视实际存在的几年来货币供应超量增长、投资规模和消费基本膨胀的影响。1994年投资规模的增幅虽然比1993年降低，但仍达30%以上，投资率（占GDP比重）达37%，规模仍然偏大；消费基金特别是公费消费的膨胀势头也相当可观。所以，对造成1994年物价总水平大幅度上涨的原因，还是应当按照中央的精神，进行尽可能全面的分析和认识，针对多方面的原因，采取综合治理的办法。

这次经济工作会议重申，1994年9月全国加强物价管理工作电视电话会议提出的稳定市场物价和抑制通货膨胀的十条措施，1995年要继续执行。采取这种综合治理的办法，是十分必要的。目前为抑制通货膨胀，在某些方面强化某些行政手段，如对某些商品价格行使管制、对银行信贷的额度管理等，这也是可理解的。即使在成熟的市场经济国家，在对付严重的通货膨胀时，也免不了启用行政手段。当然，我国还面临着建立以间接手段为主的宏观调控体系的改革任务，在抑制通货膨胀的综合措施中，必须注意逐步加强经济手段的运用，尽可能用经济手段来补充或置换行政手段。其中，强化利率手段的运用是非常重要的一条。半年前《求是》座谈会时我讲过这个问题，已在多处发表，至今未见有说服力的反驳，今天我也不想再重复了。只想讲一点，在中国现实条件下，采取妥善方法逐步把国家银行的实际利率（不是名义利率）由负值提高到正值，这对改善宏观调控、提高投资效率和堵住寻租腐败黑洞的有益作用是十分明显的。但是由于它涉及有可能直接、间接取得银行贷款者以及借贷关系者的既得利益，这一必要而合理的建议难以施行。反对这一建议的最主要理由是银行利率的提高将使目前相当多的陷入财务困难的国有企业更加困难。的确，对于那些非由于本身所能控制的原因而陷入困难的企业，这些企业的产品、服务又是国家和社会所急需的，国家是应该给予扶持帮助的，但这种扶持帮助应该用财政资金的公开贴补或财政贴息贷款来重点解决，而不应该用带有普惠性质的负利率贷款进行隐含的补贴。即使对于那些救助无望的企业，把职工用"关门养"或"开门养"的办法全部包下来，也比用负利率进行暗补要好。普惠性的负率暗贴只保持低效率，搞乱资本的配置。当然，利率改革会带来一些新的社会经济问题，实现利率的合理化不能一蹴而就，必须逐步推进，比如需要研究"老贷款老利率、新贷款新利率"的办法，对困难企业给予照顾等，并配套实行其他方面的改革措施以及加强完善宏观调控措施，以保持社会稳定，促进经济的持续健康发展。

在加快发展南中国海外向型经济研讨会上的讲话*

（1994年12月）

这次在广西北海市召开的"加快发展南中国海外向型经济研讨会"，是很有意义的。会议的主题，是研讨南中国海外向型经济的发展，我想就这个问题谈点看法：

第一，研讨南中国海外向型经济发展，不是孤立的，它离不开对世界经济形势的分析和展望。

进入20世纪90年代以来，美国、西欧和日本先后陷入衰退，世界经济景气低迷。1994年以来发达国家的经济有所复苏，美国经济可恢复到3.5%的增长速度，但日本经济仍持续不景气，西欧经济也不会有大的增长。而东亚则是世界上经济发展最活跃的地区。1993年，亚洲"四大龙"的经济增长率为7%，东盟的印尼、马来西亚、泰国、菲律宾四国为6.8%，越南7%，中国达到13.4%，据亚洲开发银行预测，今后两年东亚经济仍是持续发展，中国1994年为11%，1995年为9%；中国香港为5.7%和5.9%；韩国为6.7%和6.9%；新加坡为7%和6%；中国台湾为6.4%和6.6%；印尼为6.7%和7%；马来西亚为8.6%和8.4%；菲律宾为4%和5.5%；泰国为8.2%和8.5%；越南为9%和10%。对东亚经济迅速发展的原

* 原载《市场参考》1995年第4期。加快发展南中国海外向型经济研讨会是中国城市发展研究会与北海市人民政府于1994年12月21—24日在北海市联合举办的。

因，亚行分析为五点：一是储蓄率高，平均为30%；二是实行了稳定的宏观经济政策；三是基本以出口为导向，带动了国内经济的发展；四是有灵活应变的劳务市场；五是地区间的贸易活跃，外国投资不断增加。我认为，东亚经济快速发展的主要原因，首先是这些国家和地区实行了有政府宏观调控的市场经济，让市场机制充分发挥作用，以及实行全方位的对外开放与出口导向型的经济发展战略。早在20世纪六七十年代，"四小龙"就推行出口导向战略，发展外向型经济，积极引进外国资金和技术，放宽外资政策，调整汇率；同时，鼓励扩大出口，创办出口加工区，利用本地劳动力资源的优势，大力发展具有国际竞争能力的劳动密集型产品，通过不断扩大出口，推动整个国民经济的发展。70年代末和80年代以来，中国和东盟各国也是通过实行对外开放、发展外向型经济，推动了国内经济发展的。

当前有两个重要因素将推动世界贸易的新发展。一个因素是西方发达国家的经济相继复苏或进入扩张期。在当今世界经济格局中，西方发达国家经济占世界经济总量的70%以上，具有举足轻重的地位，其经济情况好转将对世界经济、贸易的发展产生强有力的推动作用。发展中国家的经济健康增长，特别是亚洲国家和地区的经济在持续多年的快速增长后依然保持强劲的发展势头。另一个因素是乌拉圭回合"最后文件"将在1995年1月1日生效，届时，世界贸易组织将取代关贸总协定正式运行。世界贸易组织成员间的关税水平将进一步削减，非关税壁垒受到约束，特别是贸易自由化向农产品、纺织品、服务业、投资等领域延伸，使得成员间的市场进一步融合，竞争更加激烈。这对世界贸易、投资乃至经济发展都有重要影响。为了迎接乌拉圭回合的"最后文件"生效和世界贸易组织运行，当前各个国家和地区都需要认真调整经济政策和产业结构，使之适应新的原则和规定。

值得注意的是，虽然乌拉圭回合多边贸易谈判在1993年12月5日结束，避免了国际贸易陷入区域性分割和贸易大战的危机，巩固了多边贸易体系的基础，这对建立稳定的国际经济和贸易新秩序、提高全球投资和商业信心、推动贸易增长有着积极的贡献。但是，世界贸易区域化的趋势仍在加强。欧共体是当今世界最大的超国家经济贸易区实体，与世界经济中其他一体化区域集团相比，欧共体的统一性和稳定性、市场组织的紧密性和系统性、一体化机制的深入性和全面性等特点都更为显著。美国、加拿大、墨西哥三国代表1992年8月在华盛顿达成了建立北美自由贸易区协议，这个协议1994年开始生效。1994年12月10日，美洲34个国家的元首或政府首脑在美国南部城市迈阿密举行会议，一致达成在2005年建立美洲自由贸易区的协议。亚太经济合作也开始向政府协调方向发展，1994年11月15日，亚太经合组织领导人非正式会议发表了《茂物宣言》，宣布"不迟于2020年在亚太地区实现自由、开放的贸易和投资这一目标"。目前，区域贸易在世界贸易中的比重已接近60%，而在西欧，区域内的贸易均占各国对外贸易的70%左右。

世界多边自由贸易向区域内自由贸易和"国际管理贸易"转变，并不否定多边贸易和区域之间贸易的存在。今后的世界贸易，将是区域内自由贸易、"国际管理贸易"和多边贸易区域之间贸易并存的多元化经济贸易格局。在当代科学技术迅猛发展和世界经济相互依存越来越加深的条件下，任何国家和地区如果再长期自设壁垒、自我封闭，只能落后于世界经济发展的潮流。只有实行全方位开放，投入到世界经济贸易的大市场中去竞争，才能提高经济技术水平和发展自己的经济。因此，加快南中国海外向型经济发展，是形势所迫、大势所趋。特别南亚地区和周边国家经济的迅速增长，对我们是现实的压力，要有紧迫感。1992年年初，邓小平同志在视察南方的重要谈话中就说："抓住时机，发展自己，关键是发展经济。现在，周边一些国家和地区经济发展比我们快，如果我们不发展或发展得太慢，老百姓一比就有问题了。所以，能发展就不要阻挡，有条件的地方要尽可能搞快点，只要是讲效益，讲质量，搞外向型经济，就没有什么可以担心的。低速度就等于停步，甚至等于后退。要抓住机会，现在就是好机会。"近三年，我们抓住了新的机遇，我国的经济发展速度已超过了南亚地区和周边国家与地区。但我们决不能松口气，也决不能小视它们。要看到周边一些国家和地区经济发展水平比我国要高，而且仍然保持了强劲发展的势头。特别是东盟决定10年之内实现贸易自由化，这不能不对其周边国家和地区产生重大影响。

第二，深化改革，扩大开放，国内经济快速增长，为加快发展南中国海外向型经济创造了有利条件。

我国自实行改革开放以来，改革传统的经济体制，发挥了资源比较优势，不仅国内经济发展取得了举世瞩目的伟大成就，对外贸易也取得了世人共知的重大成就。在世界贸易额的排行榜上，1990年中国出口名列第15位，进口名列第18位；1993年中国进出口贸易晋升世界排行榜第11位，1994年全年我国对外贸易继续保持增长态势。据海关预计，1994年全年我国对外贸易进出口总值将超过2300亿美元，增长约20%；其中出口为1200亿美元，约增30%；进口1140亿美元，约增10%；我国在国际贸易中的地位与作用将进一步得到加强。从国内各个地区来看，凡是改革开放力度大的地区，外向型经济发展就快，吸引外资就多，本地区经济发展就快；反之，力度不足、开放速度不够的，发展就慢。北部湾广西沿岸和北海市处于南中国海的重要战略位置，要充分发挥北部湾广西沿岸和北海市的区位优势和资源自然条件优势，发挥作为西南地区出海通道的作用，在加快改革开放的基础上，加快经济发展，走出一条有自己特色的道路和创新的模式。

尽管近一年半的宏观经济环境对广西和北海的发展造成了一定的困难，但只要广西和北海坚持改革与外向型经济的发展思路和构想，随着宏观经济环境的好转和改革开放的深化和扩大，经济发展特别是外向型经济发展就会很快上来。广西和北海的发展前景是大有希望的，正像江泽民同志1991年11月视察北海时说的那样："后起之秀，前途无量。"当前面临的问题是如何根据当前的宏观形势和国家的宏观调控政策，结合北海的实际，努力贯彻中央关于"抓住机遇、深化改革、扩大开放、促进发展、保持稳定"的基本方针，更好地加快改革，转变机制；进一步搞好城市规划和布局，集中力量，搞好重点项目的建设；加强对外资投向的引导，把利用外资同国内产业结构调整更好地结合起来；各个口岸之间既要有竞争，又要分工协作，不要浪费资源。要从加快南中国海外向型经济的整体出发，针对国际市场的需要和国内经济条件的可能，有步骤、有阶段性地实现我们的建设发展目标。

第三，我想强调的是，一定要很好理解邓小平同志建设有中国特色的社会主义理论和党在社会主义初级阶段的基本路线，很好地理解邓小平同志关于"抓住时机，发展自己，关键是发展经济"的思想，认清当前形势，不放过发展机遇。同时，要很好地学习、研究和运用国际经济运行知识和规则，并从国情出发制定相应的对策，为发展外向型经济做出自己的贡献。

国有企业发展两条途径的统一

——论"改革"和"管理"的关系

（1994年）

关于国有企业发展的途径问题，理论界有争论。有的地方，有的企业，甚至有的经济学家，过分强调改革，强调产权制度、经营权制度以及生产、交换和分配制度的改革，忽视管理，忽视如何提高企业领导的管理素质，提高员工的服务态度和质量，忽视企业整体管理水平的提高。有的地方领导甚至以为，只要抓一抓产权制度改革，搞一些并购，企业的一切问题都解决了。相反，有的地方，有的企业，有的经济学家和部门主管领导，比较重视管理，强调生产、营销、技术、人事和财务管理水平对企业发展的决定性意义，而忽视产权和经营权制度改革对企业发展的积极作用。

到底应当如何处理改革与管理的关系？这里，我想讲几点意见。

一、制度创新是企业发展的前提条件

20世纪70年代末以来，中国的企业，在制度创新方面做了一些有益的探索。特别是国有企业，这方面的改革从未间断过。70年代末80年代初，中国国有企业的改革，重点放在扩大企业自主权，包括扩大再生产及工资和奖金的分配权，实行利润留成。从现在的眼光来看，这种"放权让利"式的改革，有一些不足之处，很难将国有企业改造成为符合社会主义市场经济需要的、自负盈亏的独立商品生产者，但是，它打破了国有企业只能由政府部门集中统一经营的格局，企业在决策自主化、市场化方面走出了第一步。

20世纪80年代中期，我们按照"两权分离"的思路，试行了承包、租赁和托管等资产经营责任制方式。在基本不涉及产权制度的前提下，推行这些改革形式，尽管难以解决行为短期化和国有资产流失等问题，但是，在经营机制转换方面走出了重要的一步。现在看来，即使是在国有企业改制工作完全结束、实现了产权明晰目标的时候，这些经营制度形式，也还是有存在的意义。

20世纪80年代后期90年代以来，中国国有企业的改革路子拓宽了，在不断创新经营机制的基础上，更多注意到产权制度的创新，包括对有的大中型国有企业实行股份制改造，对有的中小型国有企业实行出售等。尤其是在"十五大"以后，我们明确地按照建立现代企业制度的方针，通过走公司制道路，用多种改革形式，对国有企业的资产实行战略性重组。尽管这些改革不是一帆风顺，走过一些弯路，现在仍然存在不少的矛盾和困难，比如，如何解决企业的债务和冗员问题，如何重建政府、银行和企业之间的关系问题，如何解决政企不分问题，等等，但是，国有企业改革的路子已经清楚，实践中积累了一些经验，这就为今后的进一步改革打下了良好的基础。

从全球企业的角度看，制度改革是一个普遍现象。实际上，西方发达国家的企业，在20世纪并没有停止过制度创新式的改革。欧洲，出现过以英国、法国为代表的国有化和民营化浪潮；美洲，以美国为代表，并购浪潮迭起；亚洲，则有日本的民营化。同时，原来的"苏东"和其他社会主义国家，以及新兴工业化国家和地区，也出现了多种多样的改革形式。这些改革形式，虽然因时、因地、因国情、因制度而异，各自强调的重点不同，但是有一个共同点，这就是，通过不断的制度创新，使企业适应日益发展的现代市场经济的需要，在激烈的竞争中更好地生存和发展。可以说，制度改革，是20世纪全球企业发展的前提条件，也将是21世纪的世界现象。

二、管理创新是企业发展的动力

对企业而言，以产权和经营权创新为基本内容的制度改革非常重要。如果没有这种改革，体制就会僵化，就不会有适应经济主体行为变化的激励机制，最终导致体制效率降低。但是，光有制度创新而没有管理创新，也是不行的。一个企业，即使有很好的设备，有很优秀的技术和市场营销人才，有同样的外部环境，如果管理水平不高，经营不善，同样会在市场角逐中失败。目前，中国国有亏损企业之所以亏损，除了体制上的毛病外，还有不少是由于经营管理不善造成的。

大约10年以前，有一位日本朋友告诉我，你们中国的国有企业，有的设备和技术很先进，有相当好的技术人才队伍，比如，你们有不少四星、五星级旅店，硬件很好，但是，开张不久就亏损，我看主要不是产权问题，而是管理不善。世界上那些称作"强"的一流企业，最重要的是有一流的管理，中国企业特别是国有企业，主要问题是一个管理问题。这位日本朋友的话，很有道理，今天，还在我的脑海翻腾。

可以说，管理是企业的生命，管理创新是企业发展的动力。在激烈竞争的现代市场经济的条件下，企业与企业之间的竞争，首先是管理体制、管理方式、管理水平、管理战略和策略等方面的竞争。解决中国国有企业的问题，不能忽视管理这样一个重要环节，不能忽视项目选择、资本投资、生产工艺、生产组织、市场营销、人力资源开发和配置、财务会计、技术利用、信息网络以及知识等方面的管理。这里特别要提到的是，在进入以知识为基础的21世纪的时候，对知识的管理和管理的网络化愈来愈重要。我们中国的企业，不仅国有企业，而且还有非国有企业，都有必要彻底革新自己的管理意识，创新管理方式，调整管理战略和策略。只有这样，才可以加快企业的发展。

三、制度创新和管理创新应当有机地结合起来

一些地方和企业，要么是强调产权改革和资本规模扩张多一些，对加强和改善管理强调少一些；要么是只讲提高管理水平，不讲产权和经营权制度改革，这是两个偏向。我看，企业发展也要坚持"两手抓"，这就是，一手抓改革，一手抓管理。我们党关于企业发展和建立现代企业制度的政策，基本的思想是将产权制度改革和强化经营管理结合起来，无论是提"产权清晰、权责明确、政企分开、管理科学"的十二字方针，还是提"三改一加强"，即改制、改组、改造和加强管理的实施策略，都强调"制度改革"和"经营管理"的有机统一，而不是将二者割裂开来，不是只讲一个而放弃另一个。

企业如何抓好改革和管理？我们提倡从实际出发，提倡因企制宜。在制度改革上，有多种选择方式。在产权改革方面，不是只有股份制一种形式，还可以有破产、并购、集团制等；在经营权改革方面，除了承包制以外，还可以有租赁、托管、代理等方式。有的企业可以选择其中一种改革方式，有的可以将产权改革和经营权改革结合起来进行。因此，要因企制宜。

关于社会主义市场经济体制的
基本框架和建立现代企业制度问题[*]

——在国家统委转机建制研讨班上的报告摘要
（1994年）

一

经过十多年市场取向的改革，中国经济体制已发生了重大变化。以公有制为主体的多种经济成分共同发展的格局已经形成，市场在资源配置中的作用迅速扩大，传统的计划经济体制逐步向社会主义市场经济新体制过渡。但是，我们对社会主义市场经济不是一下子就认识清楚的，而是经历了一个曲折过程。我们曾经认为社会主义与市场经济是水火不相容的，要搞社会主义就必须实行计划经济，放弃市场经济。按照这一理论，我们搞了近30年排斥市场的社会主义。20世纪70年代末80年代初以来，我们以一种十分强烈的务实精神，努力探索社会主义与市场经济相结合的道路。由于传统理论根深蒂固，要改变人民对市场经济的误解，并不是一件轻而易举的事，需要一个渐进的过程。这个过程大体经历了三个阶段：

第一阶段，20世纪80年代初期，提出"计划经济为主，市场

* 此文系在国家经贸委转换国有企业经营机制研讨班上的报告摘要，根据录音整理。原载《现代企业制度——中国企业改革的方向》，中国经济出版社1994年版。

调节为辅"的经济体制模式。这一提法的意义在于通过引进市场来打破原来单一的集中计划经济。首先，允许农民自由经营，接着，不但让越来越多的消费品成为商品，而且在一定范围内允许生产资料进入市场。但这一模式并没有解决包括价格、物资分配、投资、劳动安排、工资管理和部分消费品供应等许多领域中的指令性计划仍然占垄断地位问题，市场调节仍然受到许多的限制。

第二阶段，20世纪80年代中期，在政府的改革文件中，明确提出"社会主义经济是有计划的商品经济"。这一提法比"计划经济为主，市场调节为辅"的提法，前进了一步，它在体制意义上肯定了商品经济在社会主义社会中的地位。但是，这个提法没有明确计划经济与商品经济哪个为主，没有确定计划与市场谁是资源配置的主要方式，因而引起了后来许多争论。再者，只提商品经济而不提市场经济，也意味着市场经济仍被认为是资本主义的范畴而被拒绝在社会主义的门外。直到1991年年底，正式刊物还只能提"市场调节"，不能提"市场经济"。

第三阶段，1992年春邓小平南方谈话提出了计划经济不等于社会主义、市场经济不等于资本主义的论断以来，社会主义市场经济成为普遍议论的问题，1993年10月中共中央召开的"十四大"正式向世界宣布：中国经济体制的最终目标是建立社会主义市场经济。

这样，经过十多年的探索和争论，我们基本上完成了从计划经济到市场经济的观念过渡。尽管还有少数人对社会主义接纳市场经济不理解，但是，大力发展市场经济，建立市场经济体制，把它作为建设有中国特色社会主义的一项本质内容，现在已经成为经济理论和经济政策的主题。

党的十四大明确提出了我国经济体制改革的目标，是建立社会主义市场经济体制。这涉及我国经济基础和上层建筑诸多领域，需要有一系列相应配套的体制改革和政策调整。一年多来，我国领导部门和科研部门都在研究和探讨这个问题。最近，党的十四届三中全会通过《关于建立社会主义市场经济体制若干问题的决定》（以下简称《决定》），根据小平同志建设有中国特色社会主义的理论和党的十四大精神，把十四大确定的建立社会主义市场经济体制的目标原则加以具体化、系统化、纲领化，勾画了社会主义市场经济体制的基本框架，制定了具体规则。

　　三中全会文件起草工作从1994年5月底开始，到11月中旬三中全会闭幕结束，历时5个多月，经中央政治局常委会议批准，5月底组成文件起草组，根据中央政治局的要求，在着手起草《决定》的同时，中央财经领导小组就建立社会主义市场经济的有关重大问题组织了由中央、国务院各部委人员组成的若干个调研小组，调研组与地方组紧密配合，调研报告的许多内容被吸收到《决定》文稿中。在起草文件一开始，江泽民总书记就亲临指导，明确强调，文件要以邓小平同志建设有中国特色社会主义的理论和党的十四大精神为指导思想，坚持解放思想、实事求是，注意掌握以下几个原则：既要有一个比较完整的总体设想，又要紧紧抓住当前改革和发展中的突出矛盾和问题重点突破；既要体现市场经济的一般规律，吸收和借鉴国外的成功经验，又要体现社会主义制度的本质特征，总结我们自己的实践经验，从我国的国情出发；既要反映抓住时机、加快建立新体制的紧迫性，又要考虑到建立和完善新体制需要有一个发展过程，注意到它的渐进性；既要有一定的思想高度，又要能指导实际工作，便于操作。

　　文件起草工作是在中央政治局常委会领导下进行的，到1994年9月先后完成了五稿。经中央政治局常委会议和中央政治局会议审议修改后，9月底将《决定》（征求意见稿）发至全国党、政、军、省部以上领导同志征求意见。中央共收到138份（30个地区、92个部门和16位同志）修改意见，在此期间，中央还分别召开了党内老同志，各民主党派、工商联负责人和无党派爱国人士，专家学者三个座谈会征求意见，起草小组仔细研究了大家的意见，对文稿做了270多处修改。中央政治局常委和中央政治局又做了认真的讨论。提请三中全会审议的稿子是第八稿，经三中全会讨论通过的《决定》是第九稿。

党的十四大以后，大家希望对社会主义市场经济体制有一个比较完整和系统的说法。《决定》根据十四大报告的精神，对社会主义市场经济体制做了进一步的阐述：建立社会主义市场经济体制，就是把社会主义基本制度同市场经济有机结合起来，使市场在国家宏观调控下对资源配置起基础性作用。为实现这个目标，必须坚持以公有制为主体、多种经济成分共同发展的方针，进一步转换国有企业经营机制，建立适应市场经济要求，产权清晰、权责明确、政企分开、管理科学的现代企业制度；建立全国统一开放的市场体系，实现城乡市场紧密结合，国内市场与国际市场相互衔接，促进资源的优化配置；转变政府管理经济的职能，建立以间接手段为主的完善的宏观调控体系，保证国民经济的健康运行；建立以按劳分配为主体，效率优先、兼顾公平的收入分配制度，鼓励一部分地区、一部分人先富起来，走共同富裕的道路；建立多层次的社会保障制度，为城乡居民提供同我国国情相适应的社会保障，促进经济和社会的稳定。这些主要环节是相互联系和相互制约的有机整体，构成社会主义市场经济体制的基本框架，需要围绕这些主要环节建立相应的法律体系。

二

建立现代企业制度是《决定》制定的社会主义市场经济总体框架中的一个十分重要的梁柱和支点。大家知道，建立社会主义市场经济体制，首先要有健全的市场活动主体：企业、个人（作为消费品的购买者、劳动力的提供者）、政府（是提供公共财产的主体和主要的购置主体）。在众多的市场主体中，最主要、最基本的主体应该是企业。我国实行改革开放十多年以来，国有企业的改革始终处于经济体制改革的中心地位，大家越来越感到国有企业改革是整个经济体制改革中最重的重点和最难的难点，这一改革过去先后采取利润提成、两步利改税、承包制等，沿着扩大企业自主权的方向取得了一定的进展，企业经营活力有了一定的增强。《全民所有制工业企业法》（以下简称《企业法》）和《全民所有制工业企业转换经营机制条例》（以下简称《转机条例》）的实施，进一步促进了企业自主权的落实，为企业进入市场奠定了基础。但是，迄今为止，国有企业的改革措施基本上是放权让利思路的产物，而没有触及到计划经济体制下传统企业制度本身的改造。长期困扰国有企业的政企不分、产权不清、企业自主权不落实、自我约束机制不健全的问题，始终未能得到根本解决，以致国有企业的活力相对来说仍显不足，企业的行为难以规范，经济效益不够理想（1/3明亏，1/3暗亏，1/3较好）。事实证明，进一步深化企业改革，必须要解决深层次的矛盾，由放权让利为主要内容的政策调整转为以明晰产权关系为主要内容的企业制度创新，探索国有经济与市场经济结合的有效途径。

　　对国有企业进行制度创新的改革思路，近年来我国经济界和经济理论界正逐渐形成一种共识，就是组建以公司法人制度为主要形式的新型企业制度。公司法人制度是一种现代企业制度，它是市场经济和社会化大生产长期发展的一种文明成果，属于人类的共同财富。用现代公司法人制度来改造国有企业的改革思路，已经得到三中全会《决定》的认可，与此相关的若干理论观点，在《决定》中也得到了体现。现代公司法人制度的主要特征和进步意义，可归纳为四条。

　　第一个是产权关系清晰，它有效地实现出资者的所有权和企业法人财产权的分离，这是过去若干年来经济理论界提出的国有企业改革中要把国家终极所有和企业法人所有权分开的论点在文件中的表述。三中全会这一表述即"出资者的所有权和企业法人财产权的分离"代替了过去从十二届三中全会以来"所有权与经营权适当分离"的提法，在理论上向前迈了一大步，这一分离使企业在出资人投资形成的公司法人财产的基础上，成为行使民事权利和承担民事责任的法人实体和市场竞争主体，而国家作为出资者掌握所有权，可以保证所投资金的公有性质。

第二个是权利责任关系明确。企业有了法人财产，既落实了自主经营的权利，又增加了自负盈亏的责任和对出资者所承担的保值增值的责任；出资人一方面以它投入企业的资本额享有所有者的权利，包括资产收益、重大决策和选择企业经营者等，但不直接干预企业的经营活动；另一方面，按投入资本额对企业亏损和破产时的债务负有限责任，而不是像过去那样长期亏损、资不抵债的企业不能破产，国家背着无限的包袱。企业法人制度和有限责任是现代企业制度的核心内容，有人将有限责任说成是新时代可以与蒸汽机和电的发明相比拟的伟大发现。

第三个是通过股东会、董事会、执行部门和监事会等公司治理机构的设置和运作，形成调节所有者、法人代表、经营者和职工集体之间关系的制衡和约束机制。这也是现代企业制度中很重要的内容，通过企业治理结构，出资人的所有权同企业的经营权的关系，就不单纯是企业外部的分离关系，而是进入企业内部形成的互相统一又互相制约的关系。我认为这可能也是这次文件没有出现所有权和经营权分离的简单提法的一个背景。还有一个背景是所有权与经营权分离的提法已提出很久，但不能落实，一个重要原因在于没有明确企业拥有法人财产权，因而不具备自主经营、自负盈亏的能力。

第四个是便于筹集资金，为扩大生产规模、实行资本社会化创造了一种好形式。马克思在《资本论》中对这个问题有过论述。公司制形成社会资本的含义，在《资本论》第三卷中有过重要论述。他说，由于公司制的成立，第一，生产规模惊人地扩大了，同时以前政府经营的企业也成了公司企业。第二，那种本身建立在社会生产关系基础上并以生产资料和劳动力的社会集中为前提的资本，在这里就直接取得了社会资本的形式，而与私人资本相对立，它的企业也就表现为社会企业，这是作为私人财产的资本在资本主义生产方式内的自我扬弃。这里马克思实际上把股份公司看作向社会主义过渡的一个萌芽。到了今天我们以公有制为主体的公司更不用说是一种社会化的资本。所以说过去我们曾担心的股份制私有化问题，老祖宗已经为我们解决了。他还讲到这个转换的一个很重要的意义，就是实际执行职能的资本家转化为单纯的经理人员（他人资本的管理者），而资本所有者则转化成单纯的所有者，也就是单纯的货币供应者，资本所有权这样一来就同现实再生产过程中的职能完全分离，正像这种职能在经理身上同资本所有权完全分离一样。

将国有企业改造为现代法人公司，就为割断政企不分的脐带、理顺国有资产的产权关系、实现国有企业机制转换奠定了基础，并能扩大集资范围，促进社会化大生产的发展。

有些人把建立现代企业制度误解为就是搞股票上市的股份公司。其实，现代企业并不完全等于公司，公司也不全是股份公司，股份公司也不全部是股票能上市的公司。现代企业按照投资者的构成，可以有多种组织形式，基本形态有独资企业、合伙企业、合作企业、公司企业。规范的公司有利于政企分开，转换企业经营机制，是国有企业改造为现代企业的有效方式。按照债务责任和出资方式是否为等额股份，公司制企业又可以分为无限责任公司、有限责任公司、股份公司等形式。无限责任公司要求企业的资产与投资者的其他财产在法律上不能严格分开，要求出资者对企业亏损和债务负无限责任，不宜作为国有企业改革的形式。我国国有大中型企业具备条件的，可以依法组建为有限责任公司和股份有限公司。有限责任公司既有公司制企业的一般优点，又有筹资少、股东少、操作较为方便、改革成本较低等特点，在国有企业实行公司制改革的初期，对于符合产业政策、经济效益较好的企业，宜先依法改组为独股或多股有限责任公司，有的可以依法改组为吸收其他法人入股和企业内部职工入股的股份有限公司。上市的股份有限公司，涉及社会投资者的公共利益，必须要求更严，只有少数效益高而发展稳定的企业，经过严格的资格审定，方能依法组建。在股份制试点过程中，有不少地方和企业认为公司化改革的基本内容，就是产权股份化和股票上市，把它看作是筹集资金、创造新企业的捷径；一些已经上市的公司，其经营机制依然如故；这是不符合现代企业制度要求的。其实，公司制改造的首要目的在于机制转换而不在于筹集资金。根据国际经验，我国企业的融资方式在相当长的时期中，应以通过银行的间接融资为主，而以通过证券市场的直接融资为辅。所以，股票上市的股份有限公司可以积极试验，但不应成为当前我国公司制改造的重点。

为了实现公司治理结构和运行机制的规范化，股权股东的多元化是必要的。这可以通过国有企业资产存量折股、增量扩股、股权销售转让以及合资合营等方式来进行。但是国际经验也证明，公司股权的过于分散化，不利于企业资产的长期发展利益，不利于对企业经营进行有效的监督。同时，在股权多元化过程中，我们还要保持国有经济的主导地位。有些同志担心，国有企业改组为股权多元化的公司，必然削弱国有经济的主导地位，甚至有导向私有化的危险。其实，通过这种方式，可以广泛吸收社会资金投入国家需要发展的产业，以弥补国家资金的不足，只要国家在公司资本总额中保持控股地位，就不但不会削弱而是更加增强国有经济的主导作用，扩大其影响范围。保持国有经济的主导地位，同适当调整集中国有经济的经营领域并不矛盾。在成熟的市场经济条件下，国有制在自然垄断和信息垄断强的部门和幼稚产业等领域具有相对的优势。所以，国家并不需要在所有行业、企业中进行控股。国有股在公司资本总额中所占份额，可按不同产业区别处理。涉及国家安全、尖端技术、生产某些特殊产品的企业，应由国家全资独股，同时实行公司化的经营管理方式。对基础产业、支柱产业中的骨干企业，国有全资企业可以逐步转为国家控股的企业。国家控股的具体比例，可视股权分散程度而定。非国有的法人和自然人在企业中的持股越是分散，国家股的控股比例越是可以少些。对于一般行业中的竞争性企业，国家也可以不控股，只参股。国有资产运营单位应根据国家财政状况、金融市场形势，并配合国家宏观调控政策，对国有股权进行市场运作，以搞活国有资产，使其保值增值。

国有企业改组为现代企业法人后，许多企业将成为多种财产所有权混合的企业，无论是国家全资独股的企业还是多种财产所有权混合的企业，都必须加强企业中国有资产的管理，以确保国有资产的保值增值，这也是我们在现代企业改革中一个很重要的问题，这里一个重要改革思路是政府要把国有资产所有者职能与作为政权机关的社会经济管理职能分开，即实行政资分开。这一思路在《决定》中也得到了体现，具有十分重要的意义。政府的两种身份各有其不同的目的，政资不分使政府向企业发出的指令信号往往发生矛盾和错乱，而且这些信号的行政指令性又往往使企业难以拒行。所以，政资不分与政企不分是互为表里的，不解决政资不分问题，也就难以实现政企分开。要建立和加强专司国有资产所有权管理职能的权威机构，改变过去国有资产多头管理、实际无人负责的局面。《决定》中提出了要积极探索加强国有资产管理、运营和合理流动的形式和途径。这句话言简意赅，包含了很多内容没有展开，这给改革者、开放者留下很大的探索空间和回旋余地。我以为国有资产的管理和运营也宜分开，国有资产管理部门执行对国有资产的行政性管理职能；同时可以考虑由国有资产管理部门授权或委托一些大型企业集团中的母公司、投资公司及一些具有投资控股能力的大企业，使之成为控股公司，行使一定范围国有资产的运营职能，还可以建立一批国有资产经营公司，主要是面对中小型企业，经营价值形态的国有资产。目前作为过渡，国家可以委托一些专业经济部门设置国有资产监管机构，对所属企业国有资产的保值增值进行监管。随着专业经济部门的裁撤，这些监管机构将来也应逐步转为国有资产运营机构。现在的全国性行业总公司，应按照现代企业制度的要求，逐步改组为若干个具有控股公司性质的企业集团公司和国有资产经营公司。目前，国有资产流失严重，在公司制改组中，更要采取有效措施，防止低价折股、低价出售，甚至无偿转给个人，要从各方面堵塞漏洞，确保国有资产及其权益不受侵犯。

把国有企业改造为公司制的现代法人企业，是一个十分复杂艰巨的过程。理顺产权关系固然是国有企业改革的一个关键环节，但目前困扰国有企业的还有许多问题，是不能光靠理顺产权关系来解决的，而且许多问题不解决，理顺产权关系也难以顺利进行。这些问题有：国有企业税负沉重，乱集资、乱摊派、乱收费严重，企业退休人员和富余人员负担越来越大，还有企业多年的历史债务包袱以及企业办各种社会福利事业的包袱，等等。这些问题要通过相应的政策措施和改革措施来解决，为公司制改造提供一个较好的外部环境，包括清产核资、税制改革，社会保障、保险制度的改革，发展第三产业，等等。公司制改造过程本身，将通过一些专门基金制度的设置，有利于企业办社会等问题的解决。

党的三中全会的决定，将推动我国以市场为取向的经济体制改革在宏观层次和微观层次上全面深入开展。当前，包括财税体制、金融体制、投资和计划体制改革在内的宏观调控体系改革的步伐正在加快。这就要求微观经济基础的改革也要跟上，特别要适当加快对国有企业进行公司制改组的步伐。当然，正如《决定》中所说，建立以公司制为主要形式的现代企业制度不是简单地更换名称，也不是简单地为了集资，而要着重于机制转换，严格按照现代公司的规范逐步推行，现在已经建立的公司也要按规范的要求进行整顿。为了给公司制改组提供规范，《公司法》的制定刻不容缓。对于一时不具备公司制改组条件的大中型企业，可继续执行《企业法》和《转机条例》，并积极为公司制改组创造条件。对于一般小型国有企业，可以根据不同情况实行承包经营、租赁经营或改组为股份合作制企业，有些也可以出售给集体或个人经营。国有小型企业产权和大中型企业股权的出售转让，应视为国有资产的一种形态转化，出售、出让所得收入，应按产业政策，投向亟须发展的产业部门、企业。应健全管理制度，严防转让过程中国有资产的流失。

三

要培育和发展市场体系，规范市场秩序。前十几年的改革，主要是培育包括消费品和生产资料在内的商品市场，而要素市场尚处于萌芽状态。今后，在继续完善和发展商品市场的同时，重点要加快资本、劳动力和土地等生产要素市场的培育和发展。其中主要是：

——发展和完善金融市场。要采取多样化的融资方式，以银行融资为主，积极稳妥地发展债券和股票融资，规范股票的发行和上市，并在加快企业股份制改造基础上逐步扩大规模。要发展全国统一的资金拆借市场，开展票据贴现和抵押贷款业务，中央银行开办国债买卖业务。

——加速劳动力市场的形成。我国劳动力丰富是一种资源优势，同时也带来就业的压力。但到目前为止，劳动力市场因为国家包就业的做法基本未变而难以形成。

今后的改革，要使国家放弃作为用工主体和分配主体的特殊身份，逐步从劳动分配和工资分配主体中退出来，为企业和职工双向选择创造条件，形成合理流动的就业机制和多种形式的劳动力市场。

——在城市土地市场的培育中，进一步改革城市土地产权制度，建立土地使用权有偿转让和使用价格形成的市场机制；规范和保护国家的土地收益权。

市场改革的一个中心内容是价格改革。经过十几年改革，目前80%以上工农业产品的价格已经放开由市场调节。但是少数生产资料价格双轨制仍然存在，生产要素价格（如资本利率等）形成的市场化进程刚刚开始。今后价格改革的主要任务是继续放开竞争性商品和服务的价格，加速生产资料双轨制价格并轨和生产要素价格市场化的进程。

转换政府职能，建立有效宏观调控体系。目前，我国经济体制从整体来说还处在从计划经济向市场经济过渡的状态中，同时，在经济发展上面临着加快实现现代化的任务。这种情况下，政府对经济的调控职能显然比其他市场经济国家的作用应更大一些。但政府对经济的管理，应从直接行政管理为主转向间接的宏观调控为主，为经济发展创造良好环境。与此相应，要大力精简政府机构，转变政府职能。我国地广人众，在中央与地方的关系方面，应提倡发挥地方优势，形成合理分工基础上的国内统一市场，不宜提出宏观经济分级调控的改革思路，以防形成"诸侯经济"；但应承认和充分尊重地方利益，调动地方发展经济的积极性。

宏观调控体系的改革涉及财税体制、金融体制和投资体制等方面的改革。财税体制方面，今后改革的重点，首先是把现行的地方财政包干制，改革为在合理划分中央与地方事权基础上的分税制，逐步提高中央财政收入在国家财政收入中的比重。其次是完善税收制度，统一企业所得税和个人所得税，推行以增值税为主体的流转税制度。三是改进和规范复式预算制度，复式预算由政府公共预算、国有资产经营预算和保险预算组成。

在金融体制改革方面，最近在加强宏观调控的过程中，强调用改革的办法整顿金融秩序，为经济发展创造了良好的货币环境。为此确定了几条金融改革的目标和措施，其中主要有以下几点：一是把现在的中国人民银行改造为真正的中央银行，在国家领导下独立执行货币政策，保持货币的稳定；二是建立政策性银行，实现政策性融资与商业性融资的分离，把现有国家专业银行逐步转变为真正的商业银行，实行企业化经营；三是改革利率、汇率形成管理体制，逐步走向市场化。在汇率方面，取消固定牌价汇率，建立以市场为基础的有管理的人民币浮动汇率制度，使人民币逐步成为可兑换货币。

在投资体制改革方面，进一步改革由国家包揽的大锅饭投资体制，逐步建立法人投资和银行投资的风险责任制，分别竞争性项目、国家重大建设项目和社会公益性项目，采取不同的投融资体制。

上述建立现代企业制度、培育和完善市场体系、转变政府职能、完善宏观调控体系的改革，是建立社会主义市场经济体制框架的核心部分，此外还有劳动工资改革、社会保障制度的建立，农村经济体制和对外经济开放体制的进一步深化改革，以及加强法律制度的建设等方面，也是建立社会主义市场经济体制的有机组成部分，需要全面规划，互相配套，有步骤、有重点地进行，这里就不多说了。

我国经济运行的现状和国际政治经济环境的变化，迫切要求我们加快改革步伐。结合解决当前经济生活中存在的投资规模过大，通胀压力仍强，以及资金严重短缺、财金秩序仍未理顺等问题，近期的改革要在有利于强化宏观调控、整顿金融秩序方面和在建立社会市场经济体制的关键环节上，取得突破性进展。首先要紧紧抓住金融、财税、投资体制和建立现代企业制度等重点领域的改革，采取实际步骤，取得新的更大的突破，力争在20世纪剩余的7年时间里，初步建立社会主义市场经济体制，在此基础上，再用10年到20年时间，使新经济体制逐步成熟，更加成型，以促进我国社会经济发展三步走战略的全面实现。

略论京九沿线的资源开发

——在京九沿线资源开发战略研讨论证会上的发言
（1995年1月10日）

　　京九铁路是贯穿中国南北的又一条大动脉，经过几年的奋战，1995年年底将全线通车。由于京九沿线资源丰富、发展潜力很大，京九铁路建成通车，其沿线无疑会成为我国中部地区的一条新的经济生长带。京九沿线的开发，对我国产业的合理布局、缩小地区差距等方面都具有重要意义。京九线北起京、津，南连深、九，两头都是中国经济较发达地区，人们比较熟悉；而中间经过内陆省区，人们对其资源条件、经济基础、投资环境以及人文历史等，则知之甚少。国务院发展中心"京九铁路沿线资源开发战略及投资机会考察课题组"于1994年5月起，历时数月，完成了京九沿线20多个城市的实地考察和资料整理，写出了一个很有分量的考察报告（即《京九铁路沿线资源开发问题考察报告》），填补了人们对这方面知识的空白，为中央及沿线省市制定发展规划提供了决策参考，为海内外投资者寻找投资机会提供了可靠信息，做了一件很有价值的工作。报告对京九沿线的交通态势、资源状况和投资环境做了简明扼要的分析和整体评估，指出京九沿线虽然经过的一些省区目前尚欠发达，但建成后逐步形成的纵横交错的交通优势，以及在农业、生物、矿产、旅游、劳动力等方面的资源优势，实属投资开发的理想地带，并点出近五年、十年期间大有可为的若干主要投资方向。据此，考察报告表述了从现在起到20世纪末21世纪初的京九发展战略，详述了六个战略要点，提出了四条政策建议。我认为，报告提出的这些战略要点和政策建议，是在大量实地调查研究和与沿线有关部门、地方广泛讨论的基础上形成的，因而是有科学根据的，是值得重视的。希望经过这次研讨会的讨论，进一步充实并具体化，以便为从中央到地方的决策和海内外投资者的选择，提供更坚实的依据。最后讲两点不成熟的意见。

1. 京九沿线经济发展水平差异甚大。报告中提出"把京九沿线建成为一条南北向的经济增长带，实现从温饱到小康的转变"。从实际情况看，南北两端经济发达地区和中间穿过的一些边沿地区，会有很大的不同，难以用一个"小康"标准来齐步要求，应考虑战略目标的提法是否要分层次才好。由于经济水平差距巨大，各地区间也有一个产业结构重组的问题。两头发达地区的产业结构要升级，加快高附加值产业的发展，而把劳动密集型产业逐步转移到中部后进地区。这对发挥沿线辐射区劳动力优势，减轻民工潮的南北向的冲击，也是有好处的。

2. 在资金筹集问题上，报告估计，为了完成京九沿线地区的能源基础设施建设，基本解决电力、电讯、公路、桥梁问题，亟须投入200亿元以上。如果加上拟议中几个大化肥、大水泥、大化工和煤、铁矿等180多个大中型项目，最近10年至少须投入千亿元资金。这是一个不小的数额。在我国频频出现通胀压力的情况下，国家能否承受此项巨额资金需求，这就不能单从京九沿线开发需要来考虑，而要纳入资金和综合平衡盘子中来考虑（现在已上和要上的特大工程项目不少）。同时，鉴于目前国家财政困难（赤字、债务与年俱增），而社会资金增长迅猛（居民储蓄1994年新增6000多亿元，余额已达2万多亿元），再考虑政府职能转换的前景，即使是大项目的筹资，也不应眼盯着政府财政拨款，而应着眼于多种方式的社会集资。凡有条件的地方和项目，要积极吸引外资，但由于沿途投资环境和沿途基础设施等条件很不平衡，有的地方、有的项目对外资不一定有吸引力，而对内资却有很大的吸引力。报告中列举的沿线常平镇一家电脑制版工厂的例子，就说明了这一点，并指出现在各地对吸引外资比较重视，而对吸引内资却并不十分重视。因此，报告提出要把内联问题提到战略高度，实行外引内联并重的方针。报告中强调这一点是十分正确的，是非常重要的。

　　总之，我认为，《京九铁路沿线资源开发问题考察报告》是一个很好的务实的报告。希望在此次讨论基础上修改定稿，上报中央；并根据情况，扩大宣传；务使报告中可行之事促进其逐步落实，开花结果。

从单项改革转向制度创新*

——《中国市场经济报》记者专访
（1995年1月10日）

记者（程浩、庄晶）： 您能否首先谈谈十几年以来中国国有企业改革的基本情况？

刘国光： 1984年以来，国有企业改革一直是经济体制改革的中心环节。为搞活企业，国家采取了许多措施，如利润留成、利改税、承包制、租赁制、经营机制转换等。应该说，国有企业的活力增加了，而且还出现了一些好的企业。虽然总的来看，国有企业的发展速度没有非国有企业快，国有企业的产值比重也在下降，但是到目前为止，国有企业仍占整个工业企业总户数的19%，资产的70%左右，总产值的50%左右，税利的2/3。可以说国有企业在国民经济中还是起着基础、骨干作用。它也为非国有企业的发展提供了基础，如能源、重要原材料、基础设施、技术准备等。同时，它还承担了许多社会责任，在提供有效供给、支援农业、加强国防、调节社会分配、保持社会稳定、解决就业等方面起着不可替代的作用。

另一方面，也不能不看到，国有企业确实还存在很多困难和问题。一是优胜劣汰机制还没有建立起来，不少企业缺乏活力；二是企业亏损太多，亏损面1994年达40%以上；三是企业过去上缴税利多、留利少，拨改贷以来，自有资金很少，贷款负担很

---

   * 原载《中国市场经济报》。

重；四是企业离退休人员较多，社会负担过重。这些问题都需要通过进一步深化改革加以解决。

记者：请您谈谈新一轮企业改革的特点和有利条件。

刘国光：新一轮改革要将改革的路子从放权让利、政策调整、单项改革转向制度创新，以适应社会主义市场经济的需要。

今年（1995年）国有企业改革的有利条件主要有：一是经过15年的改革，取得了一些经验，打下了一定的基础；二是有了明确的方向，即十四届三中全会提出的建立产权清晰、权责明确、政企分开、管理科学的现代企业制度；三是中央对国有企业改革的重视，1995年国有企业改革被定为改革的重中之重；四是1994年的改革特别是财税、汇率、金融等宏观调控方面的改革，为国企改革创造了一些条件，也为企业改革提出了新的要求，比如，企业再不改，金融体制也将改不下去；五是《公司法》《监管条例》等一些法律条文的颁布也为企业改革创造了法律条件。

记者：您认为当前国有企业改革的难点和关键是什么？

刘国光：国有企业改革的一个重点和难点就是解决政企不分问题。政企分开的问题我们讲了多年，但问题一直没有根本解决。政企分不开有两个原因：一是认识上的原因，政企分开的前提是产权明晰，而对产权明晰的认识比较晚，直到现在大家并未认识清楚；二是利益上的原因，政企分开，要求政府部门不具体管企业，但政府部门往往很愿意管，管了有权力、有利益，转换政府机制，就把权益丢了。从企业方面看，有一些企业经营得好，活力强，不想要政府管；而有些企业，遇到困难较多，又希望政府管；还有些企业确实有困难，不愿意和政府脱钩。总之，认识和利益是突出的问题。

政企分开和产权明晰并不矛盾，政企分开的基础是产权的明晰化。在国有企业产权改革中应把握以下三个基本环节，即：（1）政府所承担的政权管理者职能和财产所有者职能分解，从而改变两个职能系统紊乱和相互牵制造成所有者缺位的局面；（2）通过国有产权的分散化重建"终极所有权"，使其发挥有效约束企业行为和承担竞争风险的功能；（3）推动"终极所有权"与"法人所有权"分离，使企业以法人制度为依托有效地行使经营自主权。

记者：那么国有企业的产权明晰化应采取什么样的具体形式呢？

刘国光：产权明晰可以采取多种形式，对一些极其重要的行业，如涉及国家机密和安全的尖端技术的特殊工业，以及一些垄断性和公益性部门，国家可以采取独资形式；其他一些重要行业如能源、基础设施、交通运输等都不一定要独资，国家可以采取控股的形式；至于一般竞争性行业，国家不一定控股，可以用投资经营公司、控股公司或企业集团的方式来经营，避免政府的干预，政府只从法律、宏观调控上给企业创造一个良好的投资和发展环境。

国家对不同的企业要有不同的政策，小企业国家可以抽身，中型企业可以合资、合作、嫁接，大型、特大型企业需要公司化，这样企业才能真正做到政企分开，自主经营，自负盈亏。至于有限责任公司还是股份有限公司，是上市公司还是不上市公司，都不能一刀切，不能都搞成上市公司。要按《公司法》的要求，区别不同情况，逐步建立不同类型的现代企业。

记者：最后，请您简单谈谈1995年国有企业改革应如何推进？

刘国光：国有企业改革必须跟其他改革，包括市场体系、宏观调控、政府职能和社会保障等方面的改革相配套来进行；要同企业内部劳动人事制度的改革、治理结构的建立以及科学的管理相结合来进行；再就是，要同整个国有资产管理和经营体系的建立配套进行，这是一个很大的问题。在改制过程中，还特别需要处理好企业的债务问题、人员安排问题。这两个大问题不解决，是很难向现代企业制度迈进的。

总之，国有企业改革是一个复杂的工程，但是，只要我们统一认识，抓住重点，综合配套，全面改革，整体推进，国有企业的改革就一定能够成功。

从单项改革转向制度创新

中国统计改革的目标取向：
建立现代统计制度[*]

——《北京统计》杂志记者专访
（1995年1月）

　　1995年，是中国统计改革又一新的年轮。11年前，在天津举行的全国统计工作会议，奏响了我国统计改革开放的序曲。今天，人们忽然感到，经过11年的探索实践，是否可以对今后统计改革的目标取向做一历史的提炼和概括呢？

　　刘国光认为，可以用建立现代统计制度来概括统计改革的总体目标。所谓现代统计制度，就是在我国社会主义市场经济建成的历史条件下与之相适应的统计制度。与计划经济体制相比，该制度应具有以下几个特征。

　　现代统计制度的第一个特征是统计服务社会化。在计划经济体制下，我国的统计制度具有封闭的特征，其职能只集中于为政府服务，政府统计如此，部门统计和企业统计也是如此。计划经济对统计的要求比较简单，而且层次不高，统计的社会职能窄而又窄。在这种条件下，统计信息的来源和信息的服务对象都只作用于国有经济。改革开放以后，国有经济一统天下的局面被打破了，代之以多种所有制和利益主体多元化的形势，统计信息的形成和其社会职能发生了深刻的变化。这一变化，必然会引起我国

64　　* 本文系《北京统计》杂志记者王军专访，发表于该杂志1995年第1期。

统计制度的连锁变化。从统计信息需求的角度看，必会形成由政府、企业、研究机构和个人等形成的多元结构；从统计信息供给方面看，也会相应形成由多种所有制和多个利益主体构成的多元信息渠道。

那么，现阶段是否已经实现了这种多元化或者说社会化了呢？在此强调两点：一是现阶段的多元格局虽然初步形成，但是社会化的统计信息服务仍处于发展初始阶段；二是也是更重要的一点，无论是为政府服务还是为社会服务，当前统计信息的市场导向特征均尚不充分，当然，这主要是因为我国社会主义市场经济尚未完全建成。

关于现代统计制度的第二个特征，刘国光教授表述为核算制度科学化。这个问题不只是从方法论的角度来谈的。统计从封闭单一系统转向开放多元系统，从计划体制转向市场体制，必然会向旧的统计制度体系提出挑战。为响应这一挑战，就要根据统计社会化和市场经济运行的要求，重新构造新的统计制度体系。其中，核算体系要能满足在市场经济条件下政府进行宏观调控的需要，要能客观反映经济运行总体和各环节的性质特征和数量特征。新国民经济核算体系的建立和建成将使我国统计核算制度的科学化达到新的高度。

现代统计制度的第三个特征是统计监督法制化。谈及此，刘国光教授表情严肃，对目前统计数据有"水分"的现象深表忧虑。他说，20世纪50年代，我们国家就讨论过统计的独立性问题，所谓独立性是指统计数据不受干扰，不受权势的意志影响，否则根本谈不上统计三大功能的发挥。刘国光教授强调，市场经济本质上要求法治，要想保证统计信息的准确、咨询的公正和监督的有效，就必须将我国的统计运行置于完善和有力的法制基础上。只有在完善的市场经济条件下，各利益主体只从"市场"而不是从"数字"得到利益，统计信息才能真实自然地反映市场经济运行的状况。

刘国光教授进一步补充道，作为一种新的制度特征，它必须与旧制度具有某些本质区别。我国的统计制度无论是在计划体制下还是目前向市场体制转轨过程，都未能很好解决人为干扰统计数据的问题，现代统计制度应该解决这个问题。

记者问道，近年国家提出了推进统计社会化、产业化、商品化和国际化的发展战略，它与现代统计制度有什么联系吗？刘国光教授说，他注意到了这些提法。但他认为，社会化、产业化与商品化强调的应是统计运行的社会效益和经济效益，但概念内涵不是对总体普遍适用的，比如，政府统计就不宜强调商品化。至于国际化，刘国光教授认为，我国在20世纪五六十年代计划经济体制下就搞了"国际化"，照搬苏联的MPS核算体系，但那是不完全的、封闭的、有局限性的"国际化"。国际化的本质实际上是借鉴和吸收其他国家统计制度的科学合理成分，如我国正在建立的新国民经济核算体系就是吸收了SNA的科学内容。而这一点，已被现代统计制度科学核算的特征涵盖了。

加强邓小平经济特区建设
理论与实践的研究*

——《邓小平经济特区建设理论与实践》序
（1995年1月22日）

    中国经济特区是邓小平同志提议创办并亲自设计、指导实施的。创办经济特区是建设有中国特色社会主义的重要举措，是中国对外开放的具体形式之一。邓小平经济特区建设思想是他改革开放思想的重要组成部分，而改革开放思想又是建设有中国特色社会主义理论的重要内容。可以说，小平同志经济特区建设思想丰富和发展了马克思主义。

    创办经济特区是"解放思想、实事求是"思想路线的生动体现，用西方评论家的话说，是"致力于现代化的大胆行动和创造性决策"。它充分体现了小平同志伟大无产阶级革命家的胆略和马克思主义者的高瞻远瞩。对办特区，从一开始就有不同意见，有人担心是不是搞资本主义。特区建设成就，明确地回答了这个问题，特区姓"社"不姓"资"。姓"社"姓"资"的问题，是一个实践问题，而不是一个抽象的概念问题，判断标准应该主要看是否有利于发展社会主义社会的生产力，是否有利于增强社会主义国家的综合国力，是否有利于提高人民的生活水平。"三个有利于"的标准直接回答了特区姓"社"姓"资"问题，

---

* 原载《深圳特区报》。

无论对评价特区的过去，还是指导特区的未来，都具有直接的指导作用。但"三个有利于"的理论意义并不局限于特区和判断姓"社"姓"资"，而是具有普遍意义。江泽民同志在十四大报告中就明确指出它是"判断各方面工作的是非得失"的"归根到底"的标准。"三个有利于"标准使实践标准更具体、更丰富了，大大丰富了实践是检验真理的唯一标准的理论。

邓小平经济特区建设思想，超出了国外搞特区的做法和经验，形成了全新的社会主义经济特区理论。早在小平同志倡议之前，世界上就有若干国家办了一些经济特区，虽然种类繁多，但创办的目的和功能都比较单一，除了为实现某一功能而在政策上有所区别外，特区与非特区没有什么不同。而中国的经济特区就不一样了。小平同志提出特区是"四个窗口、一个基地"，大大超出了国外所有的特区。小平同志还希望通过特区发展带动所在省乃至整个内地的发展，并提出了特区为中心，依次为开放城市、沿海开放带、长江流域直至全国的全方位开放构想；让特区在改革方面带头大胆试大胆闯，创出经验供全国借鉴，以及通过特区的试验为社会主义赢得与资本主义相比较的优势闯出一条新路等。小平同志这一系列构想、指导、谈话和部署等，构成了全新的内容十分丰富的社会主义经济特区理论，进一步丰富了建设有中国特色的社会主义理论。

从1979年4月邓小平同志提出创办经济特区至今，已整整15年了。15年来，广东、福建、海南将小平同志创办经济特区的思想付诸实践，五个经济特区都取得了举世瞩目的巨大成就。然而，与经济特区建设成就相比，经济特区的理论研究，还显得不够。尤其是在我国改革迅速向纵深层次发展、开放向全方位层次推进的新形势下，特区面临着许多新课题，需要我们根据建设有中国特色社会主义理论和不断发展的实践去研究探讨。随着开放由特区、沿海向沿江、沿边和内陆城市推进，这些地区也实行类似特区的优惠政策，出现了所谓"特区不特"的问题。特区如何进一步发展，如何继续发挥"窗口""基地"的作用，特区还要不要办下去？对此，江泽民总书记在今年（1995年）视察广东时的谈话中明确指出，中央对办特区的决心不变，特区的基本政策不变，特区的地位和作用不变，特区建设将贯穿于中国社会主义现代化始终。中央对特区的信心、决心、政策不变，加上特区的先行优势以及独特的区位优势，我想，特区是能继续当好改革开放的排头兵，继续发挥"窗口"和"基地"的功能的。尽管如此，也还有不少新问题有待研究。例如，特区如何增创新优势，如何提高整体素质；特区在建立社会主义市场经济体制上如何继续进行超前探索；特区产业结构如何升级，产品结构如何优化，特区产业产品结构升级与优化又如何与内地产业产品结构的调整相协调；特区怎样进一步扩大开放，特区的对外开放与全国其他地区的对外开放又如何分工协调；如何搞好特区精神文明建设，等等，都需要探讨。此外，关于内地如何学习借鉴特区经验扩大对外开放问题，关于如何逐步缩小特区、沿海与内地的差距问题，等等，也需要研究。

以上问题的研究解决，对我国特区未来的进一步发展，对全国改革开放和经济发展上新台阶，都将具有深远而重大的意义。因此，我们必须努力加强特区建设问题的理论探讨和研究。深圳市社会科学研究中心的彭立勋等同志长期致力于这方面的研究。他们将学习、研究邓小平同志经济特区建设理论和总结、阐述特区建设实践经验有机结合起来，写成了《邓小平经济特区建设理论与实践》一书，在特区建设问题的理论研究上进行了新的开拓。该书系统地阐述了邓小平同志经济特区建设思想的内容、特色和伟大意义，多角度多层次地研究了它对我国经济特区改革开放和发展的指导作用；同时，全面归纳和总结了特区建设15年来所取得的成绩和经验启示，分别就特区的经济体制改革、对外开放、经济发展、民主政治和法制建设、党的建设、精神文明建设等领域进行了翔实的分析和研究，对特区两个文明建设的基本经验做了深入总结和阐发，同时也进一步探讨了特区未来发展模式与定位问题。全书既有较高的理论水平，又具有较强的实际指导意义，是理论和实际相结合的一项重要成果。希望该书作者继续发扬理论联系实际的学风，大胆探索和研究经济特区改革、开放和发展中出现的新情况、新问题，不断总结和概括经济特区改革开放和两个文明建设的新鲜经验，把经济特区建设问题的理论研究继续推向前进。

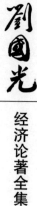

《资源生态经济学》序*

（1995年2月）

    20世纪70年代末80年代初期，我国老一辈经济学家和生态学家，共同倡议开展生态经济问题研究。1980年，我国已故著名经济学家许涤新提出了建立中国的生态经济科学。十多年来，在老一辈经济学家和生态学家的带动培育下，一支以中青年为骨干、老中青结合的生态经济理论研究队伍已经在我国建立并迅速成长起来。他们提出了一批批有价值的研究专著和论文，推动了我国生态经济学的研究。本书的作者马传栋在80年代先后推出《生态经济学》《城市生态经济学》等论著的基础上，又在90年代初开展并完成了《资源生态经济学》的研究工作，填补了这一领域的空白。这三部专著的陆续出版，无疑对我国的生态经济学研究起到重要促进作用。

    资源生态经济学是生态经济学的重要分支学科。它在生态经济学的理论体系中具有特别重要的地位。这是因为，资源生态经济学所要研究的问题，是当今世界人与自然之间进行物质交换中所遇到的最核心的问题，即资源、能源、人口、经济和生态环境之间如何协调发展的问题。从历史上考察，人与自然之间的关系已经历了三个发展阶段，即蒙昧的阶段、对立的阶段和掠夺的阶段，现在已经进入第四个阶段，即和谐的阶段。人与自然的关系，从无知、对立走向掠夺，又走向和谐，这是客观发展的必然

* 原载《东岳论丛》1995年第3期。

趋势。人类社会经济的发展是依赖于自然生态系统的基础进行的。后者为前者提供自然资源和人类生存繁衍所需要的生态环境。人类社会经济发展对资源生态系统需求的无限性与资源生态系统满足这一需求的能力（包括自然生产力及资源更新能力）的有限性之间的矛盾，是制约人与自然的关系由无知、对立、掠夺到走向和谐的基本矛盾，也是实现资源、能源、人口、经济和生态环境之间协调发展需要解决的基本问题。资源生态经济学正是要从理论和实际的结合上探索这一矛盾运动的客观规律性，并寻求解决这一矛盾的基本途径。这就决定了资源生态经济学是生态经济学理论体系中的一门十分重要的分支学科。

对于"资源"这一概念的理解，过去经济学界多侧重于解释为资金、劳动力、土地、生产资料、科技等社会经济资源，把资源配置理解为是对这些资源的组合和利用；而自然科学界则侧重于把其解释为各种自然生态资源，把资源配置和利用理解为是对水、森林、农田、草原、海洋、矿藏以及作为开发对象的原始土地等自然资源的组合和开发利用问题。国内外越来越多的实践证明，这两种理解都具有某种程度的片面性，因而难于解释经济、社会和生态环境如何实现协调发展的很多基本理论和实际问题。从生态经济学这门经济科学和自然科学相交叉的新学科角度看问题，资源既应包括社会经济资源，又应包括自然生态资源。只有使这两大类资源实现合理组合和优化配置，建成结构合理、功能高效的资源生态经济系统，才有利于克服各种资源、能源、人口、经济和生态环境之间的不相协调甚至相互对立的种种问题，最终实现资源生态经济的协调发展。本书的作者正是抓住了这一基本思路展开了资源生态经济学的研究。该书先在"总论"部分分别论述了由自然生态资源和社会经济资源有机结合而成的资源生态经济系统的特点、结构和功能问题，论述了资源生态经济系统实现协调发展时的生态经济社会综合效益问题、资源生态经济系统出现失衡时所带来的负效益——各种灾害问题，以及实现资源生态经济协调发展所须遵循的基本原则等理论问题；接着又在第二编中集中研究了自然资源开发利用过程中的生态经济理论问题，诸如自然资源和生态环境的价值、价值表现、价值实现及其补偿问题，可再生生物资源、可循环再用的环境资源及不可再生的矿物资源在开发利用中的种种生态经济理论问题等；在第三编中又集中论述了主要社会经济资源在开发利用过程中的生态经济理论问题，诸如各种生产性和生活性废弃资源回收利用中的生态经济问题，以及资金、劳动力、劳动资料等生产要素资源和科技、信息、人文旅游等智能资源在开发利用过程中的生态经济理论问题等；最后又在第四编中论述了包括社会经济资源和自然生态资源在内的社会总资源配置过程中的生态经济理论问题，诸如社会主义市场经济条件下市场和物价等因素对社会总资源优化配置的影响和作用问题，国家宏观调控与计划指导对社会总资源配置中实现生态经济良性循环的作用问题，区域自然生态资源和社会经济资源的优化配置和合理管理问题，以及对外开放对国家和区域的生态经济社会总资源合理配置的影响和作用问题，等等。这样，该书就形成了自己独具特色的理论体系。尽管作者在书中的某些观点还需要进一步斟酌，某些章节的论述还需要进一步完善，但这本书体现了作者对资源生态经济学理论体系的系统思考。

　　资源生态经济学是随着生态经济学研究的深入和发展社会主义市场经济的需要而成长起来的学科新领域。1992年10月中国生态经济学会第三届理事会成立时才设立了学会下属的资源生态经济专业委员会。目前这个学科研究领域需要研究的问题很多，相信本书的出版能吸引全国更多的同志关心资源生态经济问题，促进资源、能源、人口、经济和生态环境之间协调发展理论研究的不断深入。

《资源生态经济学》序

1994年国内经济形势与1995年展望*

——在伦敦中国驻英大使馆内举行的
一次报告会上的讲话
（1995年3月17日）

中国的经济发展与改革，这几年进入了一个新阶段，以1992年春邓小平南方谈话、党的十四大和1993年十四届三中全会为标志，进入了新一轮的快速增长、全面建立社会主义市场经济的新阶段。

改革开放以来，我国经济运行经历了四个周期。现在正处于第四个经济周期的中后期。前一周期的高峰在1988年，当时出现经济过热，下半年开始治理整顿。1990年经济到达谷底。1991年开始回升。1992年重新进入高速增长。1993年年中又达到高峰，出现过热，经济秩序特别是金融秩序混乱，于是开始加强宏观调控。1994年继续加强和完善宏观调控，同时在财政税收、金融外汇等领域开始出台一系列重大改革措施，并取得成效。因而1994年经济发展总的来看势头不错。

1994年经济发展的巨大成就[①]

第一，1993年下半年开始的加强和改善宏观调控措施取得成

---

* 此文系讲话的第一部分摘要。

① 1994年数字，据《中国统计年鉴1995》资料校正。

74

效，既避免了经济的进一步过热，也避免了经济在调整过程中的大滑坡或大起之后的大落。国民经济在从前年的高峰平稳回落的过程中，仍然保持了较快的增长速度，1994年GDP增长率达到11.8%，不仅大大高于世界经济平均为3%的增长率，也高于亚洲经济平均为8%的增长率。

第二，社会总供求基本平衡。在社会供给方面，工业生产比1993年增长26.1%，农业生产增长8.6%，主要工农业产品多数增产，只有少数农产品如粮食、糖料等产量有所下降。国内市场货源充裕。另一方面，社会需求增长得到了控制，如投资需求，全社会固定资产投资去年增长31.4%，增幅比1993年的58.6%回落27.2个百分点。消费需求，1994年全年消费品零售总额比1993年实际增长7.2%。货币投放量、国家银行贷款规模和财政赤字，都控制在原定目标之内。

第三，对外贸易高速发展，国际收支明显改善。1994年比1993年出口增长31.9%，进口增长11.3%，改变了1993年对外贸易巨额逆差的局面。外汇储备从年初212亿美元，年底增加到516亿美元，增长1.4倍。人民币汇率稳中有升，从1美元兑8.8元人民币，升为1美元兑8.5元人民币。实际利用外资继续增长，全年使用外资458亿美元，其中外商直接投资338亿美元，比上年增长22.7%。到1994年年底，注册外商投资企业数已达到20.6万户，1994年一年增加了4万户。

第四，城乡人民生活进一步改善。全年城镇人均可支配收入3179元，比1993年增加31%，扣除价格因素，实际增加8.8%；农村居民人均纯收入1221元，比1993年增加32%，扣除价格因素，实际增加5%。但值得注意的是，一部分居民因通胀和停工半停工，实际收入水平下降。

1994年经济发展中的主要问题

第一，物价涨幅过高，这是人们最关心的问题。1994年居民消费价格比上年涨了24.1%，社会商品零售价格上涨了21.7%，涨幅超过20%，是改革开放以来物价涨幅最高的一年。从近几年零售物价指数的变动来看[①]：

年份	1988	1989	1990	1991	1992	1993	1994
物价指数	118.5	117.8	102.1	102.9	105.4	113.2	121.7

在1993年年中开始加强宏观调控后，1994年物价仍继续大幅上涨。原因很多，主要有：一是前两年经济过热时投资和消费需求增长过快，货币供应超经济增长的滞后影响。二是持续两年国家政策性调价，包括煤炭、电力、运输、棉、粮、油以及公共服务事业，调价幅度较大，从调整不合理的价格结构来说这是必要的，但时机掌握上考虑不周。三是部分农产品因灾减产，因食品在消费品价格指数构成中所占比重较大，粮价上涨的影响不小。四是由于汇率、工资、利率调整，以及前两年投资膨胀引起生产资料价格猛涨的影响传导至下游产品，造成巨大的成本推动。据测算，商品零售价格总指数上涨21.7%中，有14个百分点为成本推动，占65%；7.7个百分点为需求推动，占35%。这与1988年的情况很不相同。五是市场物价管理没有跟上，乱涨价、垄断涨价等情况未能制止。

还有一个情况不同于1988年。1994年物价涨幅虽高，但国内市场和社会生活基本稳定。其原因，一是多数居民实际收入增加，承受能力增强；二是经济持续快速增长，供求基本正常；三

---

① 国家统计局：《中国统计摘要1995年》，中国统计出版社1995年版，第122页。

刘国光

经济论著全集

第 12 卷

是涨幅高的，主要集中于少数服务收费等，消费弹性小，不是保值产品，难以形成抢购对象；四是抑制通胀、平抑价格的政策信号明确，消费者的预期比较稳定。

第二，农业基础薄弱问题。1994年物价上涨的重要因素是农产品价格上涨幅度较大，这是我国农业基础薄弱的表现。农业基础落后于工业和整个国民经济的发展，已非一日之寒。应该说，中央是一贯重视农业的，近几年多次召开农村工作会议，讨论加强农业和农村工作。但是一到下面，往往是灾年重视，来年就不大重视，抓得很不连贯，不很落实。农业有这么几个隐患：一是农业投入严重不足，国家对农业投资比重下降，农民自身投入有限，还有比较利益不合算的问题。农业投资占国有单位投资比重，20世纪80年代初是5%，80年代中后期是3%，1994年不到2%。1995年注意了这个问题，国家对农业投资比去年增加了1/4。二是耕地面积萎缩，有的是农民撂荒，有的是各地乱搞开发，挤占耕地，1978年到1993年我国人口净增2.2亿人，而耕地面积减少6432万亩，相当于一个四川省的面积。人均耕地1978年为1.6亩，1993年为1.2亩。特别是传统粮食高产的东南沿海地区，已从粮食有余转为大量调入。此外，还有农村流通体制不顺，工农产品比价及农产品内部比价不合理等，不利于某些农产品的比较成本、比较效益，以及农民负担重，等等，影响了农民的积极性，也是拖农业后腿的重要原因。

第三，部分国有企业经营困难、活力不足问题。改革开放以来，国有企业在支持改革开放、促进经济发展、保持社会稳定等方面做出了贡献。但由于种种原因，相对于蓬勃发展的非国有经济来说，国有成分发展比较缓慢，活力不足的问题比较突出。1994年全国工业增加值比上年增长18%，其中国有企业只增长5.5%，如加上国有控股企业，也只增长6.8%。而集体企业增长21.4%，其中乡办企业增长27.3%；中外合资、合作和外资企业增长28%，增幅都大大高于国有企业。虽然下半年比上半年情况有所改善，但从总体上看，不少企业仍未摆脱困境，产品库存积压增多，企业亏损面较大，相互拖欠严重。不仅企业之间相互拖欠，而且拖欠银行贷款本息，拖欠国家税金。这种现象不仅加剧了企业资金和国家财政的短缺程度，而且，与之相伴而生的虚假需求，进一步助长了企业盲目生产、重复投资的现象。

造成部分国企生产经营困难的原因很复杂，有历史因素，也有现实因素；有企业外部因素，也有企业内部因素。从根本上说，国有企业不活，主要是机制问题。政企不分、只生不死、社会负担重、历史债务沉重等传统体制弊病，削弱了国有企业活力的发挥。

我国经济快速增长中出现的问题，不只上述三个。此外还有，收入差距不合理的扩大，腐败现象的蔓延，等等。这些问题的产生，有些是工业化、城市化、市场化进程加快，新旧体制转轨过程中不可避免的，有的是政策措施不到位、不落实，经济调控手段不健全，以及工作中某些失误造成的。对这些问题不能等闲视之。从1994年中央经济工作会议，到1995年最近召开的八届人大三次会议，都在研究这些问题，并将采取措施逐步解决这些问题。

1995年经济发展形势展望

1995年经济工作的指导思想，仍然是继续把握"二十字方针"（抓住机遇、深化改革、扩大开放、促进发展、保持稳定），进一步处理好改革、发展和稳定的关系，加快建立社会主义市场经济体制，实现国民经济持续快速健康发展和社会全面进步。根据这样的指导思想，确立了今年经济工作的几项主要任务：一是继续加强和改善宏观调控，抑制通货膨胀，保持国民经济发展的好势头；二是以深化国有企业改革为重点，推进各项配套改革，完善宏观管理体制；三是增加农业投入，确保农副产品供应，全面发展和繁荣农村经济；四是加大结构调整力度，强化管理和推动技术进步，提高经济的整体素质和效益。可以看出，这几条任务都是针对当前经济生活中迫切需要解决的问题的。这里我着重讲讲抑制通货膨胀的问题。

抑制通货膨胀和保持发展势头，就是说，既要把过高的物价上涨率压下来，又不能使经济发展失去势头，也就是说要继续实行"软着陆"。这是一个很不容易解决的两难问题。高增长往往带来高通胀。我国近几年的高通胀尽管原因复杂，但是与增长速度过高是有关系的。要把物价涨势压下来，就得适当控制经济增长速度。但我们又不能把速度压得过低，速度过低也不利于改革和稳定。那么，今后宏观经济走势究竟如何呢？

根据1994年年末1995年年初国内各方面的议论和分析，今年经济走势有三种可能：

第一个可能是"软着陆"不到位，经济就再度出现过热，物价继续攀高。目前各地方、部门、企业，上速度、铺摊子、争贷款的劲头依然强烈，在发展不平衡中要求缩小差距、"倾斜"发展的压力不小。理论界也有"通胀不可怕，失业才可怕"这种推波助澜的议论，附和这种压力。如果顺从这种压力而放松调控，或者调控力度不够，我国经济将有可能继续以10%以上的速度加快增长，从而加剧资源紧张，推动物价继续上涨，引发更严重的通货膨胀和更大范围的社会矛盾，重复大起大落的故事，这是很危险的，应该努力避免。

第二个可能是经济增长急速回落，出现市场疲软，企业停工半停工增多，而物价则回落缓慢，或者仍然居高不下，使经济运行趋向"滞胀"的局面。这种前景可能在下述情况中发生，就是调控物价的手段过多地采用限制性和行政性措施，特别是过多地在压缩最终需求上做文章，从而使紧缩力度过大，而对导致当前物价涨幅高的成本因素、结构因素、管理因素等却认识不足，措施不力，在这种情况下有可能出现"滞胀"。

第三个可能是成功地实行"软着陆"，经济增长幅度在继续回落中仍保持适度的增长速度，同时物价上涨幅度则明显回落。这是多数经济界和经济学界人士的主张，也是中央经济工作会议以来确立的宏观调控的正确方针。中央经济工作会议把抑制通胀、保持国民经济发展好势头放在1995年经济工作主要任务的首位，全国计划工作会议继而指出要把抑制通货膨胀作为宏观调控的首要任务，尽快地把过高的物价涨幅降下来，以促进国民经济持续快速健康发展。其目标都是既要降低物价上涨指数，又要保持较快的增长速度。根据各方面的测算，1995年我国GDP增长率由去年的11.8%降到9%~10%，物价上涨率由1994年的20%以上降到15%左右，1996年再进一步降到10%以下，是比较适宜、可靠的。

为了有效地抑制通货膨胀，1994年9月国务院根据全国物价工作会议提出的七条措施，1995年重申要继续实行，同时强调了以下几条：一是实行适度从紧的货币政策和财政政策，银行信贷规模的增长幅度要低于1994年，货币供应的增长幅度也要低于1994年；二是继续控制投资规模，集中有限的财力先保在建的重点工程，减少新开工项目；三是增加对农业的投入，解决好"米袋子""菜篮子"问题，增加农产品供应；四是控制消费基金增长，一方面要保证农民和广大城镇职工的收入水平继续适当增加；另一方面要严格控制社会集团消费，特别要刹住公款消费之风。

1995年经济发展有不少有利因素。一是全党全国重视和加强农业；二是各项改革进一步深入；三是政府治理通胀的宏观调控目标明确；四是前些年开工的一批重点建设相继投产，某些短缺产品"瓶颈"制约有所缓解（能源、交通、生产资料）；五是居民储蓄继续大幅增长；六是对外开放和国际经济技术交流继续扩大；等等。这些都为完成1995年国民经济发展任务创造了有利条件。只要宏观调控决心坚持，措施完善，力度适当，把零售物价指数降到15%~13%，并保持9%~10%的经济增长速度，继续实现经济的"软着陆"，是有可能的。

关于以国有企业改革为重点的经济体制改革问题*

——在伦敦中国驻英大使馆内举行的一次报告会上的讲话

（1995年3月17日）

我国经济体制改革已经进行了16年。经过十多年的改革，经济体制已经发生了深刻的变化。1993年中共十四大第一次正式确认中国经济改革的目标是建立社会主义市场经济体制。以此为标志，经济改革进入了一个崭新的阶段。

1993年中共十四届三中全会制定了《关于建立社会主义市场经济体制若干问题的决定》（以下简称《决定》）。1994年是开始实施这一决定的第一年，也是十多年改革开放以来改革措施出台最多的一年。按照"整体推进和重点突破相结合"的原则，1994年主要在宏观经济管理领域推出了多项重大改革措施。首先是财政税收体制改革，包括以推行增值税和统一国企负担为主要内容的税制改革，以及在划分中央与地方政府职能基础上的分税制代替包干制的财政改革。其次是金融体制改革，包括强化中央银行的稳定货币、监控金融的职能，组建三家政策性银行，以及专业银行向商业银行转变开始起步。三是外汇体制改革，包括汇率并轨、实行结汇售汇制和建立银行间外汇市场。此外，在外贸体制、投资体制、流通和价格体制等方面，也出台了不少改革措施。由于改革方案准备比较充分，组织实施中及时解决遇到的问题，所以，1994年改革整个进展比较顺利，在建立社会主义市场经济的宏观调控体系方面迈出了重要一步，在一些重要方面做了我们多年想做而没有能做到的事情。当然，1994年财政、税收、金融、外汇等宏观管理体制的改革，虽然有了一个良好的起步，但它们离新体制完全到位还有相当一段距离。有些宏观管理体制改革的进一步深化，遇到微观经济特别是国有企业传统机制的障碍，比如国家专业银行向商业银行的转变，在国有企业政企不分、财务约束软弱的问题未解决前，呆账坏账占了银行贷款的相当份额的情况下，专业银行怎样能够商业化呢？在这种情况下，宏观经济管理转向以利用利率、税率等间接调控手段为主，也是难以收到成效的。而且国有企业政企不分、只生不死、社会负担重、历史包袱重等弊端，已经成为我国经济结构合理化以及经济效益、素质提高的一个障碍，到了非改不可的时候。1994年宏观改革出台了一系列措施，一方面向国企改革提出了更迫切的要求，同时也为国企改革提供了一些外部环境。所以，1995年经济体制改革的重点，要从宏观领域转到微观领域中来，首先要转到国有企业改革上来。

根据1994年11月和12月全国经济工作会议及此后体改工作会议精神，1995年经济体制改革的总任务是：重点推进以建立现代企业制度为目标的国有企业改革，配套推进社会保障制度改革，培育市场体系和转变政府职能，进一步深化和完善宏观管理体制改革，同时抓好其他方面的改革工作。所以，1995年经济体制改革的内容很丰富，头绪也很纷繁，这里不可能一一细讲，我想只简单谈谈作为1995年改革重点的以建立现代企业制度为目标的国有企业改革问题。

我国国有企业经过十几年的改革，经过千方百计增加技改投入、引进外资和先进技术，加强和改进企业管理，企业活力有所增强，对市场变化的适应能力有所提高。但由于过去的改革基本是以放权让利为主要内容的政策调整，而没有触动企业产权关系的理顺和企业制度的创新，旧体制的束缚和历史包袱（债务、冗员、"办社会"等）使国有企业在市场竞争中处于不利地位，在竞争能力、效益水平、发展速度等方面与非国有经济的差距逐步扩大。尽管如此，国有大中型企业依然是我国国民经济的支柱，在多种经济成分迅速增长的情况下，国有企业特别是大中型企业在国民经济中仍然占有绝对优势，掌握着国家经济命脉，承担着国家财政收入的主要任务；是支持改革、促进发展和保持社会稳定的基本力量，为改革开放的顺利推进和其他类型企业的较快发展，做出了重大贡献。

国内外有些人士看到我国国有企业目前存在一些困难和问题，认为只有私有化才能解决这些问题。这是不了解我国国情，更不了解中国改革的方向。中国改革的目标是建立社会主义市场经济体制，这种体制当然要发展包括非国有制在内的多种经济成分，但要以保持公有经济的主体地位和国有经济的主导作用为前提，这是不能动摇的。国有企业存在的困难和问题，只有靠深化改革来解决。

经过十多年的改革，我们已经初步解决了传统体制遗留给国有企业的许多矛盾和困难，我们已经有了一些效益比较好的国有企业。但目前困难企业不少，而且存在的问题几乎都是难度很大的深层次矛盾，诸如产权不清、政企不分、企业所有者不到位、国有资产管理不顺、社会保障体制不健全，以及企业长期存在的债务、冗员、"企业办社会"的包袱等。怎样才能解决这些深层次矛盾？也只有进一步深化改革，从过去的放权让利为主转向理顺产权关系、创新企业制度上来。这正是十四届三中全会《决定》的要求，它指出建立现代企业制度、转换国有企业经营机制是今后我国国有企业进一步改革的大方向。

简单地说，现代企业制度就是适应现代市场经济要求的企业制度。建立现代企业制度的内涵，十四届三中全会《决定》中已有16个字的概括，就是：产权清晰、权责明确、政企分开、管理科学。其核心内容，一是完善的企业法人制度，二是严格的有限责任制度，三是科学的企业领导体制和组织管理体制。现代企业按财产构成可以有多种组织形式。在我国多种经济成分共同发展的情况下，公司制作为一种企业的典型组织形式，将同独资企业、合伙企业和股份合作制企业等企业形式并存。就大型骨干企业而言，公司制将是主要的企业组织形式。不论什么形式，都要求实现"产权清晰、权责明确、政企分开、管理科学"，以最大限度地提高企业的效率，与社会主义市场经济体制的要求相一致。要防止把现代企业制度片面理解为股票上市、内部集资，或把企业翻牌为公司而机制依旧，换汤不换药。现在已经有不少这种情况。

建立现代企业制度的改革由于牵涉面广，难题甚多，1994年开始做了一些基础性准备工作，包括清产核资、建立新的会计制度等，在国务院统一领导下，有关部门对现代企业制度试点工作进行了多方面的调查研究，制定了试点方案，研究了配套措施。试点工作已正式部署，除了国务院确立的百家试点企业外，各省、市、自治区确定的试点企业已近2000家。《公司法》于1994年7月1日开始实施，各地对现有股份制试点企业的规范工作正在加紧进行。行之有效的一些企业改革方式，如发展企业集团、企业兼并、联合或引进外资进行资产重组，企业的结构调整、拍卖、破产等，都在继续试行。

1995年国有企业改革要围绕企业制度创新，在改革的重点和难点问题上实行突破。在继续抓紧建立现代企业制度的各项基础性工作，继续按《公司法》抓好股份制试点和继续推行各项行之

关于以国有企业改革为重点的经济体制改革问题

85

有效的改革方式的同时，要下功夫抓好国务院批准的四项试点：一是抓好100户国有大中型企业进行建立现代企业制度试点，以及各省市、主管部门抓好自选企业的试点；二是抓好中国航空工业总公司、中国石化工业总公司、中国有色金属工业总公司三家全国性公司改建为国家控股公司的试点；三是抓好国务院确定的55家企业集团试点；四是18个城市企业优化资本结构，进行综合配套改革的试点。通过这些试点，要在国企改革的重点和难点问题上取得经验。所谓重点难点问题，主要有以下几条。

一是理顺产权关系，分开政企职责。这里有三个关系要分清：（1）要实现国家资产所有者职能与社会经济管理者职能的分开；（2）实现国有资产行政管理职能与国有资产运营职能的分开；（3）实现出资者所有权与企业法人财产权的分开。为此，要抓紧研究探索建立新的国有资产管理体系，以巩固公有制的主体地位，防止国有资产流失。

二是明确国有资产投资主体，即由什么机构来代表国家所有者持有国有股权。现在的试点方案初步明确国家授权投资的机构，主要是国家投资公司、控股公司、国有资产经营公司，以及具备条件的国有独资公司和企业集团的集团公司等。在上述机构未建立或不健全的情况下，国家可授权某个部门机构暂时代行国有投资主体的权利，但对持股企业不行使任何行政管理职能。

三是投资主体多元化问题。除了少数生产特殊产品和属于特定行业的企业可以采取国有独资公司形式外，多数改制企业应通过吸收各类法人、外资及国内自然人资金的方式，和互相参股方式，实现股权多元化，以促进政企分开。多数采取有限责任公司形式。对竞争性行业中的企业，国家可以参股；对支柱产业和基础产业中的骨干企业，国家必须控股。

四是进行国有资产的战略调整。国有经济无须掌握所有产业部门，只要掌握战略产业部门即可。按照国家产业政策和地区产业结构，确定发展、支持、调整、淘汰等不同企业类型，根据国家和地方财力，有计划有步骤地实现国有企业的战略重组。国家直接掌握的应是控制经济命脉的大型企业、集团和少数重点骨干企业，对这些企业也要通过结构调整和制度创新来增强其活力。对于其他一般企业，改组和调整的步子可以更大些，通过关、停、并、转、包、租、卖等方式，促进存量资产优化配置和结构调整。

五是建立规范的企业法人治理结构。试点企业要根据权力机构、决策机构、执行机构和监督机构相互独立、相互制衡、相互协调的原则，建立由股东会、董事会、经理和监事会组成的公司治理结构，严格按照《公司法》规范进行。企业党组织的政治核心作用如何体现，是普遍关注的问题，要通过试点来探索解决途径。

六是在清产核资的基础上核定和增加企业资本金，并解决由于历史原因形成的企业过度负债问题。这个问题比较复杂。对清产核资中清理出来的企业潜亏、各种财产损失，以及由于不可抗拒的自然灾害和政策性原因造成的企业贷款损失，按有关规定分别冲销处理。由"拨改贷"和基建基金贷款形成的历史债务，按产业政策、企业经济地位和偿债能力，可分别展期归还、排账停息或转为国家资本金。对不能偿还到期债务、扭亏无望的企业，要根据"破产法"和有关规定实行破产，防止假破产真逃债，探索濒临破产企业进行重组的途径。

七是分流富余人员，妥善解决企业办社会问题，要区别情况，因地制宜，积极采取措施加以解决。

谈谈当前中国国有企业改革*

——在英国中国经济学会召开的研讨会上的发言
（1995年5月11日）

一、中国国有企业地位的变化

中国自改革开放以来，由于非国有经济成分迅速增长，国有成分在整个国民经济中的比重持续下降，例如在工业总产值中，国有工业企业的比重1978年为78.6%，到1993年降为43.1%，相应地，非国有企业的比重大大增加，其中，集体工业企业由1978年的22.4%增加到1993年的38.2%，其他经济类型（包括个体、私营、外资等）企业由零增加到18.8%。但是，中国国有企业是不是如不少人士所想象的，一直在走下坡路，没有任何发展？不是的。由于国家的资金投入，企业的技术改造，以及十多年来下放权力的改革使企业增加了一些活力，国有经济仍在不断发展。例如国有工业企业固定资产净值，由1978年年末2115亿元增加到1993年年末的8924亿元（3.8倍）；工业总产值由3289亿元增加到22 725亿元（6.9倍）。即使扣除同期零售物价指数上涨254%，国有经济的增长仍然是可观的。所以，尽管非国有成分增长更快，但国有企业，特别是大中型企业仍然是中国经济综合实力的重要体现，掌握着国家经济命脉，承担着国家财政收入的主要来源。据统计，1993年在乡及乡以上工业中，国有企业工业产值占

　* 摘要原载《中外管理导报》1995年第3期。

53%，固定资产净值占75%，实现财税占66%，负担城镇职工就业人数占68%。国有企业仍然是我国能源、重要原材料、工业技术装备的主要提供者，在基础产业、交通邮电、金融等部门占有绝对优势地位。

国有企业还在支持中国改革开放、促进其他经济成分企业的发展上，发挥了重大作用。我国一些重大改革开放措施的实施，各种非国有经济成分的迅速发展，是在国有企业较多地承担国家财政税收、承担指令性计划任务和不合理价格的负担、承担过多的人员负担和较多的社会负担下取得的。可以说，没有国有企业的支持和承载，不可能取得十多年来中国改革和发展的成就。所以，我们对于目前国有企业在中国经济改革和发展中的地位和作用，要有一个恰当的估计。

二、中国国有企业目前存在的问题和出路

尽管改革开放以来国有企业有些进步，有所发展，但总的来说企业活力不足、效益低下的问题还远远未得到根本解决，不少企业严重亏损（1994年亏损面达40%左右），在竞争力、效益水平和增长速度等方面，与非国有企业相比的差距逐步拉大。造成这种情况的原因很复杂，既有历史因素，也有现实因素；既有企业外部因素，也有企业内部因素。这里最重要的，一是企业机制上政企不分、产权不清、预算制约软弱等弊端尚未解决；二是国有企业长期以来承载着远比其他经济成分企业要重得多的国家财政税收负担和各种社会负担，致使前者在竞争中处于不利地位。

对于国有企业如何摆脱现在的困境，进一步深化改革，有各种各样的意见和主张。有一种意见认为：鉴于国有企业问题主要在于产权关系不清，要解决这个问题只有从改变所有制入手，实行私有化才行。这里面大体又分两种观点，一种观点主张把现

有国有企业产权分散，落实到或者"量化"到每个国民个人，就像俄罗斯和东欧一些国家私有化过程中所做的那样。另一种观点主张不触动或绕开现有国有企业，而用迅速大力发展各种类型非国有经济的办法，最终把国有企业挤到无足轻重的地位，就像中国台湾地区和韩国曾做过的那样。私有化方案不符合目前中国国情和改革方向，因而从来不为中国官方所认可。但是，在反对"私有化"的讨论中，也有一种论点不适当地扩大"私有化"概念，把一些属于理顺国有企业产权关系，创新现代企业制度的改革措施或改革设想，统统划入到"私有化"思潮里面加以批判，我以为这也是不符合中国改革的方向的。中国在所有制结构改革和国有企业改革上的目标，一方面是要继续发展各种非国有的经济成分，同时坚持公有经济为主体、国有经济为主导的原则，对国有企业进行"转换国有企业经营机制，建立现代企业制度"的改革，这是1993年11月中共十四届三中全会通过的《关于建立社会主义市场经济体制若干问题的决定》（以下简称《决定》）中提出来的。这项改革一方面要对国有企业经营范围进行战略性调整，使国有企业特别是大量小型国有企业从一般竞争性行业中退出，通过出售、租赁等方式转让给各种类型的民有或民营企业去经营。另一方面着重进行大中型国有企业的改革和改组，将其经营领域收缩，集中于自然垄断性部门、公益性部门和国家经济命脉部门，并按照现代公司制度的通行规范，结合企业的具体情况，分类进行"公司化"的改造，使之实现"产权清晰、权责明确、政企分开、管理科学"的要求。除了极少数特殊产品和服务的供应可以按公司法的规定，采取国有独资公司形式外，其他一般都要实行投资主体或产权主体多元化（包括机构投资、个人投资、外商投资、企业相互持股等），采取有限责任公司或股份有限公司形式，对于一些骨干企业还要保持国有机构控股地位。中国国有企业今后改革方向，大体就是这样。

三、国有企业改革成为今后几年中国整个经济改革的重点

把国有企业改革作为改革的中心环节，这在1984年中共十二届三中全会就提出了。理论上这一点一直未变，但在以往改革过程中，有时着重抓宏观调控的改革，有时着重抓市场和物价的改革，加上国有企业改革牵涉方方面面的利益，难度很大，所以实际上并没有一直把国有企业作为改革的重点。1993年中共十四届三中全会《决定》提出建立社会主义市场经济体制的改革目标后，中国的经济改革进入一个新阶段，国有企业改革的重要性越来越突出。

首先，此前十多年的改革，基本上是在旧体制外面让新体制成长，主要是在国有制体制外面让非国有制因素成长，在计划经济体制外面让市场经济因素成长，而对旧体制本身特别是国有企业体制本身触动不大，国有企业没有真正实行政企分开，没有真正成为自主经营、自负盈亏的市场主体。今后改革进入新阶段，就是要攻下这些难题，把改革深入推进到国有经济传统体制内部，使旧体制发生实质性的变化。

其次，1994年是改革进入新阶段起步的第一年。1994年中国经济改革措施出台较多，但主要集中在财政税收、金融外汇、流通物价等方面，改革在宏观管理领域迈出了重要的步伐，在某些方面取得了实质性进展，但它们离新体制完全到位还有相当一段距离。而且1994年的经验证明，宏观经济管理方面改革的深化，往往遇到微观经济特别是国有企业传统体制的障碍。例如，国家专业银行向商业银行转变，在国有企业欠银行的呆账、烂账占银行贷款相当大比重的情况下，是很难实行的。1994年出台的宏观调控体制改革，一方面向国有企业的深化改革提出了更迫切的要

求，同时也为后者提供了一些有利的外部环境，如平等税负、外汇并轨等。

再次，1994年中国政府为抑制通货膨胀的恶化而采取偏紧的货币金融政策，使国有企业原已吃紧的资金更加短缺，加重了国有企业的困难：库存积压激增，相互拖欠严重，企业亏损面大，停产半停产企业数增多。这样，传统体制的弊端，加上沉重的历史包袱和社会负担，再加上宏观环境中遇到的困难，使国有企业相当部分陷入困境，成为中国经济结构合理化和经济效益提高的一大障碍。国有企业改革关系到中国整个经济体制改革和现代化建设事业的今后进程和成败，已经到了非动大手术不可的关键时刻。

中国政府于1994年年末、1995年年初做出了决定，从1995年起把国有企业改革作为整个经济改革的重点，其他改革将围绕国有企业改革相应配套进行。

四、1995年国有企业改革的主要任务和今后的展望

经过十几年的改革，中国初步解决了传统体制遗留给国有企业的一些浅层次问题，企业从政府手里获得了某些自主权，但并不牢靠。目前国有企业存在的问题几乎都是难度很大的深层次矛盾，诸如产权关系不清、政企职责不分、企业所有权不到位、企业经营者和职工的激励与约束机制不健全、国有资产管理体制不顺，以及企业长期背负的债务、冗员和各种社会包袱等。这些难题都要在改革的新阶段着力解决。1994年开始做了一些基础性、准备性工作，包括清产核资、制定改革试点方案等。《公司法》于1994年7月1日开始实施，各地对现有股份制公司试点开始进行规范工作。同时，继续推进一些行之有效的改革试验，如发

刘国光

经济论著全集

第
12
卷

展集团公司、企业兼并、联合或引进外资进行资产重组，以及拍卖、破产等。1995年国有企业改革，将根据中共十四届三中全会《决定》中关于"建立现代企业制度，转换企业经营机制"的要求，在继续抓紧各项基础性工作、继续推进各项行之有效的改革试验的同时，着重进行国务院批准的四项大的改革试点，这就是：（1）对100户国有大中型企业进行建立现代企业制度的试点（外加各省市和主管部门自选试点共约2000户企业）；（2）3户全国性工业总公司（中国航空工业总公司、中国石油化工工业总公司、中国有色金属工业总公司）改建为国家控股公司的试点；（3）55家企业集团的试点；（4）18个城市企业优化资本结构、进行综合性改革的试点。通过这些试点，探索国有大中型企业改革中前述的一系列难点问题，取得经验，然后逐步推广。

今年（1995年）国有企业改革，牵动着整个经济改革与经济发展的方方面面，当然不能孤军突进，而要同时处理好以下几重关系：一是要把企业的体制改革同结构改组、技术改造结合起来；二是要把四项大改革试点工作同面上广大企业的改革工作结合起来；三是要处理好企业改革与其他配套改革的关系，特别要围绕企业改革，大力进行以养老和失业保险为主要内容的社会保障制度的改革，抓紧市场体系特别是资本市场、劳动力市场的培育，并继续完善金融等宏观管理体制改革与法制建设。

最后，我想指出，目前中国国有企业的困难和问题不是一日之寒，所以对国有企业的改革也不可能期望旦夕完成，而需要比较长期的艰苦努力探索。现在看来，经过1995年、1994年两年的改革试点，总结经验，在第九个五年计划期间（1996—2000年）加以推广并不断完善，在20世纪内初步完成国有企业经营机制转换，基本建成现代企业制度，是可能的。如果能做到这一点，那将是一个很可观的成就，它对建立中国社会主义市场经济新体制和促进中国现代化建设的大业，将起到不可估量的作用。

中国经济成长：成就、展望、评价*

（1995年5月）

一、中华人民共和国成立四十多年来，经济发展虽然屡经曲折，但仍取得瞩目的成绩，特别是1979年实行改革开放政策后，经济活力增强，发展速度加快

按MPS体系统计的国民收入的年平均增长率，1953—1978年为6%，1979—1994年为9.3%；工业总产值的年平均增长率，1953—1978年为11.4%，1979—1993年为14.2%。在中国，GNP指标的统计始于1978年。GNP的年平均增长率，1979—1993年为9.3%。

中国经济的成长是在波动中实现的。从1953年到现在，共经历了9次周期波动。大体上平均每5年一个周期。1991年进入第9个周期；到1993年年中，工业总产值的增长率达到高峰；与上年同月相比的工业总产值增长率，6月为30.2%；从7月起，开始温和的回落。1993年全年，GDP增长为13.2%，工业总产值增长率为28%；1994年，GDP增长率回落到11.8%，工业总产值增长率回落到18%。

---

94 ＊ 写于牛津大学现代中国研究所。

二、1979年后，中国经济的波动发生了一些深刻的变化

1. 在波动的振幅方面，由过去大起大落式的强幅剧烈波动，转向较为平缓的波动。以前，在波动最为剧烈的第2个周期内（1958—1962年），国民收入年增长率的峰顶与谷底的落差高达51.7个百分点；而在改革后经历的第8个周期内（1987—1990年），国民收入年增长率高峰低谷的落差仅为7.6个百分点。

2. 在波动的性质方面，由过去以古典型波动为主，转向以增长型波动为主。工业总产值、GNP等主要经济指标，在扩张期保持较高的年增长率的同时，在收缩期没有再出现负增长，而表现为增长率的减缓。这表明，经济发展比过去更具有了增长力和抗衰退力。

之所以发生上述变化，与市场取向的改革所带来的经济运行中一系列结构性变化密切相关。比如，由过去国家统一计划价格向市场调节价格的过渡，使价格信号在经济波动中发挥了作用，从而有助于熨平波动，增强经济成长的平稳性。又如，工业生产由过去以国有企业为主，转变为国有企业与集体企业、个体企业、三资企业等各种非国有企业并存；而且，非国有企业工业产值占全部工业总产值的比重，已由1979年的20%，上升到1993年的56.9%。在我国工业生产的增长与波动中，非国有企业已成为主要增长源和主导波。非国有企业受行政力量干预少，对市场供求变化反应灵敏，在扩张期比国有企业增长力强，在低谷期又比国有企业更具有活力，这就增强了整个国民经济的增长力和抗衰退力。

三、从20世纪80年代初开始，中国经济进入了较高增长阶段

今后20~30年，预计将继续保持较高增长势头。中国社会科学院经济预测研究课题组对1991—2020年这30年中国经济成长做了测算，预计30年平均增长速度为7.8%（其中第一个10年为9%，第二个10年为7.5%，第三个十年为6.8%），GDP将由1990年的17 681亿元（人民币），按可比价格2000年将上升为41 857亿元，2010年为86 269亿元，2020年上升到166 559亿元，比1990年增长8.42倍。中国经济今后一段时期之所以能够保持较高速度的增长势头，主要有以下几方面的原因。

1. 中国政治、社会稳定是经济高速发展的重要前提和保证。建设有中国特色的社会主义的基本路线和改革开放等政策，已取得成效并深入人心，得到广大人民的支持。看来这些大的方针政策，今后不会因人事变动而改变。同时，随着经济成长，综合国力不断增强，人民生活水平不断提高，也为政治、社会稳定提供了物质基础。

2. 新经济体制逐步确立和完善，改革开放效应进一步释放，将为经济成长带来一种持久的、内在的推动力。经济高速增长的地区带，将由东南沿海扩大到整个沿海，再进一步扩大到沿江（长江）、沿河（黄河）、沿线（京九铁路线等），以及沿边。中国地域辽阔，若干高速增长地区带的不断兴起和梯度推移，将使整个经济保持较长时期的快速增长。

3. 国内市场庞大。中国人口众多，随着城乡居民收入和消费水平的提高，特别是随着农村工业化和都市化的发展，中国将形成世界上最大的国内市场，为经济的长期增长创造需求条件。

4. 从生产能力的供给角度看，估计1991—2010年国民收入中

的积累率可保持在33%左右，2011—2020年可保持在30%左右。GNP中的固定资产投资率，1991—2010年内可保持在26%左右，2011—2020年可保持在23%左右。投资的大规模增加，既是今后经济长期高速增长的需求推动力，又是重要的物质供给条件。投资的来源除国家直接投资和企业自筹之外，将主要依靠金融市场。国外投资也是一个重要来源。银行资金来源将主要依靠居民储蓄。城乡储蓄存款占银行资金来源总额的比重，从1978年的64%上升到1992年的37.8%。这一比重今后还将继续上升，到2000年预计达50%左右。

5. 劳动力的增加。在20世纪60年代出生率高峰时期出生的一代人，今后30年内还没有到退休年龄；同时，80年代后期、90年代初期潜在出生高峰所出生的一代人，今后30年内正值青壮年。所以，今后30年社会劳动力的增长将快于总人口的增长。此外，大量农业劳动力转移到其他产业，也为经济的长期增长创造了劳动力供给条件。

四、经济成长的制约因素

1. 未来30年面临的最大问题是人口压力。目前，中国人口为12亿，2000年将超过13亿，2010年将为14亿，2020年将达15亿。今后若干年，中国经济总量将有一个大发展，但人均水平仍将很低。

2. 自然资源的制约。因为人口多，中国人均耕地面积不及世界平均水平的1/3。同时，随着工业化进程，耕地面积还在减少。淡水资源人均占有量，我国仅为世界平均水平的1/4。人均森林面积，我国仅为世界平均水平的1/10。矿产资源人均拥有量，我国仅居世界第80位。

中国是个大国，对资源需求的总量很大，各种自然资源的人均占有量较低，将对今后中长期经济成长形成一定的制约。

3. 能源紧张是中国经济高速成长的一个重要"瓶颈"。长期以来，因为能源紧张，我国能源消费弹性系数很低。80年代，这一系数仅为0.56。而世界主要国家在经济较快增长时期，能源消费弹性系数均接近或超过了1，比我国高出1倍。

4. 交通运输、邮电通讯的紧张，是中国经济高速成长的又一个重要"瓶颈"。以每万平方公里国土面积占有铁路长度计算的铁路网密度，1990年我国为56公里，远远低于经济发达国家，也低于印度。以每万人占有铁路长度计算的铁路网密度，1990年我国为0.5公里，也低于印度和经济发达国家。在经济高速增长的年份，铁路货运满足需求的比率不到60%～70%。同时，邮电通讯业的落后也成为经济进一步增长的障碍。

5. 中国劳动力丰富是一种资源优势，但同时带来就业压力，并且劳动力素质较低。据1990年人口普查，在在业人口总数中，大学本科与专科的比重仅为1.9%，高中与中专的比重为11%，而文盲与半文盲的比重高达17%。教育与科技的落后，同经济高速增长的要求很不适应。20世纪70年代以来，中国乡镇企业和其他非农产业的发展，已经吸收了农村剩余劳动力1亿多就业。但现在仍有1.7亿剩余劳动力需要安排。

此外，还有工业化和经济开发带来的环境污染、生态失衡等问题，不言而喻都是制约中国经济高速成长的因素。所有上述问题，现在在制定长远发展规划的过程中正在进行研究，寻找对策，逐一解决。

五、中国经济的迅速成长引起人们的种种议论

国际货币基金组织（IMF）1993年公布了用实际汇率和购买力平均两种折算方法估算的各国1991年的GDP。其中，中国的

GDP按照实际汇率（1美元=4.7元人民币）折算为4300亿美元，在世界各国排位第10名；而按购买力平价（1美元=1.2元人民币）折算，则为16 600亿美元，排位一下子升到第3位。这件事曾引起一些人士的震惊。其实，这两种折算方法各有其自身的含义、用途与缺陷，这里不去详论。中国社会科学院课题组也按这两种折算方法初步测算了未来二三十年内中国GDP的成长及其国际位次。

根据实际汇率折算法，到2000年，中国GDP为9300亿美元，由1991年占世界第10位上升到第7位；2010年为19 200亿美元，上升到第4位；2020年为36 000亿美元，上升到第3位，但仍远远落后于美国和日本（美国将为118 000亿美元，日本为110 700亿美元）。而按照购买力平价折算法，到2000年，中国GDP为36 000亿美元，将略微超过日本（34 300亿美元），由世界第3位上升到第2位；到2020年，将达139 400亿美元，略微超过美国（118 000亿美元）。

由此我们看到，对各国GDP的估算和预测，采用不同的方法，会得出不同的结果。一般来说，用实际汇率折算法，发展中国家的相对经济实力往往被低估；而用购买力平价折算法，则发展中国家的相对经济实力往往被高估。探讨这些折算方法和预测是否妥当，不是我们这里的目的。但是，无论采用哪种折算法，都表明了中国经济总规模的迅速增长，在未来的二三十年将走向世界前列。对于中国经济实力的迅速发展应该给予怎样的评价，下面谈谈我个人的看法。

六、20世纪80年代以来中国经济进入一个高速增长的时代，是从一个很低的基础上起步的

近一个半世纪以来，西欧、北美、日本以及后来亚洲一些

国家和地区，先后完成了工业化，实现了经济的高速增长。而与此同时，由于外部、内部种种原因，中国的经济却大大落后了。80年代以后，世界和中国的政治经济形势，给中国经济的快速发展提供了机遇。但是中国经济的快速发展，只是后进者的加快发展。后进者需要补发展的课。现在，中国仍然是一个发展中国家，去年(1994年)6月1日联合国《94年人类发展报告》再次肯定了这一点。无论从全球角度还是从新近加快发展的亚洲来看，中国的发展水平还落后很多，补发展的课还是一项极艰巨的任务。

众所周知，估量一个国家的经济实力和发展水平，不能光看经济总量（以GDP或GNP为代表），还要看人均水平和经济发展的结构、质量。中国经济总量增长尽管很快，但是人均水平还很低，发展质量也还很差。

先从人均GDP来考察。根据中国社会科学院课题组的初步测算，在未来的二三十年内，中国不可能进入高收入国家的行列。

即使不用汇率折算法，而用估算结果往往夸大发展中国家相对地位的购买力平价折算法，2020年中国人均GDP将达到10 570美元，属上中等收入国家范围。而2020年美国人均GDP将是35 410美元，为中国的3.4倍；日本人均GDP是56 580美元，为中国的5.4倍。中国与美国、日本的差距依然很大。

中国不仅人均收入水平较低，而且地区之间收入差距相当大。1992年全国人均国民收入1736元人民币，收入最高的上海市为6840元，为收入最低省份（贵州省人均国民收入只有823元）的8.5倍。地区差距的扩大，是80年代以来推行的"让一部分人和一部分地区先富起来"政策的结果，这无疑是中国通向高效增长和共同富裕的必由之路，但是它带来目前地区间的不平衡是一个事实。海外一些人士在评估中国经济发展水平时，往往容易以某些经济较发达地区，特别是上海、北京、广州等地的观感为依据，结果形成整体高估的结论。现实的情况是，在中国还有不少地方尚未真正实现温饱。少数民族地区和一些边远农村还相当落后，有8000万人还处于贫困之中，中国的脱贫压力还相当大。这是在评估中国经济实力时不能不看到的事实。

再从产业结构来看，尽管中国经济总量迅速增长，但其产业结构的现代化程度还很低。1993年各类产业从业人员占总从业人员的比重，第一产业高达56.4%，第二产业为22.4%，第三产业仅为21.2%。而在经济发达国家，第一产业一般在5%以下，第三产业一般均在60%以上。中国目前发展较快的还是劳动密集型产业，而高科技和高附加值产业的发展还刚刚起步。中国面临着产业结构优化和升级的艰巨任务。

再从城乡结构来看，中国都市化程度很低，与经济发达国家形成强烈的反差。1993年，中国城镇人口的比重为28%，乡村为72%。而在经济发达国家，二者的比重正相反，城市人口比重一般在75%以上，乡村一般在25%以下。中国要把巨量农业就业人口转移到非农产业，看来也不是二三十年就能解决的。

以上我以人均水平、地区差距、产业结构、城乡结构为例，简要说明了尽管中国GDP总量增长令人注目，但实现现代化的任务仍然很艰巨。这方面的例子还可以举出很多，诸如管理水平、技术水平、基础设施、环境质量等，从全国范围来说，离现代发达国家的差距仍然很远。中国提出到2050年初步实现现代化的任务，接近发达国家的水平，这并不是为了谦虚、说说而已，而是从国情出发的战略估计。所以，我们在评价和认识中国经济增长这一事实时，必须实事求是，全面考虑，这样才能得到正确的结论。

中国经济成长：成就、展望、评价

七、最后，再讲一点，中国经济的发展和经济实力的增强，为亚太地区和世界经济发达国家扩大商业出口与对外投资提供了良好的机遇和宽阔的场所

大家知道，中国自改革开放以来，进出口贸易增长势头强劲，1979—1993年15年间，每年年均以16%的增长率上升。其占世界贸易总额的位次，1979年为第32位，1993年提升到第11位。中国利用外资的规模也一直呈增长趋势，1979年到1993年间，外商在华投资项目累计已达17万个，中国实际利用外资金额达639亿美元。其中，仅1993年中国就批准了外资项目8.3万个，实际利用外资金额257亿美元。中国已成为全世界仅次于美国的第二大吸收外国直接投资的国家。现在全世界都在看好中国市场。根据预测，2000年中国的年进出口贸易总额将达4000亿美元，从现在到2000年进口订货累计将达1万亿美元。这个大市场的吸引力是显而易见的。中国经济规模的扩大、收入水平的提高和投资环境的改善，将为从亚太地区和世界经济发达国家吸纳更多的商品和投资，提供更广阔的市场，从而有利于亚太地区的繁荣，有利于经济发达国家景气的上升和就业的增长。

有人对中国出口能力的相应增大表示担心。但是中国如果不增加出口能力，又如何能够对外扩大开放中国的市场？1985年3月4日邓小平在接见日本商工会议所访华团时说过："一些发达国家担心，如果中国发展起来，货物出口多了，会不会影响发达国家的商品输出？是存在一个竞争问题，但是，发达国家技术领先，高档的东西多，怕什么？"发达国家与中国处于不同发展水平，在世界各国产业结构重组和国际分工发展过程中，中国与各国经济的互补余地很大，这将是今后相当长时期中国与各国经济关系发展的一个深厚的基础。有些人士担心，随着中国经济规模

的扩大，会对世界能源、原材料的需求和价格产生巨大的压力；会给周边国家地区增加大气污染；一些制成品的出口竞争也会增强，特别是一些劳动密集型产品会与一些国家的就业和出口发生某些矛盾。这些问题也是中国自己要关心的问题，如加强环境保护，开拓自己巨大的国内市场，等等；同时也需要通过双边、多边的国际协调和协作，共同探索解决这些问题的有效途径。我想，对于中国同一些国家形成某种新的竞争关系，也要积极地看待，通过竞争，可以促进竞争各方努力改善自身条件，逐渐明确各方在哪些方面有真正的比较优势，从而确定产业结构和出口产品结构调整的方向，以获得更大的产业优势。这样，地区各国间的经济互补性将更加明显，这将促进国际分工与合作发展，使地区经济和世界经济更加繁荣。

当前中国国有企业改革的
重点和难点问题

——在英国牛津大学当代中国研究中心的
讲演稿摘要
（1995年5月）

　　中国国有企业经过十多年各种经营方式的改革，企业活力有所增强，对市场的适应能力有所提高。尽管非国有成分迅速增长，国有企业特别是大中型企业在中国经济中仍占优势地位，掌握着国家经济命脉，承担着国家财政收入的主要任务。但由于过去的改革以放权让利为主要内容，没有触动企业产权关系和企业制度，旧体制的束缚和历史包袱使国有企业在市场竞争中处于不利地位，在经营活力、经济效益和增长速度等方面，与非国有经济的差距逐步扩大。不少企业严重亏损，甚至停产、半停产。造成国有企业目前困难的原因很复杂，既有历史因素，也有现实因素；既有外部环境因素，也有内部管理和机制因素。过去的改革，只是初步解决了一些浅层次的矛盾，目前国有企业存在的问题，几乎都是难度很大的深层次矛盾，诸如产权关系不清、政企职责不分、企业所有者不到位、经营者的激励和约束机制不健全、国有资产管理体制不顺，以及企业长期背负的债务、冗员和"企业办社会"的包袱等。这些都是国有企业进一步深化改革要解决的问题。1995年国有企业改革，将围绕建立现代企业制度的要求，推行各项改革试点。通过这些试点，探索在国有企业改革中一系列重点和难点问题，取得经验，然后逐步推广。下面，我概略地就这些重点和难点问题，介绍我国理论界和实际部门的一些想法和做法。

1. 理顺产权关系，实现政企分开。这是国有企业众多重点难点集中起来的核心问题，不仅关系国有企业机制的转换，而且关系国有资产经营管理体系的建立。对于如何明晰产权关系，实现政企分开，经过多年讨论，中国经济理论界逐渐形成了三个层次"职能分开"的共识。第一个层次是政府作为国有资产所有者职能同作为社会经济管理者职能分开。第二个层次是政府所有者职能中，要把国有资产的行政管理职能同产权营运职能分开。第三个层次是在国有资产的营运中，实现出资者所有权与企业法人财产权的分开。这些都是比较抽象的概括。要实现这三个分开，必须探索建立新的国有资产管理经营体系和国有企业转换经营机制的具体方式和途径。

2. 上述第一个层次问题，可以归结为要不要设立和如何设立专司国有资产管理的权威性机构。对此有几种意见。一种意见认为应在议会即全国人民代表大会层次设立这一机构。一种意见主张此机构应设于政府即国务院。一种意见认为应设于财政部内。还有一种意见不赞成设立这样的机构，主张仍由现在的国家计委、国家经贸委和财政部分工行使所有者职能。目前立法部门倾向于在国务院设立一个权威性的国有资产管理委员会，专司国有资产管理职能，即在政府层次实行国有资产所有者职能同一般社会经济管理职能的分离，这比较适合中国目前的实际情况和改革需要。

3. 上述第二个层次问题，实际上是在国有资产管理机构和基层企业之间，要不要设置和如何设置作为中介的国有资产产权营运机构。一般认为，政府设立的国有资产管理机构具有行政管理性质，不宜直接营运众多企业的国有资产。所以，由权威性的国有资产管理机构授权委托中介的产权运营机构进行国有资产的产权运营，是有必要的。后者可以作为国有资产投资主体或产权主体，对基层企业进行国有资本金的投资和营运，具体代表国家所有者持有产权或股权，解决国有资产产权主体不明和所有者不到位的问题。目前改革试点方案初步明确国家授权的产权经营主体和投资主体主要是：国家投资公司、控股公司、国有资产经营公司、企业集团的母公司等。在上述机构未建立或不健全的情况下，国家可授权有关专业管理部门或机构暂时代行国有资产营运主体或投资主体的权利。国有资产产权营运和投资主体对所持股企业不行使任何行政管理职能，所以建立这种产权运营机构时要严格防止借此搞"翻牌公司"的现象。今后专业主管部门的改革方向将是一分为三：一部分职能转划归综合性经济管理部门；一部分职能划入行业协会；产权管理职能转入专业性的国有资产经营公司。

4. 第三个层次的问题即实现出资者所有权与企业法人财产权分开，这是保证基层企业自主经营、自负盈亏的独立法人实体和市场竞争主体地位的关键。为此，国有资产产权经营机构或投资机构，作为国有资本金的具体出资者，要退居到股权主体或股东的地位，以股东身份对其持有股权的企业实行股权管理，不干预企业的日常经营，以保障企业在落实法人财产权的基础上独立行使民事权利，承担民事责任。

保障企业法人财产权和促进政企分开的有效途径之一，是实行投资主体或产权主体的多元化。除少数生产特殊产品和属于特定行业的企业，可以依法采取国有独资公司形式外，多数改制企业应通过存量折股或增量扩股的办法，吸收各类法人、外资以及国内自然人的资金入股或合作或互相参股方式，实现股权多元化。改制企业多数采取有限责任公司形式。上市的股份有限公司只能是符合严格规定条件的少数。对竞争性行业中的企业，国家可以参股；对基础产业、支柱产业中的骨干企业，国家则需要控股。

5. 如何正确处理国有资产产权所有与管理中的中央与地方的关系。对此问题目前主要有三种观点。第一种观点认为，凡是政府投资或政府担保贷款形成的资产，均为以国务院为代表的国家统一所有，地方政府不拥有所有权，只受国务院委托行使一定范围国有资产的管理权。第二种观点则肯定地方政府对部分国有资产拥有所有权，明确提出国有资产"分级所有、分级管理"，主张根据现有国有资产的来源及其在经济社会生活中的作用，划分中央政府、省级政府、县级政府对国有资产的所有权范围，各级政府成立相应的专司国有资产的管理机构和营运机构。第三种观点也认为应该承认地方政府对部分企业拥有所有权，主张把全民所有的"国有资产"同地方社区所有的"公有资产"区别开来。此问题仍在争论，中央政府部门和立法部门倾向于第一种意见，理论界和地方政府一些人士倾向于第二、第三种意见。

6. 产权转让、流动与国有资产存量盘活、重组问题。长期以来中国国有经济经营领域过广，实际上国家管不了也没有必要管那么多行业。今后要适当收缩国有经营范围，国家只要掌握战略产业部门、经济命脉部位即可；那些不该由国家管的企业，应逐步实行非国有化。要按照国家产业政策和地区产业结构的要求，确立发展、支持、调整、淘汰等不同企业类型，根据国家和地方财力，逐步实现国有和公有资产的战略重组。通过企业产权整体或部分兼并以及折股合作等方式，实行国有资产产权转让和流动，是盘活国有资产存量、优化资源配置之所必需。除国家掌握的能控制经济命脉部位、能左右市场的大型企业和集团，以及重点骨干企业（对他们也要进行规范化的改造以增强活力）外，对其他中小型企业改组和调整的步子可以更大一些。首先要在综合改革试点城市中创造经验。在推行国有资产的产权转让和流动中，要切实防止目前确实存在的两种偏向。第一种是担心产权转让必然造成国有资产流失，因而趑趄不前的偏向；第二种是转让方急于成交而低估资产，造成国有资产流失的偏向。故对产权转让的流动必须端正观念、堵塞漏洞、严格制度，以防止国有资产的流失，真正实现国有资产的保值增值。

7. 中国国有企业改革中不可回避的难题之一，是债务负担过重和与此相应欠银行大量不良债务问题。历史上形成大量企业不良债务，其原因除了企业自身经营不善所致外，很大程度上是国家财政政策调整造成的。例如，本属于国家投资兴办的企业和由财政拨款的企业流动资金，1983年起采取了用银行贷款代替财政拨款的办法，此后企业生产经营资本得不到应有的补充，加上国有企业税负偏重等其他原因，致使企业负债累累，无力偿还，这不仅增加了企业的困难，而且降低了银行资产的质量，并减少了国家财政收入的来源。有必要在国有经济范围内，进行财政—银行—企业之间的债务重组，建立一种良性关系。上述试点企业和试点城市要在清产核资的基础上核定和补充企业资本金，探索解决历史债务问题的途径。现在已经设想并试行的办法有：对于清产核资中清理出来的企业潜亏、各种财产损失以及由于企业不可抗拒的自然灾害和政策性原因造成的企业贷款损失，按有关规定分别予以冲销处理。由"拨改贷"和基建贷款形成的历史债务，按产业政策、企业经济地位和偿债能力，分展期归还、挂账停息，或转为国家资本金，或银行股权。对不能偿还到期债务、扭亏无望的企业，实行破产一批、出售一批、兼并一批。实施破产时注意防止目前已经出现的"假破产、真逃债"的现象。对濒临破产企业探索进行重组的途径。

8. 人员负担过重，也是国有企业改革必须处理的难题。这里包括约占职工总数10%以上的退休人员的养老负担，约占在职职工总数15%以上不能辞退的多余人员的负担，以及企业为职工提供各种社会福利服务的负担（即所谓"企业办社会"），等等。这些问题，要靠建立和健全新的社会保障制度，多途径地分流多余人员来解决。由于我国过去长期实行低工资政策，目前3万多亿元国有资产中，有相当比例实际上应属于广大职工所得之积累。因此，在为企业改革进行清产核资时，让出一部分产权或股权给有关的社会保障和社会福利基金组织掌握，用于职工养老、失业救济、住房补贴等，是合乎情理的。企业为职工办的各项福利服务事业，也要逐项从企业剥离，逐步走向独立经营，或成建制地交当地政府或社区组织来管理。

9. 建立现代企业制度的一个关键问题是如何在企业内部建立规范的法人治理结构。改革试点企业要根据权力机构、决策机构、执行机构和监督机构相互独立、相互制衡、相互协调的原则，建立由股东大会、董事会、经理与监事会组成的公司治理结构。这里碰到的一个难题是：企业内中共党组织的政治核心作用（这是在十四届三中全会决定中已经明确规定了的）如何体现？企业主要领导成员（董事长、经理）如何产生和任免？这是一个普遍关注的问题，看来应当在《公司法》规定的程序范围内解决。但由于这个问题不仅涉及政企关系，还涉及党企关系，最终涉及党政关系，故实际处理起来有其复杂性。党政分开的问题中共十三大时已经提出，目前解决此问题的时机尚不成熟，有待政治体制改革的深化来解决。就企业改革来说，目前只能按照十四届三中全会决定的精神，通过试点企业的改革试验，在《公司法》范围内探寻体现党组织政治核心作用的各种途径。

大转变时期的消费问题*

——《消费经济》杂志记者专访
（1995年5月）

记者（尹向东）：我国居民消费正处于一个什么样的大转变时期？它的发展趋势和主要内容是什么？

刘国光：根据邓小平同志三步走的战略，20世纪末达到小康，21世纪中叶基本达到中等发达国家收入水平。在这个大转变时期，经济体制变化的轨迹是：从20世纪后半个世纪来看，我们前30年是社会主义计划经济，后20年是转向社会主义市场经济。通过50年的社会主义建设，为社会主义市场经济模式的建立打下了一个比较好的基础，也为21世纪前50年，经济出现飞速发展，社会主义市场经济模式在发展中进一步完善，中国基本实现现代化，成为一个中等发达国家打下基础。消费水平、消费结构变化的轨迹是：80年代中期基本完成了由简朴型向温饱型消费结构过渡，90年代将完成由温饱型向小康型消费结构过渡。这就是说，"六五"为解决温饱而奋斗，"七五""八五"是温饱向小康过渡，"九五"是基本上实现小康。21世纪前50年，随着经济的发展，消费水平会上升到一个更新、更高的层次，收入水平可达到上中等发达国家的水平。家庭消费将走向现代化，食物消费、衣着消费比重将大大降低，恩格尔系数将降到30%左右，住和行将有很大的发展，现代家庭用品（如电脑等）将有很大的发展。计

　　* 原载《消费经济》1995年第5期。

算机在城市居民家庭的普及率估计可达到70%~80%，农村居民家庭也有相当一部分拥有计算机。小汽车也将迅速进入家庭，但小汽车进入家庭受到诸多复杂因素制约。住、用、行的消费支出将从目前的40%多一点上升到21世纪中期的60%~70%。这就是说，经济发展推动消费水平的提高，消费水平提高使我们的消费结构发生重大改变，消费支出从向衣、食倾斜，转为向住、行、用倾斜，这是现代消费发展的一大趋势。

记者：根据大转变时期消费的发展趋势，我们在制定消费品发展战略时，特别要注意哪些问题？

刘国光：我们在制定消费品发展战略时，至少要特别注意以下几点：

第一，要把消费品发展战略的制定纳入由温饱型消费结构向小康型消费结构迅速过渡，由计划经济向市场经济迅速转变这个大环境、大前提下，从适应这个大前提出发来制定消费品发展战略。

第二，不能照搬国外的模式，要根据国情和我国消费发展变化特色，建立有中国特色的消费模式，制定适合国情的消费品发展战略。同时，也要吸取西方国家过去在类似的大转变时期消费品发展的经验，注意发达国家消费模式对我们的示范作用，改造传统的消费方式，建立现代消费方式。

第三，要注意城乡之间、地区之间消费层次差异大的情况。有的地区已经达到中等收入水平，有的地区正在脱贫，这种地区之间的消费水平差异，不可能很快消除，在一定时期内还有可能扩大。这就要求产业结构多层次性，消费品生产要满足多层次居民的需要。

第四，要注意消费体制改革。我们以前有很大一部分消费品（如住房）是供给性，不是市场化，这与国外完全市场化下制定的消费品发展战略是不同的。这就导致我们过去的消费品发展战略一时难以适应市场经济发展的要求，难以适应消费体制改革的要求。我们正在由实物性消费、福利性消费向商品性消费转变，消费品发展战略的调整也应适应这个转变。

第五，要注意消费结构的变化。在大转变时期，消费结构内部将发生深刻的变化。例如福利性、实物性消费与商品性消费比重的变化，食物消费与非食物消费比重的变化，文化娱乐用品消费比重的变化，住宅消费比重变化等，这将给消费品生产带来深刻的影响。还要注意消费结构、投资结构、储蓄结构三者之间的变化给消费品生产带来的影响。

第六，要注意一些很重要的制约因素。资源是一大制约因素，制定消费品发展战略必须首先考虑资源合理利用与配置问题。例如，在发展小汽车工业时，就必须考虑燃料等资源和交通设施的制约。

记者：对于小汽车是否会迅速进入家庭，众说纷纭，您对此看法如何？

刘国光：对于小汽车，我们的发展模式肯定不同于欧美发达国家，我们的资源和交通决定了我们小汽车发展不可能很快。但从现实水平来看，比以前将有一个较快的发展，这是伴随交通设施的发展而发展的。如果我们按欧美模式，使小汽车迅速、大量进入家庭，每个家庭有2~3辆小汽车，这不符合国情，还会给社会经济带来很大的问题（如道路、燃料、停车场、环境等问题）。因此，我们不能简单地提小汽车应迅速进入家庭，也不能简单地否定。小汽车将有一个比较大的发展，应逐步进入家庭。目前进入家庭的速度还是比较快的，有购买能力的家庭有几百万户。

记者：在大转变时期，我们应如何实现消费模式合理化？

刘国光：这应该强调几点：

第一，我们的产业结构调整，必须符合消费需要的变化。我不赞成消费结构适应产业结构变化的提法，我们应从消费需要出发，来考虑调整产业结构。消费结构变化有自己的规律，产业结构的调整要遵循这个变化规律。

第二，要实现消费结构合理化，应在加快经济发展和提高收入水平的基础上，实现消费结构高层化。低收入水平不可能形成高层化的消费结构，否则只有靠牺牲积累来实现。我们在考虑积累与消费比例时，应立足于当前消费和长远消费两个基本点，既不能像过去那样高积累，低消费，不注意人民生活水平的提高；也不能低积累，高消费，只注重当前消费，忽视经济持续发展和经济后劲问题。这样从长远来看，都不利于消费水平的持续提高。我们在发展经济时，要考虑经济体制和经济增长方式这两个具有全局意义的根本性转变，要保持能使经济持续、稳定、健康发展的合理速度，这是向现代消费模式过渡所必需的。

第三，消费的非市场部分过大，实物消费过多，这是必须解决的重大问题。虽然我们的收入水平和生活开支在统计上不是很高，但个人和家庭所享受的，按照国际标准来计算的实际消费内涵是比较高的。实际消费与统计上的名义消费差别较大，这个差别在于我们消费体制中存在很大一块没有经过市场的实物化消费，在住和行方面表现尤为突出。过去住是全民的实物化，行主要是非老百姓这一块，即政府官员这一方面（如享受公车），这就形成了在同一收入水平下，政府官员与非官员享受的实际消费却不一样。这就是说，在非市场化方面，有两个存量，一是所有人都享受的住房，二是一部分人（即官员）享受的，以后发展方向是使这两部分消费"私有化"、市场化，官员的小汽车、住宅、电话等为个人私有，通过增加工资，让官员自己采购，自己消费，自己享受。这就需要转变消费行为，改革消费体制，促进消费结构合理化。

记者：1997年香港回归，这对国内居民消费将产生什么影响，这种影响主要体现在哪里？

刘国光：1997年香港回归，1999年澳门回归，将形成珠江三角洲与港澳一体化，这对我国消费模式将产生重大影响。港、澳经济增长和消费的高质量、高效益会带动沿海和内地经济发展由粗放型向集约型转变，传统消费方式向现代消费方式转化，消费结构向高质量方向发展。

当前中国经济的走向*

——在日本东京三井物产贸易经济研究所的讲演
（1995年6月13日）

一

中国自实行邓小平提出的改革开放政策十多年来，经济体制已经发生了深刻变化。单一的公有制在向以公有制为主体的混合经济转化；传统的计划经济在向市场经济转化；过去封闭半封闭状态在向全方位开放转化。改革和开放的进展，把中国经济推入了一个快速增长时期。1979—1993年，GDP年增长率为9.3%。特别是1992年以来，GDP增长率连续三年超过10%。这与邓小平1992年年初南方谈话提出加快发展的号召有关，但也与中国经济周期的走势吻合。

当前，中国经济处于改革开放以来第四个经济周期的中后期。前一周期的高峰年（1988年）出现经济过热，引发抢购商品，挤兑存款；下半年开始紧缩，进行治理整顿；1990年到达低谷，1991年开始回升，1992年进入新一轮的高速增长。这一轮高速增长于1993年年中达到高峰，此时重新出现经济过热，特别是金融秩序紊乱，于是6—7月间开始实行加强宏观经济调控的〈十六条〉措施；同时在财政税收、金融外汇等领域，出台了一系列重大改革措施，并取得成效。这既避免了经济进一步

---

* 原载《财贸经济》1995年第9期。

发烧，又避免了用"急刹车"和全面紧缩的办法带来经济大滑坡，使1994年中国经济增长在平稳回落中仍然保持了较快的速度（11.8%，低于1992年的13.4%，1993年的13.2%）。

但中国经济在前进中存在着不少困难。其中突出的有：高通货膨胀；农业基础脆弱；国有企业活力不足。下面着重谈谈有关治理通货膨胀和国有企业改革问题。前一问题属宏观经济调控领域，关系着中国经济近期的稳定发展，后一问题属经济体制改革领域，关系着中国经济更为长期的健康发展。两者都是国内外广泛关注的问题。

二

通货膨胀问题。改革开放以来，随着经济周期波动已出现过几次。上次高峰在1988年，当时商品零售物价指数上升幅度为18.5%。1990年上升幅度降到2.1%。1992年重新攀升。1993年年初物价涨幅开始突破两位数，这年年中开始加强宏观调控，全年物价上升幅度为13.2%。1994年年初，政府提出要把物价涨幅控制在10%以内，但实际达到21.7%，使这次物价上涨成为改革以来涨幅最高、持续时间最长（连续24个月涨幅超过两位数）、范围最广（由沿海向内陆推进）、最严重的一次通货膨胀，尽管还没有发展到恶性通货膨胀的程度，社会对物价上涨的承受能力也比1988年有所增强，但物价涨幅这么大，已成为影响经济全局的突出矛盾。有鉴于此，中国政府已决定将抑制通货膨胀作为宏观经济调控的首要任务。

为什么从1993年6—7月间开始的加强宏观经济调控，经过一年半，物价还在不断攀升，而且涨幅这么大？原因是多方面的。除了前两年（1992年、1993年）固定资产投资等引发的社会总需求增长过快、货币投放过多的滞后影响，以及这几年对市场和物价的管理有所放松（明显的例子是1993年取消了全国物价管理总局）等因素外，主要的有以下几点。

一是持续两年出台的调整价格的项目比较多，包括煤、电、石油、运输、粮食、棉花等重要商品以及公用服务调价幅度较大，这对于理顺不合理的价格结构是必要的，但调价时机选择不怎么合适，本来应当选在前几年经济没有过热、物价比较平稳时出台较为合适，但选在1993年和1994年经济再度过热时出台，却是火上加油。同时，对于其连带物价总水平上涨的影响估计不足。

二是部分农产品特别是粮食减产，供应偏紧，加上农业生产成本高，导致农产品特别是粮食价格大幅上涨，带动了占居民消费构成比重50%以上的食品价格的普遍上涨，成为推动物价总水平上升的突出因素。

三是1994年出台的税制改革和汇率并轨，其本身是非常必要的和相当成功的，但在一定程度上影响了物价总水平。加上1994年工资、利率调整幅度比较大，以及前几年投资膨胀引起的生产资料价格猛涨的影响，1994年传导到下游产品，造成巨大的成本推动。1994年商品零售价格总水平上升中有65%属于成本推动、35%属于需求拉动，这与1988年那次通货膨胀情况不同，那次主要是过度需求的拉动。

四是这次加强宏观调控有双重任务，一方面要抑制物价上涨幅度，一方面又要保持经济增长在回落中仍有较快的速度。为此，对连续几年固定资产投资和消费增长过快以及货币投放过多，没有采取像过去那样的"急刹车"全面紧缩的办法，避免了经济的大起大落，但增加了抑制物价上涨的难度。1994年外汇储备激增，增长了1倍多，外汇占款成为基础货币发放的主要渠道，增发了相当数量的人民币（约2800亿元），也影响了信贷紧缩与宏观调控措施的效果，这也是始料不及的。

根据对1994年经济和物价形势的分析，中国政府提出的1994年宏观经济调控的主要目标是：GDP增长率，由1994年的11.8%继续回落，1995年为8%~9%；商品零售物价上涨幅度，由1994年的21.7%，力争在1995年回落在15%左右。为了实现控制物价的目标，提出了大力发展农业，增加有效供给；实行偏紧的财政政策和货币政策，控制固定资产投资规模，抑制消费基金的过快增长；以及整顿流通秩序、加强市场与物价管理（包括恢复1993年已经撤销的物价管理总局）；并规定1995年一般不再出新的调价项目等措施。

近几个月来中国经济走势表明，争取经济增长率与物价上涨率双回落的努力已经开始见效。第一季度GDP增长率为11.2%，比上年同期GDP增长率回落1.5个百分点。根据中国社会科学院经济预测研究小组的预测，如果今后几个月继续把握好宏观调控的方向和力度，全年GDP增长率有可能回落到10%~10.2%，接近预定的调控目标。物价方面，与上年同期相比的商品零售价格总指数的涨幅，从1994年第四季度起逐月回落：10月为27.7%，11月为27.5%，12月为25.5%，1995年1月为21.2%，2月为19.7%，3月为18.7%，4月为18%，5月为17.6%。按照目前的物价走势与调控力度，预计全年物价涨幅将被控制到接近预定目标。

近几个月物价涨幅回落，无疑得益于1994年9月全国物价工作电话会议以来强化控制通货膨胀的努力，这一努力同中国目前正处于改革开放以来第四个经济周期中后期的收缩机制相吻合。物价涨势趋缓还得益于行政性限价和财政性补贴等控价因素的加强，和前期推动物价高涨因素的减弱。前者如除北京、天津、南京、西安、福州、广州外，35个大城市中有29个实行凭证售粮等，这是不得已采取的措施，将是暂时的。后者如结构性调价引起的物价上涨、外汇占款激增引起货币增发等，将不会在1995年产生明显影响。目前存在着这样几个抑制物价涨势的有利条件：

（1）多数商品供求基本平衡（据内贸部对605种主要商品上半年供求状况分析，供过于求和供求基本平衡的商品占85.6%，其中轻工商品多数处于买方市场。从全社会角度观察，粮食棉花食油糖等供应偏紧的商品大都是紧而不缺）。（2）1995年农业生产情况有所好转，上半年收成不错。（3）外汇储备高，一季度末达到580亿美元，调剂余地较大。（4）政府多次重申实行偏紧的财政政策和货币政策。（5）各地政府表示要加强市场和物价管理等。这些都将有利于物价涨幅的回落。

但对物价形势也不可盲目乐观。物价涨幅虽然有所下降，但仍在高价位上运行，回落的基础并不牢固。1—5月间新涨价已超过5个百分点。靠行政性限价和财政补贴来压价，难以持久。地方与企业要求放松银根、追加投资的呼声很高，各方面期望下半年出台新涨价政策的冲动很强劲。特别是农业隐忧仍多，下半年气候收成难保证。所以，抑制通货膨胀的工作稍有闪失，物价走势就可能出现反弹，那不是我们所期望的。

总之，如果1995年农业收成好，各方面不出台新的上调物价的动作，按照目前宏观调控的方向和力度，全年把物价涨幅控制在接近15%的预定目标是可能的。再经过努力，1996年控制在10%左右，以后再降到8%以下，这样就可以为21世纪最后几年中国经济的改革和发展提供一个比较良好的运行环境。

从发展趋势看，短期内把中国物价上涨率控制在接近目前发达国家通货膨胀的水平，是难做到的。中国经济正处在转轨的过渡时期，由计划经济向市场经济的转轨尚未完成，由外延（粗放）式发展向内涵（集约）式发展的转轨刚刚起步。在这样的过渡时期，结构性的物价上涨是难以避免的。但是基于加快发展的期望和努力造成的通货膨胀压力，一定要控制在经济和社会能够承受的限度以内，否则，在持续的严重通货膨胀压力下，经济改革和发展都难以正常进行，只能是"欲速则不达"。为了防止严重通货膨胀干扰中国现代化建设进程，一方面要完善宏观调控体系，另一方面要健全微观经济基础，其中国有企业改革，无论当前或长远来看，都是非常关键的。

三

国有企业改革问题。中国国有企业经过十多年改革，企业活力有所增强，尽管非国有成分迅速扩大，国有成分在整个经济中的比重持续下降，国有企业特别是大中型企业在国民经济中仍占有举足轻重的地位。1993年在乡及乡以上全部工业中，国有工业企业工业产值占53%，固定资产净值占75%，实现利润和税收占66%，负担城镇就业人数占68%。国有企业为支持中国改革开放、促进经济发展做出了重要贡献。但是，由于种种原因，总的来说，国有企业活力不足、效益低下的问题还未得到根本解决。不少企业严重亏损（1/3明亏、1/3暗亏、1/3盈利），在竞争能力、效益水平和增长速度等方面，与非国有企业的差距逐渐拉大。1994年，中国在财政金融等宏观经济管理领域出台了不少改革措施。经验证明，宏观领域改革的深化，要遇到微观经济领域特别是国有企业传统体制的制约。例如，国家专业银行要改造为商业银行，就遇到国有企业欠银行大量呆账烂账不能偿还，而且这种坏账还在增长的问题。据报道，1995年年初在中国大陆专业银行和信用合作社的3万亿元贷款中，有20%的总数约6000亿元的呆账、烂账，这个问题不解决，并仍要向欠债的亏损国有企业贷款，专业银行的商业化改造将遇到巨大障碍。同时，为抑制通货膨胀而采取偏紧的货币金融政策，加重了国有企业的资金困难，企业间相互拖欠严重，停产半停产企业增多。国有企业改革关系到中国整个经济改革和现代化建设的进程和成败，已经到了非动大手术不可的关键时刻。故而从1995年起中国政府将国有企业改革置于整个经济改革重中之重的地位。

造成国有企业目前困难问题的诸多原因中，我认为最重要的原因是：（1）过去计划经济赋予国有企业过于广泛的产业经营领域，其中许多业务不适宜国有企业去经营，如一般竞争性行业、轻纺日用化工、零售商业、饮食服务业等。（2）传统体制造成的政企不分、产权不清、软预算约束等弊端尚未解决，投资决策者不怕收不回投资，企业不怕亏损，反正有国家财政或者银行来弥补。（3）国有企业长期承担着远比非国有企业要重得多或者非国有企业所没有的国家财政税收负担和各种社会负担，在竞争中处于不利的地位。总之，目前国有企业的困难，乃是国有经济由计划经济向市场经济过渡中深层次矛盾的集中体现。

对于中国国有企业如何摆脱困境、深化改革，国内外曾有一些人士提出私有化的主张。其中大体又分两种观点：一种是主张把现有国有企业的产权分散化，"落实"或者"量化"到每个国民个人，就像俄罗斯和东欧某些国家在私有化过程中所做的那样；另一种是主张不触动或者绕开现有国有企业，用迅速大力发展各种类型非国有企业的办法，最终把国有企业挤到无足轻重的地位，就像中国台湾地区和韩国所曾做过的那样。从国有企业目前在中国经济中占有的重要分量看，从中国国内民间资金力量看，特别是从中国要建立社会主义市场经济体制的改革目标看，私有化方案不符合目前中国国情，因而从来没有被官方所认可。但是，在反对私有化的讨论中，也有一种观点不适当地扩大"私有化"的涵盖面，把一些可以研究探讨的产权改革措施和设想如股份制等，统统划入"私有化"思潮加以批判，我认为这也不符合中国改革的方向。

中国对所有制结构和国有企业改革的方针是：一方面要继续发展包括集体、个体、私营、外资经营等在内的各种类型的非国有企业；另一方面要坚持公有制为主体，转换国有企业经营机制，建立适应市场经济要求的现代企业制度。根据这一方针，国有企业改革不是着眼于一个一个的企业，而是着眼于整个国有经济，使其更好地发挥主导作用。这一意义的国有企业改革，我认为至少包括以下几点内容：（1）对国有经济经营范围进行战略性调整，使国有企业从一般竞争性行业中退出，转让给各种类型的民有或民营企业去经营，国有资产营运范围收缩集中于自然垄断性部门、公益性部门和国家经济命脉部门，如邮政、电讯、铁路、港口、武器制造、航天、银行、高新技术产业等。但也有一种意见把国有资产经营领域划得比较宽，把一些带有竞争性的行业如能源、主要原材料、机械电子、汽车、建筑业等产业中的骨干企业都包括进来。（2）对国有大中型企业，按照现代企业制度的通行规范，结合企业的具体情况，分类进行公司化的改造。除了极少数特殊产品和服务的供应，可以按照《公司法》的规定，采取国有独资公司形式外，其他一般采取有限责任公司，或股份有限公司形式，吸收机构投资、个人投资、外商投资以及企业相互参股等，实行投资主体或产权主体多元化，其中骨干企业要保持国家控股地位。（3）通过企业产权整体或部分出售、兼并、折股合作等方式，实行国有资产产权的转让和流动，以盘活国有资产存量，优化资源配置。对长期亏损、扭亏无望、不能偿还到期债务的企业，实行破产一批、出售一批、兼并一批。大量国有小企业改组和调整的步子可以迈得更大一些，但也要按照现代企业制度加以规范，除租赁、承包、拍卖外，也可以进行联合，实行合伙、股份合作制、有限责任公司等组织形式。（4）由于非企业本身原因形成的历史债务负担、冗员负担，以及企业"办社会"的种种负担，必须在国有企业改革过程中加以解决，否则企业机制难以转化和向现代企业制度过渡。企业的历史债务很大程度是由国家财政调整造成的。例如，本属于国家投资兴办的建设项目和由财政拨款的企业流动资金，1983年起采取用银行贷款来代替。此后企业生产经营资金得不到应有的补充，加上税负偏重等原因，致使企业负债累累。有必要通过财政—银行—企业之间的债务重组，建立三者间的良性关系。企业的冗员负担和其他"办社会"负担，要通过建立和完善社会保障制度、剥离企业办的辅助性机构和服务单位、分流多余人员等途径，逐步解决。

国有企业改革所要解决的问题当然不止以上所举几点，这些都是难度较大的问题。1993年年末中共十四届三中全会通过《关于建立社会主义市场经济体制若干问题的决定》后，1994年在国有企业改革方面做了一些如清产核资等基础性、试验性的工作。1995年国有企业改革分量加重。除继续一些已在进行的基础性、实验性工作外，要着重进行国务院批准的四项大的改革试点：（1）对100户国有大中型企业进行建立现代企业制度的试点（其中工业企业占80%，其余20%为外贸商业建筑业等，外加各省市和主管部门自选试点总共2000户）。（2）对3个全国性工业总公司（中国航空工业总公司、中国石油化工工业总公司、中国有色金属工业总公司）改建为国家控股公司的试点。（3）55家企业集团的试点。（4）18个城市企业优化资本结构、进行综合性改革的试点。这几项改革试点，牵动着中国经济的方方面面，当然不可能孤军突进，而要同时处理好以下几重关系：一是要把企业的体制改革同结构改组、技术改造和加强企业管理结合起来；二是要把四项大的改革试点工作同面上广大企业的改革工作结合起来；三是要处理好企业改革与其他配套改革的关系，特别是围绕企业改革，大力进行以养老和失业保险为主要内容的社会保障制度的改革，抓紧市场体系特别是资本市场、劳动力市场的培育，并继续完善金融等宏观管理体制改革和法制建设。

国有企业改革是中国整个经济体制改革中最重的重点，最难的难点，因此不可能期望旦夕完成，而需要比较长期艰苦的努力和探索。现在看来，经过1995年、1996年两年的改革试点，总结经验，在第九个五年计划期间（1996—2000年）加以推广并不断完善，在20世纪内初步完成国有企业经营机制的转换，基本建立现代企业制度是可能的。如果能做到这一点，那将是一个很可观的成就。它对建立中国社会主义市场经济体制和促进中国现代化建设事业的成功，将起到不可估量的作用。

四

未来中国经济发展的展望。如果中国在宏观经济调控上今后能够有效地抑制高通货膨胀并防止再现大起大落，在经济体制上能够在改革国有企业的基础上稳步地转上社会主义市场经济的轨道并不断完善，中国经济以较快速度增长的势头今后二三十年可望继续保持下去。

据中国社会科学院经济预测研究课题组参照IMF用的两种方法测算，未来二三十年中国GDP在国际上的位次，按实际汇率折算：由1991年占第10位，2000年上升到第7位，2010年上升到第4位，2020年上升到第3位。按购买力平价折算：1991年占第3位，2000年略微超过日本，占第2位，2020年略微超过美国，占第1位。

这两种折算方法各有缺点。对发展中国家经济实力的评估来说，用实际汇率折算法，往往被低估；而用购买力平价折算法，则往往被高估。所以，这些测算只能有参考意义。而且估量一个国家的经济实力和发展水平，不能光看经济总量（如GDP、GNP），还要看人均水平和经济发展的结构和质量。中国经济总量增长尽管很快，但人均水平低，发展质量也还很差。

在人均水平上，未来二三十年内中国不可能进入高收入国家的行列。据中国社会科学院经济预测研究课题组测算，即使用估算结果往往夸大发展中国家相对地位的购买力平价折算法，中国人均GDP 2020年将近10 570美元，仍属上中等收入国家范围，与美、日等发达国家的差距仍然很大（届时美国人均GDP为中国的3.4倍，日本人均CDP为中国的5.4倍）。中国科学院国情分析小组最近有一个测算：2040—2050年中国人均GDP只能达到发达国家20世纪末的水平。再从发展质量看，中国在产业结构、城乡结构、管理水平、技术水平、基础设施、环境质量等方面，从全国范围来看，离现代发达国家的差距仍然很远。所以，对中国经济迅速增长这一事实，必须实事求是，全面考虑，才能得到正确的结论。

中国经济的发展和经济实力的增强，为世界经济发达国家扩大商品出口和对外投资提供了良好的机遇和宽阔的场所。中国占世界贸易总额的位次，1979年为第32位，1993年提升到第11位。中国已成为全世界仅次于美国的第二大吸收外国直接投资的国家。现在全世界都在看好中国市场。根据预测，2000年中国的年进出口贸易总额将达4000亿美元，从现在到2000年进口订货累计将达1万亿美元。这个大市场的吸引力是显而易见的。中国经济规模的扩大、收入水平的提高和投资环境的改善，将为亚太地区和世界经济发达国家特别是从我们近邻日本吸纳更多的商品和投资，提供更广阔的市场，从而有利于亚太地区的繁荣，有利于包括日本在内的经济发达国家景气的上升。

物价上涨难避免，通货膨胀须控制*

——《中国贸易报》记者专访

（1995年7月20日）

记者（杨慧玖）： 此轮物价上涨指数超过上次高峰，但并未出现1988年那样的抢购现象，反而伴生出高储蓄。请问，通货膨胀是否到了非治理不可的程度？

刘国光： 此次物价上涨涨幅之高，持续时间之长，范围之广，可以说是新中国成立后的历史上从没有过的，从1993年年初开始突破两位数，全年达13.2%，1994年10月达到27.7%的最高点，全年21.7%，以后逐月回落。虽然与1988年相比，居民承受能力有所增强，但确已成为影响全局的突出矛盾，其负面影响不容小觑。因为，通货膨胀扰乱了经济秩序。在扭曲的价格指数下，企业的效益好坏失去了客观标准，社会资源得不到合理的流动，因而也影响了国企的改革。因通货膨胀造成的社会分配不公，使社会大多数人成为通胀的受害者，特别是一部分收入不高的职工。

记者： 有人认为，转轨时期的通胀是不可避免的，您怎么看？

刘国光： 结构性的物价上涨在我国社会、经济的转轨时期是不可避免的，也是合理的，但应选择时机，缓缓出台，将物价上涨幅度控制在可承受的范围之内。例如，在1993—1994年经济

* 原载《中国贸易报》。

过热时出台大量调价措施，就不大合适。如果在1990—1991年周期的低谷时期推出这些调价措施，就不会对物价造成这么大的冲击。至于因为追求产值速度，过度扩张投资规模，货币过量供应，需求过量增长而引起的物价上涨，这是真正的通货膨胀现象。它不同于体制转轨、结构转轨引起的结构性物价上涨。这种通货膨胀型的物价上涨，害处很大，也不是不可避免的，我们必须竭力加以防止。

记者：哪些因素促进今年物价涨幅逐渐回落？

刘国光：近几个月经济走势表明，争取经济增长率与物价上涨率双回落的努力已经开始见效。第一季度GDP增长率为11.2%，比上年同期回落1.5个百分点。据预测，如果今后几个月继续把握好宏观调控的方向和力度，全年GDP增长率有可能回落到10%~10.2%，接近调控目标。物价与上年同期相比的商品零售价格指数的涨幅，从1994年第四季度起逐月回落，1994年10月27.7%，11月27.5%，12月25.5%；1995年1月21.2%，2月19.7%，3月18.7%，4月18%，5月17.6%，6月已到16%左右。

近几个月物价涨幅回落，无疑得益于1994年9月全国物价电话工作会议以来强化控制通胀的努力，这一努力同中国目前正处于改革开放以来第四个经济周期的收缩机制相吻合。物价涨势趋缓还得益于行政性限价和财政性补贴等控价因素的加强，以及前期推动物价高涨因素的减弱。目前存在着抑制物价上涨的有利条件是：（1）多数商品供求基本平衡，据内贸部对605种主要商品上半年供求状况分析，供过于求和供求基本平衡的商品占85.6%，其中轻工产品多数处于买方市场，粮食、棉花、油、糖等供应偏紧的商品大都是紧而不缺。（2）农业生产情况好转。（3）外汇储备高，调剂余地较大。（4）政府多次重申实行偏紧的财政政策和货币政策。（5）各地政府表示要加强市场和物价管理。

在中国劳动力市场的培育与工资改革国际研讨会上的讲话*

（1995年8月10日）

今天，我们在这里聚集一堂，研究讨论中国劳动力市场的培育与工资体制改革的问题。借此机会，我想就当前和今后一段时期中国经济改革和发展的基本形势谈点看法。

15年来，中国经济改革和发展取得了巨大成就，已为世人所注目。它不仅创造了中国经济发展史上辉煌的业绩，国民经济各项指标均超过了前30年的总和，成为20世纪八九十年代亚洲经济持续繁荣的火车头，带动了全球经济的稳定增长，而且以稳健的步伐推行了市场化改革，初步探索出了一条社会主义和市场经济相结合的途径。

这15年，我们已经完成了两个"五年计划"，1995年是改革时期第三个"五年计划"即"八五计划"的最后一年。在改革时期的三个"五年计划"中，中国国内生产总值的年均增长速度估计将达到9.5%，对外贸易增长14%，全国居民消费水平提高7.2%。这样的发展速度的确是惊人的，它不仅使全球1/5人口的温饱问题得以基本解决，也为近15年来世界的和平、稳定和发展做出了直接的贡献。按照这样一个发展速度，我们有信心提高实现原定在20世纪末GNP比1980年翻两番的目标，在21世纪中叶达

　　① 原载《经济学动态》1995年第10期。

到发达国家的水平。

同时我们也意识到，对于中国经济今后的发展而言，最大的难题不是在速度，不在于生产、贸易和消费的数量的快速扩充，而在于效益和质量的提高，要实现经济增长方式的转变，使几十年来形成和发展起来的以大量资金和资源投入为特征的外延型增长机制，向以技术进步和提高资金和劳动生产率为中心的内涵型增长机制转变。最近，我们在总结"八五"经验教训的基础上，认真讨论"九五"发展思路，对加快转变经济增长方式这一点达成共识。今后5年，乃至整个21世纪，中国经济发展政策的目标是，通过制度创新、管理改革、技术进步和全体国民整体素质的提高，从根本上改善经济增长的质量。这就要求从现在起，在深化制度和管理改革的同时，加快产业结构调整的步伐和技术进步，加大能源、交通等基础设施和高科技产业发展的力度。毫无疑问，中国经济能否在"九五"和21世纪保持持续发展，关键要看经济增长方式转换的进程。

根据过去的经验，中国要实现经济增长方式的转换，不仅需要从政策上努力，促使政府转变产业政策指导的重点和方式，而且更为重要的是加快从计划经济向社会主义市场经济转换的步伐。如果体制转换的步伐不加快，增长方式的转换就会有困难；如果还用原来的计划经济思维来配置有限的经济资源，来制定产业发展政策，来指导市场和企业活动，国民经济运行的效率和质量问题就难以解决。从这一认识出发，我们在邓小平同志南方谈话之后，确立了在20世纪末初步建立起社会主义市场经济体制基本框架的改革目标，加快了市场化进程。中国共产党的第十四届三中全会以来，我们先是改革宏观管理机制，通过调整利率、汇率和工资等市场参数，以及改革税制和银行体制，向建立适应社会主义市场经济的宏观调控机制迈出了重要的一步。今天开始，我们又加快了以建立现代企业制度为中心的企业改革步伐。今后，中国经济改革将以企业和市场制度的创新为中心，构造一个受国家宏观计划指导、符合质量和效率原则的市场经济基础。

为了完成上述两个转换，我们既要进一步深化政企分开、产权明晰和管理体制方面的改革，又要抓紧建立和完善社会保障体系，培育和发展包括劳动力市场在内的统一市场体系。作为一个人口和劳动力大国，在一个相当长的时期内，中国将要以巨大的精力来解决十几亿人的衣、食、住、行和就业问题，其中特别是就业机会和就业效率问题。过去15年，全国城乡创造了两亿多个就业岗位，比改革以前年均多创造130多万个就业机会，同时，劳动生产效率特别是农业劳动生产率也有很大提高。但是，由于劳动供给压力巨大和就业体制创新不足，目前仍未解决好劳动效率和充分就业之间的相互关系问题，农村的隐性失业、城市非公有部门的公开失业和公有部门的在职失业大量存在。今后15年，中国每年要为1800万个左右的劳动者安排就业和再就业岗位，与20世纪80年代相比，每年要多创造400多万个就业机会。不仅如此，随着经济增长方式从数量型向效率型转变，"就业市场化、失业公开化"制度的加快建立，农业的家庭生产方式向相对专业化的集中型生产方式转换，以及公有部门的潜在剩余劳动力加快向社会分离，使我国今后劳动就业将面临更为严峻的形势，政府和人民对失业压力的感受可能要比现在更强。在就业形势严峻、失业压力增大而就业机制又需要加快改革的形势下，政府推行什么样的就业战略和政策是至关重要的。

另一方面，今后15年，我们还将面临一个如何正确处理控制失业与控制通货膨胀的关系问题。到目前为止，中国价格改革的主体任务已经基本完成，除了一些生产要素的价格决定还没有市场化外，其余生产和生活资料的价格基本上是在国家计划指导下由市场决定。这就使得政府对一般价格水平的控制，将更多地采用间接的办法，通过影响市场参数的方式来影响价格水平。同时，银行和企业体制的改革任务还十分艰巨，经济运行中的需求膨胀机制难以在短期内发生根本性变化。加上，政策指导不得不考虑创造更多的就业机会，提高宏观就业水平，从而保持一个比较高的经济增长速度。这都会增加通货膨胀控制的难度。1993年7月以来，我们对"过热"经济的降温，未采取行政式急刹车的办法，而是通过更多地运用参数调整使经济逐步实现"软着陆"，就是为了探索出一条按照市场经济的办法，正确处理控制通货膨胀和控制失业相结合的路子。现在看来，这是一次有益的探索，"软着陆"的目标可以基本实现，估计1995年的经济增长率将在10%左右，通货膨胀率在15%左右，可望达到和接近年初定的政策指导目标。但是，1995年的潜在失业水平可能会比较高。

可见，在我们这样一个劳动力相对过剩的国度里，要实现较低通货膨胀下的较高就业水平，达到加快改革和持续发展的双重目标，保持高速增长和社会稳定，还需要从各方面努力，还有许多问题需要探索研究。比如，关于适应社会主义市场经济的需要调整就业战略和就业政策的问题，关于农村剩余劳动力转移、劳动力在不同所有制部门之间的自由流动问题，关于扩大就业渠道、加强职业培训问题，关于失业和社会保障制度的建立问题，关于发展第二职业、工资和非工资加入体制的改革问题等，都需要根据中国的国情找到一个长远解决的途径。中国社会科学院经济研究所，劳动部劳动科学研究所，与美国哈佛大学、伯克利加州大学、华盛顿州立大学和迈阿密大学，在美国福特基金会和联合国开发计划署的支持下，根据大量的实证调查材料，对上述这些问题进行了系统的研究，提出了许多颇有见地的研究成果。这次研讨会，将在提供这些研究成果的基础上，就上述问题展开更为深层的讨论。

我相信，这次研讨会将不但有助于中国劳动科学理论的发展，而且将为推动中国的改革和发展事业做出贡献。最后，让我再次代表中国社会科学院，向与会代表表示感谢，并祝大会取得圆满成功。谢谢大家。

在全国小城市企业改革
研讨会上的讲话

（1995年8月18日）

同志们：

全国小城市企业改革研讨会，今天在山东省诸城市隆重召开了。首先我代表中国社会科学院和中国城市发展研究会向会议表示热烈祝贺！向与会的专家、学者、城市领导及全体与会代表表示热烈欢迎，向山东省、潍坊市、诸城市的各级领导和有关人员为这次会议所做的充分准备和精心安排，表示衷心感谢！理论界、城市领导和企业界的同志们共聚一堂，探讨小城市国有企业、城镇集体企业和乡镇企业的改革理论和对策，交流经验，相互切磋，这对深化企业改革、建立现代企业制度有着重要的理论意义和实践意义。

党中央、国务院把深化企业改革，特别是国有企业的改革作为今年（1995年）经济体制改革的重点，作为全党、全国的共同任务。今年以来，各地区、各有关方面都在积极推动国有企业的改革，以多种内容的试点为推进形式，取得了一定的进展。当然，目前深化企业改革也遇到不少困难和问题，需要我们很好地研究，不断总结改革实践的经验，继续抓好试点工作，并以试点的突破带动面上的改革，做到点面结合，整体推进。

诸城市在小城市国有企业和集体企业改革方面走出了自己的步子，体现了独有的特色。他们在总结过去企业改革经验教训的基础上，从1992年开始，开拓性地进行了企业产权制度方面的改革。通过企业资产的评估出售和产权管理结构的改制规范，将企业和职工的利益紧密地联系了起来，大大调动了管理者和职工的两个积极性，扩大了生产，增加了财富供给，扩大了就业，增加了税收，效果十分明显。我认为，诸城的这种改革，应当作为一个模式，加以研究和总结，相信对大中城市中的小企业、全国小城市和县的企业改革都会有一定的借鉴意义。

小城市和县的企业，有相当部分是过去的"五小"工业，就其整体来看，与大中城市相比，有规模小、技术水平落后、管理和劳动者素质较低、设备陈旧、本地市场有限等弱点，加上产权不明和政企不分，效益普遍低下。因此，小城市和县的大部分企业有没有必要和能不能办成国有化程度很高的企业值得探讨。党的十四大报告提出，国有小企业可以拍卖，包括卖给私营者和国外投资者。诸城市企业改革模式的特点是，他们没有将企业拍卖给几个私人、国外的资本家，而是将企业资产评估价值，折成股份，大体相当地出售给了原企业的职工，企业财产为企业的职工共有，形成新的股份合作制企业。这有利于政企真正分开，符合小城市的生产力水平，也符合企业改革的基本精神。

截至1994年年底，我国有371个县级小城市、1795个县，县级区域内的国有企业、城镇集体企业和集体乡镇企业如何深化改革，是整个国民经济迫切需要解决的一个重大问题。目前，许多县和小城市的相当一部分国有企业和城镇集体企业亏损，不但不能提供税收以增加财政收入，反而成为县级财政的沉重包袱，使2/3的小城市和县财政困难，相当多的企业包括行政事业职工连工资都不能正常发放，影响到社会的安定。因此，将小城市和县的国有企业和城镇集体企业搞活，变微利亏损企业为能获得社会平均利润甚至超额利润的企业，能简单再生产和扩大再生产，能为社会提供有效的供给、能给职工正常发放工资、能为国家上缴税收，对改善财政、增加就业、降低通胀、稳定社会都有着非常重要的作用。而一些乡镇企业，是由原来的社队经济发展起来的，同样也存在着乡镇政府和村以出资者的名义干预企业的生产经营管理活动的问题。一些乡镇和村行政，将企业视作金库，相当多的支出出于企业，影响了企业的积极性。企业虽为集体企业，但实质是一个乡镇或者村范围内的"小全民"企业。因此，用职工股份的形式明晰乡镇企业的产权，对于乡镇企业的健康和持续发展，也有着十分重要的意义。

股份合作制的优点在于，实现了劳动联合和资本联合，劳动者共同占有生产资料，调动了职工关心资产收益、成本节约、经营管理的积极性，改变了过去大家所有而谁也不负责任的资产浪费流失状况，转换了企业产权结构和经营机制。

对于诸城市的企业改革，据说，也有一些不同意见。我认为这是正常的。改革实践中要允许大胆试验，勇于创新；也要允许有不同意见进行探讨。问题在于用什么标准来判断改革的成果。对一项改革的衡量标准，首先应当看它是不是有利于发展生产；其次是能不能缓解和解决我国目前面临的诸多问题；最后就国有企业的改革来看，是不是抑制了国有资产的流失。当然，国有资产的保值和增值怎么看，也需要研究。有些国有企业连年亏损，企业吃资产、吃银行贷款，一些企业净资产比例很低，甚至为负数，成为没有国有净资产的国有"空壳"企业，很多人习以为常；而当把国有企业资产从实物形式转变成价值形式时，则议论纷纷。这种观念需要从根本上加以转变。

从全国来看，深化企业改革，建立"产权明晰，权责明确、政企分开，管理科学"的现代企业制度，是一项艰巨而复杂的系统工程。首先，要进一步解放思想，实事求是，抓住机遇，大胆试验，务求突破。关键在于从实际出发，因地因企制宜，分类指导，对症下药。根据不同企业的特点，采取不同的改革举措和经营形式，不搞一个模式、"一刀切"。对于亏损企业和数量众多的国有小型工商企业，应继续走改、转、租、卖、并、破的路子。能联合则联合，能兼并就兼并，该拍卖就拍卖，该破产就破产，不要搞得既不死又不活。要切实解决企业面临的矛盾和困难，优化资本结构，强化企业改造，分离和分流富余人员，建立企业增资机制，解决国有企业负债过重（现在国有企业平均资产负债率高达79%），进行债务重组。小企业的债务问题应当以产权改革和资产重组方式为主来解决。企业改革，归根结底，都是要结合各地的实际情况，特别是小城市小企业，步子应当迈得大一些，不要错过有利的时机和条件。

其次，要正确处理企业改革与宏观配套改革的关系。两者要协调配合，相互促进，为建立现代企业制度创造良好的外部环境。当前，最重要的配套改革，是转变政府职能，真正做到政企分开。理顺产权关系，明确投资主体，建立有效的国有资产监管和运营体制。实现出资者所有权与企业法人财产权的分离；实现国家的国有资产所有者职能与社会管理者职能分开；政府的国有资产行政管理职能与运营职能分开。要按照政企分开和精简、统一、高效的原则，继续和尽早完成政府机构改革。变直接管理为间接管理，落实企业经营自主权。配套改革另一个重要方面是，建立社会保障体系，特别要抓紧建立和完善养老、失业、医疗保险制度，减轻企业办社会的负担。同时，要健全市场体系，加强市场管理，搞好生产与流通、内贸与外贸的结合。要继续深化财税、金融、投资体制的改革，进一步完善税收体系，加快专业银行转为商业银行的进程，为深化企业改革创造良好的外部条件。

再次，做好企业改革和发展的基础性工作。要以《企业法》《公司法》《劳动法》及有关条例、法规作为企业改革行为规范的根本依据。这些法律、法规的制定，是改革的成果，也是企业改革能否取得成效的根本保障。因此，必须不折不扣地在改革实践中认真贯彻落实。企业是市场的规范主体，建立现代企业制度，是规范市场主体的重要基础工作。假如每个企业不按法制办事，不依法经营，不规范企业行为，就不可能建立起完善的市场经济体制。从企业的发展看，目前相当一部分国有企业存在管理松懈的问题。因此，有必要通过转换企业经营机制，建立现代企业制度的改革，加快企业结构调整与重组，加强企业管理。

对于企业的改革与发展，目前，各地都在积极探索，创造和积累经验，理论界也在深入研究和讨论，这方面要谈的问题很多。我们这次会议提供了一次很好的机会，大家可以畅所欲言，广泛交流，相信会取得有益的积极成果。

最后，祝会议圆满成功。

谢谢！

在全国小城市企业改革研讨会上的讲话

坚定信心，搞好国有经济*

——《工人日报》记者专访

（1995年8月28日）

记者（郭振纲、吴明伏）：江泽民同志在讲话中，强调要进一步坚定搞好国有企业的决心和信心，这是有很强的现实针对性的。现在，有一些同志对国有企业的前景信心不足，甚至认为国有企业根本搞不好。对于这种观点，您如何看？

刘国光：改革开放以来，由于非公有制经济成分的迅速发展，国有企业在整个国民经济中的比重不断下降，在工业总产值中，国有工业企业的比重已由1978年的78.6%下降到1993年的43.1%；与此同时，非国有企业的比重大大增加。但国有企业并不像有些人想象的那样一直在走下坡路。由于国家的资金投入，企业的技术改造，以及十多年来下放权力的改革已使企业增加了一些活力，国有经济仍在不断发展。例如，国有工业企业固定资产净值，由1978年年末的2115亿元增加到1993年年末的8924亿元，增长了3.8倍；工业总产值由3289亿元增加到22 725亿元，增加了6.9倍，即使扣除同期零售物价指数254%，国有经济的增长仍然是可观的。可以说，尽管非国有经济成分增长更快，但国有企业特别是大中型企业仍然是中国经济综合实力的重要体现，掌握着国家经济命脉，是国家财政收入的主要来源。国有企业仍然是我国能源、重要原材料、工业技术装备的主要提供者，在基础

* 原载《工人日报》。

产业、交通邮电、金融等部门占有绝对优势地位。

国有企业还在支持我国改革开放、促进其他经济成分企业的发展上，发挥了重要作用。我国一些重大改革措施的实施，各种非国有企业的迅速发展，是在国有企业较多地承担国家财政税收，承担指令性计划任务和不合理的价格负担、人员负担和社会负担下取得的。可以说，没有国有企业的支持和承载，不可能取得十多年来中国经济改革和发展的成就。所以，我们对于目前国有企业在经济改革和发展中的地位，要有一个恰当的估计，要坚定搞活国有企业的信心。

搞活国有企业是从整体上提高国有经济的活力，而不是具体搞活每个企业，经过十多年来的改革，我们已具备了很多有利条件和经验。首先，我们有明确的目标，我们的经济体制改革是要建立社会主义市场经济体制和现代企业制度，是要从总体上搞活国有经济，保持国有经济的主导作用。其次，从1994年开始推出的一系列改革措施，在财税、金融、投资、外贸等宏观管理体制上为国有企业的竞争创造了比较好的外部环境，为国有企业的进一步发展奠定了基础。第三，经过十多年来的改革，国有企业的面貌已有了很大改善，建立现代企业制度有了坚实的基础。第四，有了一整套改革经验可供借鉴，人员的素质也有了很大的提高。因此，我们有充分的信心和理由，通过进一步深化改革，把我国的国有企业搞好。

记者：国有企业改革十多年来，在取得明显成就的同时，依旧存在着一些问题，面临着不少困难。您认为应该如何正确看待国有企业存在的问题和困难？

刘国光：尽管改革开放以来国有企业有所进步，有所发展，但总的来说企业活力不足、效益低下的问题还远远没有得到根本解决，不少企业严重亏损，在竞争能力、效益水平和增长速度等方面，与非国有企业相比有一定的差距。造成这种情况的原因很

坚定信心，搞好国有经济

复杂，既有历史因素，也有现实因素；既有企业外部因素，也有企业内部因素，不能简单地说成是所有制问题。我认为在造成目前国有企业困难和问题的诸多原因中，最重要的有三条：一是过去计划经济赋予国有企业过于广泛的产业经营领域，其中许多业务不适宜国有企业去经营，如一般竞争性行业、轻纺、日用化工、零售商业、饮食服务业等；二是传统体制造成的政企不分、产权不清、预算软约束等弊端尚未解决，投资决策者不怕收不回投资，企业不怕亏损，反正有国家财政或银行信贷来弥补；三是国有企业长期承担着远比非国有企业要重得多或者非国有企业所没有的国家财政税收负担和各种社会负担，在竞争中处于不利地位。总之，目前国有企业的困难，乃是国有经济由计划经济向市场经济过渡中深层次矛盾的集中体现。

记者：搞活国有企业是关系到整个国民经济发展的重大经济问题，也是关系到社会主义制度命运的重大政治问题，您认为增强国有企业活力的关键在哪里？如何摆脱国有企业目前的困境？

刘国光：对于国有企业如何摆脱困境、深化改革，国内外曾有一些人士提出私有化的主张。其主张把现有国有企业的产权分散化，"落实"或"量化"到个人，或是不触动现有国有企业，用迅速发展各种类型非国有企业的办法，最终把国有企业挤到无足轻重的地位。这些私有化的主张，既不符合我国国情，更不符合我国建立社会主义市场经济的改革目标。但是一些可以研究探索的产权改革和设想如兼并、重组、实行股份制等，也不宜简单划入"私有化"而予以否定，这也不利于国有企业的改革。

国有企业的改革是着眼于整个国有经济，而不是着眼于一个一个企业。因此，我认为搞活国有企业应考虑下述几方面的内容：（1）对国有经济经营范围进行战略性调整，使国有企业从一般竞争性行业中退出，将国有资产运营范围收缩集中到自然垄断性部门、公益性部门和国家经济命脉部位。（2）对国有大中型企业，按照现代企业制度的通行规范，结合企业的具体情况，分类进行公司化改造，除极少数特殊产品和服务的供应可采取国有独资经营外，其余尽可能实行投资主体多元化，但对骨干企业要保持国家控股地位。（3）实行国有资产产权的转让和流动，盘活国有资产存量，优化资源配置。对长期亏损、扭亏无望的企业进行破产和兼并。可以采取多种企业组织形式实现国有小企业的改造和调整。（4）对非企业本身原因形成的历史债务负担、人员负担以及企业"办社会"的种种负担，要在深化国有企业改革过程中加以解决，否则难以转变企业的运行机制和向现代企业制度转变。有必要通过债务重组，建立财政—银行—企业三者之间的良性关系。应建立和完善社会保障制度、分流富余人员和剥离企业办的社会性事务。通过各方面的努力，国有企业一定能够搞好。对此，我们必须有坚定的信心。

坚定信心，搞好国有经济

国有银行与国有企业的协调改革问题[*]

——在武汉大学举行的转轨时期金融改革与企业发展理论研讨会上的讲话

（1995年9月20日）

一、当前研究和解决银企关系问题的重要性

我国的经济体制目前正在逐步地向着中共十四大提出的建立社会主义市场经济体制的目标前进，改革和发展都取得了引人注目的成就。建立社会主义市场经济体制是一项前无古人的开创性事业。当然，在这个转轨过程中，市场经济体制能否在社会主义公有制基础之上建立，国有企业能否与市场经济体制相容，这既是一个具有重大实践意义的课题，也是一个众说纷纭的理论难题。前苏联和前东欧国家的实践未能在这方面有所突破，一些世界著名的经济学家也在困惑中宣称此路已经走不通。但是，中国改革开放和成就已经对此提供了有力的反证。我们目前处在向新体制转轨的过程之中。而一旦我们最后实现了这种转轨，达到了预期的目标，则不但对世界社会主义实践的贡献不可估量，而且对经济学理论的贡献也将是开创性的。当然，在这个转轨过程中，需要解决许多极其复杂的难题。其中国有企业改革和金融体制改革如何搞，以及它们两者之间如何协调配套进行，就是这样的一个需要解决而又极其复杂、难度很大的问题。在党的十四届三中全会提出建立社会主义市场经济的总体框架后，1994年我们在宏观经济调控领域，开展了包括金融体制在内的一系列重大改

[*] 原载《经济研究》1995年第10期、《学习与实践》1995年第12期。

革措施，并取得进展。但实践同时证明，金融改革的深化，也遇到了国有企业传统体制的障碍。1995年我国经济改革的重心开始转入企业改革，为现代企业制度建设打基础，而企业改革的推进显然又离不开金融改革的配合。因为现代企业制度的建立与现代金融体制是密不可分的。所以，企业改革和金融改革已经成为互为因果条件、难以区分轻重的两道难题，而能否解开这两道难题则是关系到我国现代企业制度和社会主义市场经济体制能否顺利建立的重大问题。我们这次会议集中对"转轨时期金融改革和企业发展"问题展开讨论，某种意义上说也是在为解决这一难题做出自己的努力。会议提出的各种理论观点，以及展开的对各种问题的深入讨论，将会为改革实践和经济学理论的丰富和发展做出贡献。所以，我认为召开这次讨论会，意义是很大的。

二、处理银行与企业关系问题的若干难点

关于金融改革与企业发展的关系，需要研究讨论的问题很多。我对此领域接触较少，初步感到，是否有以下几个难点问题，值得我们特别注意。

首先，如何进行债务重组、降低企业负债率问题。

十多年来，随着分权化改革的深入，财政掌握的国民收入份额和投入国有企业的资金越来越少，国有企业主要通过银行贷款获得资金；与此同时，由于财政资金的分配采取了"拨改贷"政策，企业自有资本金越来越少。这两个方面的原因造成目前企业负债率越来越高，企业经营风险增大，利息支出增加，利润率下降。而且这种状况既不利于国家通过利率杠杆进行宏观调控，也不利于企业组织结构的调整。解决企业负债率过高的问题，需要国家注资，但目前财政困难，完全依靠国家来解决是不现实的，需要调动各方面的力量来共同解决。但由于各部门有其自身利

益，财力也往往不足，因此，通过各方面协同解决这一问题难度也很大。

其次，如何减少呆账，进一步推进专业银行的商业化进程。

目前我国专业银行系统的呆账率相当高，银行经营风险越来越大。造成银行呆账率高的原因是多方面的。在金融改革过程中，我们试图分离专业银行的政策性业务和商业性业务，为此，1994年成立了几家政策性银行，但专业银行的商业化进程并没有迈出实质性的步伐。不仅老呆账没有减少，反而还产生了不少新呆账。化解老呆账也涉及多方利益，减少新呆账还有赖于企业体制改革和整个市场体系及国家宏观调控体系的建设，总之难度不小。特别是1994年以来，结合企业体制改革，如何降低高负债率的工商企业破产给银行带来的资产运营风险，是当前银行的企业改革过程中遇到的一个十分棘手的问题。

此外，在处理银行与企业关系问题上，还面临着一些两难选择。比如，一方面，企业资金紧张，三角债急剧增加；另一方面，社会游资不少，伺机而动。根据前一种情况，银行应该放松银根，根据后一种情况，银行又应该收缩银根，货币政策在这里处于两难困境。再如，国家为治理通胀但由于各种原因导致的资金困难，造成部分企业开工不足，一些职工处于下岗和半下岗状况，这又促使地方和企业要求松动银根。宏观调控中的这类两难选择问题，需要极其慎重地处理，使之有利于金融改革和企业发展，并保持整个社会的稳定。

三、解决银行与企业关系问题的一些思路

如何解决银行与企业关系方面存在的问题，中央有关部门都有各自的方案。在这里，我只想就解决这个问题的大思路，讲点不成熟的考虑。

首先，要平等地对待国有银行和国有企业，使二者协调变革、同步发展。商业银行和国有企业都是独立的"经济人"和"法人"，都是国有资产的具体经营者，只是经营的对象不同。这样，在处理银企关系问题上，要做到不偏不倚，一视同仁。不能厚此薄彼，为保护企业的利益而损害银行的利益，或者为银行的利益而不顾企业的利益；也就是说，在银行与企业之间尽量避免经济利益的"加减法"。现在我们面临着的全局性问题是企业在吃银行的"大锅饭"，这样吃下去会把银行吃垮，但在目前情况下如果一点也不让企业去吃，一些企业又无法维持下去，由此会影响社会稳定。这样，在银行和企业之间又不得不做一点经济利益的加减法。

客观上，银行和企业之间就是"荣损与共"的关系，如果企业的经济效益不好，必然会使银行受到牵连，近几年银行总体上的亏损就是企业问题在银行的反映；反过去，如果银行的资金周转不灵，在现行的信贷资金管理体制下，企业的经营资金就得不到保障。因而，在银行与企业的关系上，除了它们要各自处理好自身的改革与发展的关系以外，还要使二者做到协调变革、同步发展。如果改革措施单方面推进，就难免导致银行与企业关系的失调。比如，在金融体制尚未改革，没有区分政策性信贷业务和商业信贷业务、仍然实行资金"供给制"的情况下，单方面推进企业体制的改革，少数企业的破产、一部分效益不好的企业的转制，都势必会给银行造成大量的呆账、坏账。事实上，现在银行的8000多亿元不良债权中，有很大一部分就是这样形成、积累下来的。

其次，在解决银企关系问题中，要加大发挥银行的经济杠杆，尤其是利率杠杆的作用。发挥经济杠杆的作用，这是社会主义市场经济体制中的一个重要方面，新体制下的国有企业要自觉地接受经济杠杆的调节。而经济杠杆在很大程度上是由银行来具体操作的，由此又构成了银行与企业关系的另一个层面。在平等对待银行与企业的前提下，充分发挥银行调控经济运行、履行政府的宏观调控政策的功能，要顾及到并处理好银企之间这另一个层面的关系，不要为银行发挥利率等经济杠杆的调节作用设置障碍。其实，推而广之，任何一项改革措施都应尽量避免为以后或正在实行的其他改革措施造成障碍，这也是我以前曾多次强调过的观点。具体到银行的利率杠杆来说，目前它还很难发挥应有的作用。考虑到物价上涨率，目前专业银行的利率还太低，再加上事实上的利率双轨制，从而存在着一种"贷款效益"，即只要能从专业银行贷出款来，就有利可图。这一方面助长了信贷领域的投机行为，另一方面在银行与企业的信贷关系上，利率起不到银行调节资金流向的作用，不能保证信贷资金配置到效益最好的企业中去。因而，在当前解决银行与企业关系方面存在的问题时，要把如何发挥利率对企业的调节作用，作为一个重要的方面来考虑。

再次，在处理银行与企业关系问题上，要以相关的法律、法规为依据，使目前这个重要经济问题的解决走向法制化的轨道。20世纪80年代，全国人民代表大会通过了《中华人民共和国企业破产法》和《中华人民共和国全民所有制工业企业法》，90年代又相继出台了《中国人民银行法》《商业银行法》和《票据法》，目前正在研究制定《证券法》并修改《破产法》等。此外，国务院还发布了一系列法规条例。这些法规和条例都是现阶段我们处理银行和企业关系问题的重要法律依据，它们不但规范了银行与企业各自的行为，也保护了各自的利益。我相信，在实际操作中，只要严格按照相关的法规、条例办事，银企关系方面存在的问题定会逐步得到比较妥善的解决。

转变增长方式　加快体制改革*

——《中华工商时报》记者胡舒立专访
（1995年10月11日）

记者（胡舒立、吴鹏）： 这次五中全会通过的《关于制定国民经济和社会发展"九五"计划和2021年远景目标的建议》，提出"增长方式转变"的任务。记得你比较早就提出过类似的主张，对这个问题有相当研究，可不可以谈谈你的看法呢？

刘国光： 所谓增长方式的转变就是由过去的外延、粗放为主的增长方式向内涵、集约为主的增长方式转变。这确实并不是从现在才开始讲的。十一届三中全会以后，中国经济就进入了一个新的发展阶段。在20世纪80年代中期，经济界、理论界，包括我个人在内，就提出过双重模式转换：一重是经济体制的转换，即由过去传统的高度集中的计划经济模式转向市场取向的经济模式。另一重是发展战略转换，其含义要比现在所讲的经济增长方式的转换含义宽一些，包括生产目的的转换、产业结构的转换、消费和积累关系的转换、发展策略的转换、管理制度的转换和发展方式的转换等。其中发展方式的转换实际上就是现在所提的增长方式的转换。

经过十几年的改革开放，上述所提出的一整套转换从效果上来看有很大进展，形势不错，但在增长方式的转换上遇到的困难也比较突出。外延、粗放型的经济增长方式以追求数量、规模、

---

* 原载《中华工商时报》。

速度、产值为目的，其手段是投入，包括资金、物资和劳动力的投入，而对于经济发展的质量、效率和效益重视不够。而内涵、集约型的经济增长方式则要求通过技术更新改造、管理的提高、生产的集约、人的素质的提高，来求得质量和效益的提高。这点我们即使到现在还是重视不够的。有专家测算过，改革开放以来，我们的经济增长72%是靠投入取得的，只有28%是靠技术进步取得的。这与发达国家相比有很大差距，目前发达国家经济增长50%~70%是靠技术进步取得的，比较好的发展中国家的经济增长平均30%也是靠技术进步取得的。

记者：说起来，经济发展要重效益，重质量，这个要求已经提了十几年了，现在说增长方式转变，仅是换了个新提法。中央《建议》把这个转变提得这么高，等同于经济体制的转变，是不是表明现在推进增长方式转变有特殊的迫切性？

刘国光：可以这么说。我们过去长期的经验证明，外延、粗放的发展必然要反复引起经济过热和通货膨胀，反复引起经济波动。我们改革开放以来，经济的反复已经四次了，每一次的反复都要带来损失，使经济的持续健康发展受到影响，而且经济规模越大，损失越大。我们现在经济又上了新的台阶，经济规模更大了，将来还要大，所以总这样波动不行。小波动不可避免，但应当避免大的波动。反复通胀是外延式发展、追求数量造成的。此外，我们现在面临发展的新阶段，人们的收入水平从低收入向中等收入迈进，消费档次提高了，消费结构发生变化，一般轻工业不能满足，需要大量的基础设施建设和大量的重化学工业，需要消耗大量的能源。如果按过去的消耗，我们的资源根本承受不了。按国民生产总值与消耗的能源来比较，我们大约要比日本多4倍。中国人口那么多，市场那么大，在人均资源这么低的情况下，根本就难以为继，所以必须要强调集约，强调技术进步，强调能源和原材料节约，不然经济很难上新台阶。

记者：不过中国现在经济发展速度这么快，总量不断扩大，在国外还是非常引人关注的……

刘国光：可是，世界经济发展到今天，国家间的国力竞争并不仅仅表现在总量上的，更多的是在质量上，在人均劳动生产率上，在这些方面我们与世界发达国家的差距就太大了。即使在总量进入世界前位后，我们的人均水平仍然差距很大，到21世纪末能不能赶上发达国家也是问题。与此同时，发达国家的某些人士因为看到我们的总量发展很快，担忧所谓"中国威胁"，造成一种形势扼制我们发展。所以我们应当强调差距，应把主要的注意力放在提高质量、效益和人均水平上来，把我们自己和世人的注意力引到这方面来。这还有益于我们与国外更好地做生意，实现经济互补，对于中国妥善处理国际关系也是有利的。

记者：其实应当说，改革开放十几年来，我们国家对发展方式的转换一直是比较重视的。回过头来看，为什么进展不大？其中的难点何在？

刘国光：这里面原因很复杂，有体制上的，也有国情上的。我看主要是这样四个原因：首先是各级政府和官员的政绩考核，事实上是与各地的经济发展速度、规模有关系。第二是政企不分的旧体制还没有完全退出历史舞台，企业投资预算软约束。第三是企业素质较低，没有力量，也没有兴趣进行技术改造和创新。第四是城乡劳动力较多，需要解决庞大的就业问题。单纯地提高劳动生产率，提高劳动效率，在中国还是不行的。这么多劳动力就业如何解决？

记者：你说到体制原因，那么在体制转变和增长方式转变之间，显然应当让体制转变先走一步了？两者的关系怎么摆比较适当？

刘国光：我觉得经济增长方式的转换与体制转换是密不可分的，必须互相促进，同步前进。在这里，经济增长方式的转变确实要以体制转变为前提，没有体制转变的准备，经济增长方式转变就转不过去。体制上障碍不解除，技术进步也不可能。在中国，主要是整个经济中最重的一部分——国有部分，还是老体制，没有转过来，拖了整个经济的后腿。所以，增长方式转换的任务也是主要在国有体制内部。当然，增长方式转换本身还要在发展规划方面体现，在产业结构、科教规划、投资规划、地区布局上都要体现出来。总之，这是两个密不可分的、具有全局意义的转变。

记者：你认为在中国非投入型增长的潜力中，近期哪一块比较大一些呢？是制度带来的增长还是技术带来的增长？

刘国光：我看制度更重要。当然技术也很重要，不过二者的关系，和我讲的两个转换的关系是一样的。体制上的障碍不解除，技术进步是很困难的。企业搞技术开发的积极性和压力都要从制度中来。所以，我认为二者都很重要，但当前更为迫切的是深化改革，特别是国有部分的改革，加快体制转换的步伐。

记者：1994年12月，我采访过美国很著名的经济学家保罗·克鲁格曼，他就认为中国的经济在总量上当然越来越庞大，但在21世纪前30年仍不可能成为世界上最强大的经济之一。理由就是我们的经济质量不行。他还觉得即使亚洲"四小龙"，其增长方式也还是投入驱动型的，所以"四小龙"的增长后劲也很成问题，其经济发展近几十年内不会超过西方发达国家。可这又引出了一个问题：即使"四小龙"在增长方式上也还不是美国那种效率型的，中国在今后相当长的时间里，以投入为主的增长方式恐怕仍然不可避免的是一种主要增长方式吧？

刘国光：改进技术、改进管理、提高效益当然是一个长过程，经济发展最初要更多地靠投入，也是符合经济规律的。中国人口多，有加大劳动力的投入的条件；另外中国的储蓄率很高，外资环境也比较好，应当说也有资金投入的条件。这些条件，加上世界产业重组，加上政策上的因素，促使我们在一定时期以投入为主，是一个客观上不可避免的过程。而效率的提高、内涵的发展也要有个过程。

记者：那么在中国现阶段的实际条件下，根据我们的国情，内涵、集约型经济增长应当占什么样的比重才是比较合理的呢？

刘国光：这也是很难说的，还要看我们的人口控制情况、劳动力资源的增长情况。因为中国和西方不一样，西方现在劳动力短缺，我们是劳动力过剩，所以不能把内涵和集约的因素一下子提得太高。这里还有个比较优势问题。我们从劳动密集到资本密集、技术密集，到底是什么样的搭配合适，通过什么样的步骤来改变这种搭配，是个目前并没有答案，需要在实践中认真摸索、认真研究的问题。这是中国国情决定的。当然，我想我们至少不应当低于发展中国家的平均水平。另外还有一个时间问题，到2050年，集约的比重就要高一些了，但到2000年，恐怕高不了多少。具体的比例要由搞计量经济学的专家来计量和回答。

记者：从这样的分析来看，就是在中国国内，各地情况不一样，推进增长方式的转变也应当防止"一刀切"了。对吗？

刘国光：可以这么说，增长方式的转变不能搞"一刀切"，不能所有的部门、地方、产业、场合，在任何时候都一拥而上，大家都去搞技术更新改造。新建扩建也还要，既然有那么多劳动力，就要上新项目，提供就业机会。另外，该建的基础设施摊子还要铺开。此外还有地区布局的问题，还有新兴产业的发展问题。这些都需要一定的投资。

记者：还有一个问题，前苏联在20世纪60年代后期也曾经提出过增长方式的转变，现在中国采用这种提法，两者有什么区别？你可不可以介绍一下相关背景？

刘国光：苏联是在20世纪60年代末70年代初提出这个问题的。但它提出来以后，主要还是要从技术上来考虑，企图以加强机器制造业发展的方法来解决。它到了80年代还是这样，直到戈尔巴乔夫上台，第一件事就是加速发展，但还是指加速机器制造业的发展。他们仍然是从生产力的角度，而不是从生产关系的角度提这个问题。苏联的根本问题是在这里，所以苏联的机制转换一直没有动。我们在1982年去苏联考察过一次经济，苏联人也一直在谈内涵、外延这样的问题，但是机制上没有新通道。所以，苏联没有找到出路，没有搞市场取向的改革。直到苏共快垮台时，才提出这个问题。我们体制改革提的早得多，现在也是从体制改革的角度，以体制改革为前提，再次把增长方式转换的任务提出来的。所以，我认为我们的问题提出是和苏联不一样的。

刘国光

经济论著全集

第
12
卷

实行经济增长方式的转变[*]

——跨世纪发展规划的一个关键问题

（1995年10月）

五中全会提出了我国社会经济发展"九五"时期和今后15年的奋斗目标，并指出实现这一目标的关键在于实行两个具有全局意义的根本性转变：即体制上从传统计划经济体制向社会主义市场经济体制转变；增长方式上从粗放经营为主向集约经营为主的转变。这是对"九五"计划和到2010年长期规划中心思想的画龙点睛的提法。本来，我国经济从十一届三中全会开始改革开放以来，就在经历着互相关联的两大转变。20世纪80年代初期我国理论界曾将此过程概括为"双重模式转换"，即体制模式的转换和发展模式转换。当时所谓"发展模式转换"，或者叫作"发展战略转换"，所指内容较宽，包括生产目的、产业结构、积累与消费关系、发展策略、管理体制以及发展方式即现在所称"增长方式"等方面的转换。改革开放十多年来，上述许多方面大都发生了深刻的变化，推动了我国经济的快速发展，"增长方式"的转变却进展不顺，效果不显。直到现在，在经济发展中仍相当普遍地追求数量和速度，热衷于上项目铺摊子，而对于技术改造、提高质量和效益方面，下的功夫较小。比如，目前在固定资产投资总数中，属于新建、扩建的基本建设投资约占75%，属于设备更新和技术改造方面的投资只占25%，而后者

---

* 原载《求是》1995年第21期。

当中还有相当一部分名为更新改造，实则移用于新建扩建。又如，改革开放以来十几年中，各种生产要素对我国经济增长的贡献中，资本投入与劳动投入约占72%，技术进步只占28%，大大低于发达国家经济增长中技术进步贡献占50%~70%的比率，也明显低于战后发展较快的发展中国家和地区的这一比率（平均约为30%）。

为什么经济增长方式问题议论了多年，特别是几乎每年都提出要把经济工作的重点转到提高效益的轨道上来，但是这方面的进展仍很不理想呢？原因是多方面的，我以为，以下几点是值得我们注意的：一是经济发展速度往往事实上是各级政府政绩考核和官员升黜的重要依据。二是传统经济体制中政企不分，资金大锅饭和预算软约束的痼疾仍在起作用，因为花的不是自己的钱，所以投资决策者不害怕收不回投资，企业经营者也不怕亏损。三是企业素质低下，经营管理水平不高，特别是国有企业各种负担沉重，影响了企业的创新和开发的能力。四是我国劳动就业的压力很大，不能不靠上一些新项目铺新摊子来提供更多的就业岗位。这些情况和背景，是我们在研究和解决增长方式转换问题时必须考虑的。

经过15年来的快速发展，我国经济1995年将提前实现比1980年翻两番的目标，总量增长令人瞠目，但质量效率则瞠乎人后。随着我国进入"九五"时期并迈向21世纪，我们必须在保持经济数量持续增长的同时，把更大的努力放到提高经济发展的质量和效益方面来。转换经济增长方式的客观要求之所以日益紧迫地提到我们面前，是因为：（1）过去长时期的经验证明，以追求数量为主要目的和以增加投入为主要手段的外延粗放的发展道路，必然反复引起经济过热、通货膨胀和经济调整的剧烈波动，造成不利于经济持续健康发展的损失；经济发展规模越大，这种波动带来的损失将越大。（2）随着居民收入水平提高和需求结构层次的升级，以及大规模基础设施整备的需要，我国产业结构将再次摆向重化工的方向，汽车、建筑、石化、机电等支柱产业的大发展对能源、原材料等资源需求的压力更大，如不将浪费资源型的粗放发展方式改为节约资源型的集约发展方式，我国经济发展将难以为继。（3）今后国际经济实力的竞争，总量只是一个方面，更重要的是在于技术水平、生产率水平、人均消费水平和整个国民经济的质量和素质的较量。现在发达国家某些人士借口中国经济总量迅速增长，提出所谓"中国威胁"的论调，千方百计遏制中国的发展。他们故意视而不见中国在人均水平和经济发展质量和素质方面与发达国家相比的巨大差距。我们则应更加强调这些方面的差距，把世界人士的注意力特别是把我们自己的努力引导到这一方面来，而不必在总量增长上大做文章，这样我们才可能有持续的健康的发展速度，这是符合我国走向现代化的客观规律和客观要求的。

实行增长方式的转变要贯穿、体现到中长期发展规划和今后经济工作的各个方面，包括产业结构的调整、科教兴国方针的实施、投资体制和方向的合理化等。特别要针对前面所述阻碍增长方式转变的一些体制上的原因，进行综合治理、深化改革。也就是说，增长方式的转变与经济体制的转变是互不可分的。五中全会把这两者提高到实现中长期目标的两大关键，意义深远，我们必须深刻领会。

当然，中国国情复杂，实行增长方式的转变不能一刀切，不能要求所有部门、所有地区都一律采用最新技术来改造现有企业，更不是所有部门、所有地区都不搞新建扩建。基础设施的整备、新兴产业的建立发展、地区差距的克服与资源开发等，特别是城乡大量新增和剩余劳动人口的就业安排，都需要采用新项目投资等外延发展方式。但这要逐步推进，不能急于集中铺开，也不应在原有技术水平上平推，而要采用适用技术，尽可能提高原有水平。所以，要把内涵集约式发展与外延粗放式发展很好地结合起来。但在"九五"期间乃至21世纪，内涵型集约化的发展应是中国经济发展的侧重点。

刘国光

经济论著全集

第
12
卷

私营企业主是社会主义的帮手*

——在中国南北私营企业家对话会开幕式上的讲话

（1995年10月17日）

党的十一届三中全会以来，我们国家的经济结构发生了重大变化。其中，引人注目的是所有制结构的变化，即从国家所有、集体所有的单一公有制经济结构，变成了公有制为主体、多种经济成分共同发展的经济结构。在非公有制经济成分中，主要包括个体经济、私营经济、外商投资经济。同个体经济比较，私营经济规模较大，具有规模效益；同外商投资经济比较，私营经济是民族经济，因而更加令人关注。

据国家工商行政管理局统计，到1994年年底，全国登记的私营企业有43.2万户，从业人员648万人，注册资金1448亿元。实际上，还有许多私营企业没有登记注册，而以假集体企业开展经营活动。十多年的实践表明，私营经济的存在和发展，对于组合生产要素为现实的生产能力，对于发展生产、活跃流通、繁荣市场、方便人民生活、扩大就业、增加税收、稳定社会秩序，发挥着重要的不可替代的作用，是社会主义初级阶段社会经济结构的必要补充和组成部分。

由于我国的具体国情，私营经济等非公有制经济在最近几年内还将以较快的速度发展。首先，巨额的民间资金说明存在着大

---

* 原载1995年11月8日《光明日报》，《市场经济导报》1995年第11期。对话会由中国社科院国情调查与研究中心经济委员会举办。

量的潜在的私人投资者。据有关资料，我国的个人金融资产已突破了30 000亿元，其中居民个人储蓄存款金额已达25 000亿元。资金只有在运动中、流通中，才有生命力，才能不断增值，而资金总是投向收益较高的地方。同时，国家明确宣布：鼓励私人投资，"允许属于个人的资本等生产要素参与收益分配"。其次，大量的剩余劳动者正在寻求新的就业空间与就业岗位。我国农村现有剩余劳动者1亿多人，经常"离土""离乡"流动的就有6000万~7000万人。他们在占有包括土地使用权在内的生产资料上是属于"有也不足"的剩余劳动者，而不是一无所有的雇佣劳动者。城市里除了每年新增的劳动者外，还有许多企事业单位的富余人员。有了一定数额的货币资金，又有大量待雇的剩余劳动者，一些具有经营管理本领的投资者，就可以雇工经营，开办私营企业。正因为如此，1992年以来，私营经济的发展速度很快。据统计分析，私营企业的户数、从业人数和注册资金总额，1993年同1992年相比，分别增长70.4%、60.7%和207.6%；1994年同1993年相比，上述三项指标又分别增长81.5%、74.0%和112.8%。有关人士预测，1995年度仍将保持快速发展的势头。私营企业在发展中，不仅数量增加，而且经营规模还在扩大，平均每一户企业的注册资金，1990年为9.7万元，1994年达到33.5万元，其中注册资金100万元以上的达19 538户，1000万元以上的880户，有些地方还出现了企业资产规模达亿元、十多亿元的大户。

面对这种情况，有些同志担心：私营经济发展得太多了，发展得过了头，主张动它一下，限制它们发展。我们认为，这是阻碍私营经济健康发展的一个思想障碍。十四届五中全会继续强调：坚持公有制为主体、多种经济成分共同发展的方针，在搞好国有企业改革、积极促进国有经济和集体经济发展的同时，允许、鼓励和引导私营经济等非公有制经济的发展。在《邓小平文选》第3卷中，两次提及"傻子瓜子"问题，一次是1984年10

月，一次是1992年年初。两次谈话的时间相差8年，但是精神实质是一致的，就是改革开放的基本方针不能动摇。邓小平同志说："农村改革初期，安徽出了个'傻子瓜子'问题。当时许多人不舒服，说他赚了一百万，主张动他。我说不能动，一动人们就会说政策变了，得不偿失。像这一类的问题还有不少，如果处理不当，就很容易动摇我们的方针，影响政策的全局。"在改革中，公有制的实现形式和公有制为主体的所有制结构，归根到底只能根据生产力和发展的实际要求，根据逐步实现共同富裕的实际进程来确定。

对于私营经济的存在和发展，为什么有些同志总感到"不舒服"，总想动它一下呢？重要原因之一是，这些同志把今天的私营企业主完全等同于过去的私营工商业者，等同于过去的资产阶级，只看到私营经济与公有制竞争与对立的一面，而没有看到二者之间协作与联合的一面。中共中央〔1991〕15号文件指出：私营经济等非公有制经济"将在相当长的历史时期内存在和发展""在工作中要注意掌握政策，对现在的私营企业主，不应和过去的工商业者简单地类比和等同，更不要像50年代那样对他们进行社会主义改造"。对他们采取"团结、帮助、引导、教育"的八字方针，终止"限制、利用、改造"的六字方针。私营企业主是社会主义的帮手，而不是敌手，是社会主义的建设者，而不是掘墓人。

当然，在社会主义市场经济逐步形成过程中，国有企业的改革在加快，一部分国有企业已经开始搞活，私营经济面对的竞争压力随之加大。另外，随着市场经济的逐步发育，私营经济发展初期那种在夹缝中所采取的非规范手段已经越来越不适应。在发展中也逐渐出现了诸如破坏资源、污染环境以及在对雇工关系上的某些消极现象。因此，在今后对私营经济发展如何正确引导和管理，尤其是在产业政策上、宏观管理上引导其健康向上的发展，排除发展中存在的问题，力争消除发展中带来的消极影响，是目前摆在理论界、实际部门和私营企业家面前亟待解决的问题。因此，私营经济的进一步发展，还需要企业家们的进一步努力，更需要理论界下功夫去研究私营经济理论及其发展战略。

"九五"、2010年发展目标
与增长方式转变问题[*]

（1995年9—11月）

　　党的十四届五中全会，通过了《关于制定国民经济和社会发展"九五"计划和2010年远景目标的建议》（以下简称《建议》）。下面谈谈我的一些认识。

　　从现在到2010年至2020年是中国现代化建设中的一个非常关键时期。20世纪80年代以来的十几年，我国经济建设取得了巨大的成就，平均经济增长率达到9.8%，今后二三十年这个发展势头能不能继续下去？如果今后二三十年经济社会发展比较顺利，中国就能上现代化进程中的一个很艰难的台阶，为中国由低收入国家走向中等收入国家奠定基础，否则中国将有可能再度失去赶上世界现代化进程的机会。

　　中国在"九五"计划期间乃至进入21世纪头十年二十年，继续保持较快的发展势头是有可能的，有利条件如下：

　　1. 和平与发展是当今世界两大主题，这将为中国经济建设提供较长时间的国际良好环境。同时世界经济发展的重点正逐步转移到东亚太平洋地区，给中国经济发展带来了难得的发展机遇。

　　2. 中国经过十几年的快速发展，到1995年已提前实现了国民生产总值比1980年翻两番的目标，经济实力大大增强，为今后的

---

[*] 根据作者1995年9—11月期间几次座谈会发言纪要综合整理而成，原载《湖北社会科学》1996年第2期。

发展奠定了坚实的物质基础。

3. 17年的改革开放，使中国的资源配置方式由计划经济逐渐转向市场机制，社会主义市场经济体制的轮廓已经显现。同时，中国越来越充分地运用国内和国际两种资源，特别是吸引国外先进的科学技术和管理经验，可以发挥后发优势。

4. 随着中国众多人口收入水平的提高、消费结构层次的上升和消费内容的多样化，汽车、石化、机电、建筑业等新一代主导产业发展的市场条件基本形成，中国国内市场将无与伦比地扩大，从而推动一系列资金、技术密集型产业的兴起。

5. 中国较高的储蓄率，在国民生产总值中的比重为30%以上，位居全球第一，可以为投资的增长提供较为充裕的资金来源。

6. 中国劳动力资源丰富，拥有世界上独一无二的劳动大军，而且具备各种类型、不同层次的人才。

因此，包括"九五"期间在内的中国，今后二三十年的经济社会发展条件是非常有利的。当然最主要的还是邓小平建设有中国特色社会主义的理论和党的一个中心两个基本点的基本路线，对我国今后经济社会的长期发展将具有决定性的意义。

在认识发展优势、增强发展信心的同时，我们也不要盲目乐观，不能忽视一些限制发展的因素，例如，人口与资源的矛盾今后将更加尖锐；农业稳定与发展任务艰巨；就业压力将长期存在；国有企业转换机制阻力较大；扩大出口将面临更强的竞争和更多的贸易摩擦；加入WTO后，国内产业亦受到进口产品的冲击，以及反复出现的通货膨胀等问题。

在综合考虑各种有利和限制因素的基础上，1994年中国社科院经济预测课题组，对"九五"期间经济以及今后25年经济增长速度进行了预测。初步结论是，1996年到2000年（"九五"期间）国内生产总值GDP年平均增长速度的最佳选择是8%~9%，

2000年到2010年是7%~8%，2010年到2020年是6%`7%，25年平均增速为7%~8%。

长期增长速度尽管呈递减趋势，但在当今世界上仍处于高位增长之列，能够保证中国的经济总量进入世界前列，人均收入进入中等国家水平。如果用购买力平价来估算，中国GDP总量到2010年将位居世界第二，到2020年可跃居世界第一。但在人均收入水平、经济发展质量上与发达国家相比，仍有很大的差距。

这里我想强调一下，在我们考虑中长期经济速度的较佳选择时，切忌重犯片面追求产值速度的老毛病。五中全会《建议》提出把握好速度问题，速度低了不行，速度过高也不行。先讲低了不行。有人计算，我国每年新增人口1500万以上，要消耗掉3%左右的经济增长率；要保证原有人口的生活水平稳步提高，也需要3%左右的经济增长率；我们还要逐步缩小与发达国家的差距，增强综合国力，近期如果平均每年的经济增长率低于8%，将不利于我国整体经济的发展。当然，速度过高易于导致经济过热和严重通胀，也不行。但是这两个不行不能等量齐观，因为中国更容易发生的是速度过高。人们的发展期望和大锅饭投资饥饿的机制，都容易导致速度过高，而不是速度过低，所以要把重点放在防止速度过高这方面来。过去十几年，我国经济发展的平均速度9%~10%是相当高的，过高时达到13%~14%，工业达到20%~30%以上，这样就反复引起经济波动和通货膨胀，经济过热与经济调整反复出现，这对经济秩序、经济改革和经济结构的合理化和经济效益的提高，都带来消极影响。反复发生这种情况的原因就在于我们的经济工作中存在单纯追求数量、规模和速度的偏向，而在经济技术和管理水平低下又不讲求质量效益的条件下，追求高速只能用多投入、多铺摊子即外延或粗放的发展方式来实现，即高投入、高消耗、低效益、低产出，这样迟早要超过资源承受能力，就只能靠发票子来支持这种超高速即超资源承受限度的增长，这是难以持久的。所以《建议》讲：快是有条件的，要讲效益，讲质量。所以在进入"九五"和向21世纪迈进时，在经济增长方式上，我们面临着要来一个大转变，即从外延粗放为主的增长方式转变为内涵集约为主的增长方式。《建议》中把增长方式的这一转变同经济体制的转变并提，把这两个转变提高到是实现"九五"和2010年奋斗目标的两个具有全局意义的根本性转变。这是对"九五"和2010年长期规划中心思想的画龙点睛的提法。

这两个转变实际上并不是现在才开始讲的。从十一届三中全会开始，中国经济就进入了一个新的阶段，也就是上述两个转变的阶段。在20世纪80年代中期我国经济理论界，包括我个人在内曾经将此过程概括为双重模式转换。一种是经济体制模式的转换，当时称作从传统的高度集中计划经济体制模式转向市场取向的经济体制模式。另一种是经济发展战略转换，其含义要比现在所讲的经济增长方式转换的含义宽一些，包括生产目的的转换、产业结构的转换、消费与积累关系的转换、发展策略的转换、管理制度的转换和发展方式的转换等。其中发展方式的转换实际上相当于现在所讲的增长方式的转变。

经过十几年的改革开放和经济发展，我国体制模式和发展模式发生了不小的变化，上述一整套转换在许多方面都有所前进。例如生产目的，过去长期是为生产而生产，为革命而生产，很少考虑提高人民生活的目的，改革开放后转变过来了。又如产业结构，过去虽然口头上是农、轻、重，实际上重、轻、农；在三大产业的关系上，重二产、轻一产、忽视三产；改革开放后也逐渐调整过来了。又如积累与消费的关系，过去是高积累和低消费，改革开放后也得到了合理的调整。发展策略的问题过去是强调不断打破平衡的不平衡发展策略，改革开放后改变为相对平衡协调的发展策略等；经济体制的转变也从大一统的计划经济，经过计划经济为主、市场调节为辅，前进到建设社会主义市场经济的阶段。总之，中国经济体制与发展战略的转变，在许多方面取得明显的进展，从而推动了80年代以来中国经济的快速发展。但其中增长方式从外延粗放向内涵集约的转变遇到的困难比较突出，至今进展不顺，效果不显。

外延粗放型的增长方式是以追求数量、规模、速度、产值为目的，其手段主要是依靠资金、物资、劳动力的投入，上新项目，铺新摊子，而对于经济发展的质量、效率和效益重视不够。而内涵集约型的增长方式则主要依靠科技进步、更新改造、管理合理化、生产集约化，以及人的素质的提高，来求得经济增长质量、效率和效益的提高。直到现在我们在经济工作中仍然相当普遍地追求数量和速度，热衷于上项目、铺摊子，而对于技术改造提高质量、效率、效益方面下的功夫比较小，比如在固定资产投资总额中，属于新建扩建的基本建设投资大约占75%，而设备更新技术改造方面的投资只占25%，而且后者当中还有相当一部分名为更新改造，实则移用于新建扩建。有专家测算过，改革开放以来十几年，各种生产要素对我国经济增长的贡献中，资本投入与劳动投入约占72%，只有28%是靠技术进步取得的。这与发达国家相比有很大的差距，目前发达国家经济增长中有50%~70%是靠技术进步取得的；二战后发展比较快的发展中国家和地区的经济增长中平均也有30%是靠技术进步取得的。

十多年来我国经济在总量增长上令人注目，而在质量效率上则瞠乎其后，这并不完全是由于我们在政策上的疏忽。早在1981年五届全国人大四次会议的政府工作报告中，就提出了要走出一条速度比较实在、经济效益比较好、人民可以得到实惠的路子；以后多次提出要把经济工作重点转到提高经济效益的轨道上来；而且发展方式及增长方式的转变在理论上也讨论了多年，为什么这方面的进展仍很不理想呢？其中难点何在呢？这里面的原因很复杂，有国情上的制约，也有体制上的制约。我看以下四个原因

165

是值得注意的。首先是各级政府和官员的政绩考核，事实上都与经济发展的速度规模有关系。其次是政企不分的旧体制还没有完全退出历史舞台，资金大锅饭和预算约束软弱的痼疾仍起作用，因为花的不是自己的钱，所以投资决策者不害怕收不回投资，企业经营者也不怕亏损。三是企业素质较低，经营管理水平不高，特别是国有企业各种负担沉重，没有力量，也没有兴趣进行技术改造和创新。最后一条重要原因是我国城乡劳动力多，需要解决庞大的就业问题，单纯靠提高劳动生产率，劳动效率，不铺一些摊子，在中国是不行的，这么多劳动力就业如何解决？

在重数量速度、轻质量效率的问题长期未能解决的背景下，中央提出转变经济增长方式的方针，可以说这是过去多次强调把经济工作转到提高经济效益上来这一方式的继续，然而在进入"九五"时期和迈向21世纪之际，把这一转变提得这样高，等同于经济体制的转变，是不是表明现在增长方式的转变有特殊的迫切性呢？可以这么说。转变经济增长方式之所以日益紧迫地摆到我们面前，是因为，第一，过去长时期的经验证明，以追求数量为主要目的、以增加投入为主要手段的外延粗放型的发展道路，必然反复引起经济过热、通货膨胀和经济调整的剧烈波动，造成不利于经济持续健康发展的损失，而且经济规模越大，损失越大，我们现在经济又上了新台阶，规模更大了，将来还要大，总是这样反复剧烈波动是不行的，小波动不可避免，但大的波动应当避免。第二，随着居民收入水平的提高和需求结构层次的升级，以及大规模基础设施建设的需要，我国产业结构将再次摆向重化工业的方向，汽车、建筑、石化、机电等支柱产业的大发展对能源、原材料等资源需求的压力更大，如不改变过去浪费资源型的粗放发展方式为节约资源型的发展方式，我国的资源根本承受不了。按单位国民生产总值消耗的能源来比较，我国大约比日本多4倍。中国人口那么多，市场那么大，在人均资源这么低的情况下，经济发展将难以为继。对人均拥有量本已不足的资源过量开采和耗费，也将加剧环境污染，破坏生态平衡，危及子孙后代的可持续发展。第三，今后国际经济实力的竞争，总量只是一个方面，更重要的是科学技术水平、质量效率效益、人均消费水平和整个国民经济素质的较量。在这些方面我们与世界发达国家的差距就太大了。即使在总量进入世界首位以后，我们的人均水平仍然落后，到21世纪末能不能赶上发达国家也是问题。与此同时，发达国家某些人士因为看到我们的总量发展很快，担忧所谓"中国威胁"，造成一种形势扼制我们发展。所以我们应当强调人均水平和发展质量上的差距，把世人的注意力引导到这一方面来，特别是把我们自己的努力放到提高经济发展的质量、效率和人均水平上来，而不必在总量增长上大做文章，这样才有利于保持持续健康的发展，符合我们走向现代化的要求，也有益于我们与国外更好地做生意，实现经济互补，对于妥善处理国际关系也是有利的。

那么，如何实现增长方式的转变呢？由于新的增长方式的转变不是一个局部性的，而是一个全局性问题，所以要从方方面面来采取有效的方针措施，把提高质量、效率和效益的要求贯穿体现到中长期发展规划和今后经济工作的各个方面，包括：产业结构的优化，规模经济的推进，新项目建设与现有企业更新改造的处理，科教兴国战略的实施，资源开发与节约并举，等等。这里特别要强调的是加强宏观经济与企业自身管理，把提高管理工作水平同经济机制的改革结合起来。

以上提到的阻碍我国经济增长方式转变的种种因素，多属生产关系与上层建筑领域，必须通过深化改革进行综合治理。《建议》指出，要靠经济体制改革，形成有利于节约资源、降低消耗、增加效益的企业经营机制，有利于自主创新的技术进步机制，有利于市场公平竞争和资源优化配置的经济运行机制，一句话就是要把两个转变有机地结合起来。经济增长方式的转变与经济体制的转换是互相联系、密不可分的。经济增长方式的转变要以经济体制的转变为前提条件。没有经济体制上的转变，就难以实现增长方式的转变。体制上的障碍不解除，结构调整、技术进步、挖潜改造、提高质量效益等，都难前进。前面列举的一些制度上的障碍，大多是政府职能和国有企业方面的问题，所以转变经济增长方式的重点也在国有经济，这与国有经济在我国经济中仍然居主导地位是分不开的。国有经济如果不能从体制改革上入手，实现经济增长方式的转变，就难以维持它的主导地位。

当然，中国国情复杂，现在还没有摆脱发展中国家的阶段，对于转变增长方式，也不能要求过急，一刀切。比如，不能要求所有部门、所有地区都一律采用最新技术来改造现有企业，更不是所有部门、所有地方都不能搞新建扩建等具有外延性质的建设。

我国基础产业、基础设施相当薄弱，高科技、高附加值的新兴产业也需要发展，还要开发边远地区的资源，克服地区差距，特别是城乡大量新增加剩余劳动人口的就业安排等，都需要相当规模的投入，以进行外延的拓展。但是这种带有外延型的建设要逐步推进，不能急于集中铺开，也不应在原有技术水平上平推，而要采用适用技术，尽可能提高原有技术水平。所以，要把内涵集约型的发展与外延粗放型的发展很好地结合起来，这样才符合我国人口众多的发展中国家的国情，才能推动我国现代化建设的顺利前进。

总之，经济增长方式的转变，是一个长过程，在经济发展的最初时期、不发达阶段，更多地靠投入，也是符合经济规律的。我国人口多，剩余劳动力在增加，有加大劳动力投入的条件。另外，中国的储蓄率也很高，引进外资环境气候总的来说也不错，应当说有资金投入的条件。这些条件，加上世界范围产业结构重组，一些先进国家把劳动密集型产业转移到发展中国家和地区，而在我国由于国土广大，东西部发展不平衡，这种外延型的产业转移向中国内地纵深发展的余地很大，这就决定了我国在一定时期，外延粗放型的发展将占重要地位。技术水平、管理水平和效益效率的提高也要有一个过程，所以这两个增长方式的结合将是长期的，在这过程中，我们要努力提高内涵集约因素的比重。这就是增长方式转变的实质。那么，有人问，中国在现阶段，内涵集约型的经济增长应当占什么样的比重才是比较合理的呢？我回答说，这个很难说的，要看我们的人口控制情况、劳动力资源增长情况、技术管理水平进步的情况。中国和西方不一样，西方总的说劳动力短缺，我们是劳动力过剩，所以不可能一下子把内涵集约因素的比重提得太高，这里有一个发挥资源的比较优势的问题。我们在劳动密集、资本密集、技术密集三者的结合上，应该怎样合理搭配，通过何种步骤来实现这种搭配，还需要认真摸索解决，这是由中国国情决定的。当然，我想我们至少不能低于发展中国家的平均水平。这里还有一个时间问题，如果指的是2050年，那么内涵集约因素比重当然要更高一些，但如果说的是2000年，恐怕这个比重提高不了多少。具体的比例要由搞计量经济学的专家来计量和回答这个问题。有人问我，前苏联在20世纪60年代后期也曾经提出过增长方式的转变。现在中国采用这种提法，两者有什么区别？我回答说，苏联是在60年代末、70年代初提出这个问题的。但它提出来以后，主要还是从技术上来考虑，企图以加强机器制造业发展的方法来解决。它到了80年代还是这样，直到戈尔巴乔夫上台，第一件事就是加速发展，但还是指加速机器制造业的发展。他们仍然是从生产力的角度，而不是从生产关系的角度提这个问题。苏联的根本问题是在这里。所以，苏联的机制转换一直没有动。我们在1982年去苏联考察过一次经济，苏联人也一直在谈内涵、处延这样的问题，但是机制上没有新通道。我们体制改革提的早得多，现在也是从体制改革的角度，以体制改革为前提，再次把增长方式转换的任务提出来的。所以，我认为我们的问题提出是和苏联不一样的。

对当前经济形势与宏观调控取向的一些看法*

——在第八次全国中等城市经济发展研讨会上的讲话
（1995年11月5日）

一、当前经济形势与宏观调控取向

1995年就要过去了，1995年经济形势如何？1996年经济走向如何？"九五"时期至2010年经济展望前景如何？这是大家关心的问题。

首先谈谈当前经济形势。

当前，中国经济处于改革开放以来第四个经济周期的中后期。这一轮经济周期从1990年年底到1991年年初开始回升，1993年年中达到高峰，此时重新出现经济过热，特别是金融秩序紊乱，于是六七月间开始实行加强宏观调控措施，同时在财政税收、金融外汇等领域出台了一系列重大改革措施，逐步取得了成效，既避免了经济的进一步发烧，又避免了用急刹车和全面紧缩的办法带来经济大滑坡，使1994年中国经济在平稳回落中仍然保持了较快速度，今年（1995年）继续保持了平稳的发展，宏观经济进一步降温，趋向预定的调控目标。两个主要指标如下：

---

* 研讨会在湖北省荆州市召开。原载《亚太经济时报》1995年11月28日、《沿海新潮》1996年第1期等处。

第一是增长速度：1992年13.4%，1993年13.2%，1994年11.8%；1995年一季度11.2%，上半年10.3%，一至三季度9.8%。

第二是零售物价指数：1992年5.4%；1993年13.2%；1994年目标为10%以内，实际达到21.7%，1994年10月以后指数逐月下降，10月27%，11月26.4%，12月23.2%；1995年1月21.2%，2月19.7%，3月18.7%，4月18%，5月17.6%，6月16%，上半年平均为18.5%。7月14.6%，8月12.3%，9月11.4%，一至三季度16.6%。1995年全年趋向15%的调控目标。

这样看来，1993年年中以来采取经济"软着陆"的政策，逐步取得成功。从加强宏观调控政策开始到现在，将近30个月，改革开放以来第四个经济周期（从1991年年初开始）也已5年。中国经济逐步降温，是否已达到谷底？另外，1995年我们完成了第八个五年计划，提前实现了比1980年翻两番的目标。1996年开始第九个五年计划，向新的目标迈进，这样1995年和1996年两年，我们既处在两个五年计划之交，又可能是两个经济周期之交。但后一个交叉要依存于我们对谷底的判断，究竟何时达到谷底？此次谷底的特点又如何？这些判断对今后宏观政策的取向都很有关系。

对于这一轮经济周期何时达到谷底，有不同的说法。1995年10月5日社会科学院经济预测讨论会上，至少有六种说法：

第一是1995年年底、1996年一季度到谷底；

第二是1996年二季度到谷底；

第三是1996年下半年到谷底；

第四是1996年年底到谷底；

第五是1997年到谷底；

第六是不明显，很难判断，这是因为目前经济走势是在高位平底上平衡运行，没有明显形成传统形状的谷底。

按照初步预测，1996年经济增长率将进一步降到8%~9%之间，物价上涨率下降到10%左右，如果说谷底在1996年前后形成，那么此次谷底与过去经济周期有两个显著不同的特点。第一是谷底的位置即谷位比较高，过去谷底有时出现负增长或3%~4%的低增长率；而此次谷底增长率比较高，接近10%。过去谷底物价指数接近零增长；而这次商品零售物价指数处于15%（1995年）与10%（1996年）之间，仍然不低。第二是此次经济周期从高峰到谷底的落差，小于过去的经济周期。改革以来前三个周期的落差大约是6~7个百分点，这一次，从1992年的13%降到1995年的10%左右、1996年的9%左右，只下降了3~4个百分点。之所以出现这两个特点，是由于机制和政策两个方面的原因。在机制方面，由于改革的结果，微观上市场主体增多，适应性比过去增强；宏观上1994年以来，随着财税金融体制的改革，市场手段部分地替代了行政手段，也有助于熨平波动。在政策方面，过去遇到经济过热往往在"瓶颈"制约难以为继以后进行调整，采取"急刹车""一刀切"的办法，大起之后继之以大落。而这次调整，则在尚未发生大震动以前及时切入，而且采取了微调"软着陆"的办法，力度也比较适当。因此，这次经济调整使谷底出现了上述新的特征。当然，也要看到，由于微观机制上特别是国有经济政企不分、预算软约束的弱点，不能在经济走向低谷的阶段像市场经济国家那样进行淘汰清理，使经济机体健全。加上宏观调控中旧的行政手段不时复出，"一刀切"的毛病难以完全避免，引起微观经济，特别是国有企业的某些困难加剧，这个问题现在还在发展，不可忽视。

分析和认识当前经济谷底的特点，是有其政策含义的，就是说：下一轮经济周期回升和向新的高峰推进阶段，经济上升的空间余地都不是很大，因为谷底起点高，接近10%的增长率，10%左右物价上涨率，都不是低速度或是低通胀。在此高位的出发点上，如果我们期望下一轮经济周期的上升阶段，上升幅度提高，经济过快增长则会带来严重的通货膨胀后果，这个问题下面还要谈。现在回到1996年和今后五年经济走势的预测和宏观调控政策把握问题，很显然，1996年经济发展有着不同可能的走势，这在相当程度上要取决于宏观经济调控政策的取向。中国社会科学院预测课题组分析了三种不同的政策取向和宏观经济走势。

第一种可能的经济走势和政策取向是：鉴于1995年经济增长率仍将高达10%左右，物价上涨率仍将高达15%左右，二者均处于高位水平，为了继续压低物价上涨率，控制经济的过快增长，1996年经济增长率应有一个较为明显的下降。为此，1996年宏观调控继续从紧的方向不变，但力度上要加大，要"更紧一些"。

第二种可能的经济走势和政策取向是：经过几年来的偏紧的宏观调控，经济增长率、投资增长率连续回落，物价上涨率年末将回落到1995年调控目标、交通运输、能源、主要原材料等"瓶颈"制约已经缓解，某些生产资料已有积压，特别是国有企业目前面临的困难很大。因此，1996年宏观调控的方向应改变，货币政策应由从紧转为"放松"，以启动投资消费需求，刺激经济增长率重新回升，进入新一轮的高速增长。

第三种可能的经济走势和政策取向是：为了巩固几年来"软着陆"的成果，继续把抑制通货膨胀作为宏观调控的首要目标，使经济增长速度既不反弹也不过度下降，而保持经济增长率和物价上涨率继续平稳回落的势头。为此，宏观调控应继续坚持"适度从紧"的政策，坚持现有的方向和力度，根据新的情况进行微调，把控制需求与改善供给、控制总量与调整结构结合起来。

以上三种政策取向和发展的可能性，目前都有人主张。但第一种进一步加大紧缩力度的主张，实行起来有使经济失速滑坡与企业困难加大之危险，目前赞成的人不多。持第二种主张，要求全面放松银根、启动经济增速的人，目前似乎正在增加，特别是地方和企业方面呼声甚高，前几年经济过热中起泡沫的有些地方有人问新闻记者，1996年房地产市场、证券市场，会不会又要火爆一场，反映了这种迫切的心情，理论界也有人附和这种倾向。但这种主张在当前宏观形势之下实行起来有使经济迅速反弹，物价重新猛升，近三十个月"软着陆"政策措施取得的成效功亏一篑、前功尽弃的危险。我们认为1986年到1988年"软着陆"不到位经济就一再腾空而起，最后被迫掉下来，不得不进行治理整顿的教训，是不能忘记的，因此，我们倾向于第三种政策取向。实现第三种可能的经济走向，主要的根据是：

虽然两年多来特别是1995年三个季度以来宏观经济形势好转，但好转的基础不稳固。第一是固定资产投资回落的基础不稳固，在建规模仍然很大，一些地方，上项目、铺摊子的投资冲力依然很大，稍有放松，投资需求就可能出现反弹。第二是物价回落的基础不稳固，前一阶段物价涨幅的回落，在相当程度上，是靠行政性限价、财政补贴压价和延缓出台价格改革措施来取得的。任何一方面有变动，都会使物价再度爬高。第三是尽管1995年农业取得较好收成，但农业基础依然脆弱，农产品供求仍处于紧张平衡状态，特别是食品涨价，物价上涨压力仍然较大。第四是微观经济基础困难，问题重重，特别是国有企业资产负债率比较高，资金紧张与资金使用效益低并存，因此仅靠注入资金和增加总量投入，无助于解决这些矛盾，反而会导致通胀的再度反弹。第五是货币供应量虽然前三季度广义货币（M3）的增幅比上年同期回落6.5个百分点，但比1994年同期仍提高30.6%，高于经济增长率与物价上涨率之和（9.8+16.6）%，从全年来看，1995年经济增长率回落到10%以内、物价上涨率回落到15%左右的预定目标基本实现，但是整个经济仍在高位上运行，总需求膨胀危险依然强大，通货膨胀的压力仍然不小。

在此形势下，为了巩固几年来宏观调控政策取得的成果，争取"软着陆"的踏实到位，使我国经济发展由改革开放以来的第四周期平稳地过渡到第五周期，由第八个五年计划健康地进入第九个五年计划，采取上述第三种政策取向，争取第三种发展可能，我以为是比较明智的。这就是说，从1995年年末到1996年，我们要继续坚持适度从紧的财政货币政策，保持现有的宏观调控的方向和力度，同时，把控制需求面与改善供给面两个方面有机地结合起来，争取1996年经济增长率回落到9%，物价上涨率回落到10%左右，进一步向"九五"的目标前进。

继续坚持适度从紧的宏观调控方针，已经由有关方面认定并公布，从五中全会关于"九五"到2010年发展目标的建议内容来看，实行适度从紧的方针，把抑制通货膨胀作为宏观调控的首要任务，这不仅仅是1995年和1996年的任务，而且是整个"九五"期间货币政策的主旨。在众说纷纭的情况下，我赞成把这条适度从紧方针再次加以明确，这将有利于我们平稳地由第四个周期向第五个周期过渡，健康地进入第九个五年计划。之所以不仅在短期，而且在中长期选择适度从紧的方针，我以为有两方面的原因：机制方面和运行方面。机制方面我们的旧体制，特别是国有经济中政企不分、预算约束软弱的传统弊病仍未根治，很容易发生投资膨胀和经济过热。在我们社会主义国家里，要获得较快的速度是比较容易的，政府干预有很大的作用。历史经验证明，一放开，一号召，就能上去，但是在快速发展的情况下要使财政基本没有赤字，不发生严重的通货膨胀，那就难了。真正的本事在于既有一个比较高的增长速度，又能保持财政的基本平衡；通货膨胀保持在老百姓可以承受的程度以内。这就一方面要靠科技，走内涵集约发展的路子；另一方面要靠在财政货币政策上适度从紧，把住货币和信贷两个闸门。我们常讲要有适当的速度，太低了不行，太高了也不行，其实不必怕太低，因为很容易上去；倒是怕太高，下来损失太大。所以要保持健康的发展，中长期也要适度从紧。其次是从下一个周期的走势看，前面分析此次周期谷位较高的特征时，就指出下一次回升及向新的高峰走的阶段，经济增幅上升的空间余地不是太大，GDP增长速度为10%的起点上，按照过去落差，6~7个百分点加上去，那么经济增长率就有可能达到16%~17%，我们的经济肯定承受不了。所以从周期运行的轨迹看，今后五年采取适度从紧的方针，把抑制通货膨胀放在宏观调控任务的首位，也是必要的。

当然，对于近期特别是今后五年中长期是否要采取适度从紧的方针，是有不同意见的。有的同志认为，中长期不能老是从紧，只能时松时紧，这松那紧，因时因势而宜。当然，要随时调整政策进行微调，但只能在总的适度从紧的前提下，进行时松时紧、这松那紧的微调，不能没有一个总的政策方向，好比开汽车方向盘要不断地调来调去，但总方向要循着路径与目标前进。

宏观经济调控不能单纯在需求的松与紧上做文章，不能单纯地在总量上做文章，而必须在控制需求总量的同时，努力改善供给面，从而增加有效供给，从1996年和1997年转入新一轮经济周期和进入"九五"时期的中长期发展来说，改善供给面的任务更为重要。由于此次经济低谷如前所述起点水平较高，新一轮回升增长幅度空间余地不大，更要改变过去宏观调控的一贯做法，即每逢进入新一轮周期，总是采取全面放松的政策，以投资膨胀为先导，刺激总需求，推动经济超高速增长，这样会导致经济过热遇到"瓶颈"障碍，不得不走调整、紧缩的老路。要把这条老路转变为：把控制需求与改善供给相结合，通过适当的财政政策、货币政策等，促进产业结构、产品结构的调整和发展，促进科技进步，促进生产效率和整个国民经济素质的提高，以此来扩大社会有效供给，真正实现增长方式的转变。

二、抓大放小，从整体上搞好国有经济

最近召开的中共十四届五中全会，重申了三中全会关于建立社会主义市场经济体制的几项主要任务，就是：坚持以公有制为主体、多种经济成分共同发展的方针；深化国有企业改革，建立现代企业制度；积极发展和完善市场体系，充分发挥市场机制的作用；转变政府职能，形成以间接方式为主的宏观调控体系；进一步扩大对外开放，完善对外经济体制；加强经济法制建设，建立和完善与新体制相适应的法律体系。

各项改革任务都很重要，需要协调配合地进行。其中的核心是国有企业的改革，三中全会《关于建立社会主义市场经济体制若干问题的决定》（以下简称《决定》）和五中全会《关于制定国民经济和社会发展"九五"计划和2010年远景目标的建议》（以下简称《建议》）都强调了这一点。

我国在所有制结构和国有企业改革上的方针是：一方面要继续发展包括集体、个体、经营、外资经营等在内的各种类型的非国有经济，另一方面要坚持公有经济为主体、国有经济为主导，转换国有企业经营机制，建立适应市场经济要求的现代企业制度。三中全会《决定》指出建立现代企业制度是我国国有企业改革的方向，同时把现代企业制度的基本特征概括为四句话十六个字："产权清晰、权责明确、政企分开、管理科学"。三中全会以来，人们对这四句话的理解不一，有"各取所需"的问题。应该指出，这四句话是相互联系的统一整体、缺一不可，不能只强调某一方面，而忽略其他方面。从当前人们的认识来看，对这个问题主要应防止两种偏向，一种偏向是孤立突出"产权"问题，把明确产权关系实际上当作国企改革的唯一内容。当然，强调产权改革的重要性是对的，但孤立地突出这方面的改革，是不全面

刘国光

经济论著全集

第
12
卷

的；这样就忽视了企业组织结构调整、技术改造和加强管理的重要性。另一偏向是否认产权改革的重要性，认为不需要明确产权关系，照样可以搞活企业。上述两种认识都有很大的片面性。我们应当全面理解和把握现代企业制度基本特征的内容和精神，按照五中全会《建议》所指出的方向，把国有企业的产权改革同结构改组、技术改造和加强管理即"三改一加强"结合起来，构造企业结构优化和经济高效运行的微观基础。

1995年以来，我国企业改革有两个新的相互联系提法，在五中全会《建议》中得到反映。这两个提法一个是国企改革要着眼于整个国有经济；另一个是"抓住大的、放开小的"。所谓"着眼于整个国民经济"，就是说不能着眼于一个一个企业。对此人们现在大都已理解，不可能也没有必要把全部国有企业都搞活。一是市场经济的法则是优胜劣汰；二是并非所有行业国有经济都能适应市场经济要求并拥有优势；三是政府能力有限，不能不分巨细，什么都抓。所以，出来了"抓大放小"的提法。这一提法是一个简便的说法，字面上强调的是企业规模标准，但需要把行业标准也加以考虑，要有"抓住关键、放开一般""抓住主导，放开一般"之类的提法与之配合，或作为"抓大放小"的内涵来理解。为简便起见，通常可用"抓大放小"来概括。

根据上述精神，当前国有企业改革至少有以下四个方面的内容。

第一，对国有经济经营范围进行战略性调整，使国有企业从一般竞争性行业退出，转让给各种类型的民有或民营企业去经营。国有资产运营范围收缩集中于自然垄断性部门、公益性部门和国家经济命脉部位（如邮政、电讯、铁路、港口、武器制造、造币、航天、银行、高风险高科技等）。但也有一种意见把国有资产经营领域划得比较宽，把一些竞争性行业（如能源、主要原材料、机械、电子、汽车、建筑业等）中的骨干企业也包括进来。

第二，对国有大中型企业，按照现代企业制度的要求进行规范，结合企业具体情况，分类进行"公司化"的改造。除了极少数特殊产品和服务的供应，可以按照《公司法》的规定，采取国有独资公司形式外，其他一般采取有限责任公司或股份有限公司形式，吸收机构投资、个人投资、外商投资以及企业相互参股等，实行投资主体或产权主体的多元化，但其中骨干企业要保持国家控股地位。国家要重点抓好有限的一批大型企业和企业集团，以资本为纽带，联结和带动一批企业的改组和发展，形成规模经济，充分发挥它们在国民经济中的骨干作用。

第三，国有资产产业发布结构与企业组织结构的重组，一方面要靠引导资产增量，另一方面要通过企业产权整体或部分出售、兼并、折股、合作等方式，实行国有资产的产权转让和流动，以盘活国有资产存量，优化资源配置。对经营遇到问题的企业，如遇能力过剩、资产闲置、无规模效益及环保迁移等情况，通过关、停、并、转等方式变为有效益的企业。对长期亏损、扭亏无望、不能偿还到期债务的企业，实行破产一批、出售一批、兼并一批。当前要少破产、多兼并。大量国有小企业改组和调整的步子要迈得更大一些。可以区别不同情况，采取联合、兼并、股份合作制、租赁经营、承包经营、拍卖、出售等形式，加快改革和改组的步伐。特别是市县属企业，可以放得更开一些。当然，不论是国有大中型企业还是小型企业，在改革和资产流动重组中，要做好国有资产的产权界定和资产评估，认真加强管理，切实防止国有资产的流失。同时要澄清那种认为产权流动和转让必然会造成国有资产流失的观点。

第四，环绕国有经济产业分布结构、企业组织结构的战略重组和企业经营机制的转换，搞好各项配套改革。主要是：（1）建立权责明确的国有资产管理、监督和运营体系，促进政资分开、政企分开；（2）加快建立健全养老、失业、医疗等社会保险保障制度；（3）国家对不同所有制一视同仁，依法征税，形成平等竞争环境；（4）解决企业过度负债问题。企业的历史债务很大程度是由国家财政的政策调整造成的。例如，本属于国家投资兴办的建设项目和由财政拨款的企业流动资金，1983年起改用银行贷款来代替，此后企业生产经营资金得不到应有的补充，加上税费偏重等原因，致使企业负债累累。有必要通过财政—银行—企业之间的债务重组，建立三者的良性关系。对于那些历史包袱和社会负担重，而又在国民经济中占有重要地位的国有大中型企业，国家要投入一笔资金，采取三项措施：一是鼓励企业兼并，对被兼并的企业部分债务实行免息、停息和推迟偿还本息。二是把相当一部分"拨改贷"形式的企业债务转为国家投资。三是冲销破产企业的债务。当然，所有这些措施，都必须严格按照有关规定和程序有秩序地进行，防止出现赖账现象。目前国家财政困难，财力有限，企业的过度债务不能都靠国家拿钱来解决，主要应依靠企业提高经济效益，增强偿债能力，同时采取有效措施，补充企业资本金。（5）企业富余人员和其他"办社会"的负担，也必须在改革过程中解决，否则企业机制难以转化和向现代企业制度过渡。目前富余人员约占职工人数的30%，每人每年平均开支4000元，国有工业企业每年要为富余人员支付960亿元开支，比年利润总额还多。富余人员的问题要由企业、社会和政府三方面的力量，多渠道地逐步分流安排安置。企业办社会（即非生产性的后勤服务单位所承担的服务职能），也要创造条件逐步分离出去，形成社会化服务体系。

以上从四个方面分析了目前国有企业改革的主要内容。国有企业改革要解决的问题当然不止以上所述四点，这些都是难度较大的问题，需要通过试点，探索途径，取得经验，逐步推广。国务院决定的四项改革试点工作，1995年已全面推开，企业改革中的重点难点问题基本理清，有些正在着手解决。不久前有关方面部署了1996年企改工作，坚持"三改一加强"的方针，继续深入推开各项改革试点，总结和推广试点经验，实行点面结合，要求在转机建制、兼并破产、减人增效、减债增资、抓大放小等方面，取得实质性的突破和进展。

中小城市较多遇到的是"放小"方面的问题。下面我着重讲讲"放小"问题。

所谓"放小"，就是放开小型企业或习惯上讲的中小型企业（把中型二类企业视同小型企业）。所谓放开当然不是放任不管，而是要从方针政策上指导和协助小企业的改革和发展。中小型企业是我国经济中的重要组成部分。改革开放以来，在大力发展国有企业和城乡集体企业的同时，还发展了城乡个体和私营企业。特别是乡镇企业的兴起，使我国中小企业的发展进入一个崭新的阶段，成为中国经济发展最具活力的一个新的增长点。中小企业大多分布在地、市、县、乡镇，是市县地域经济的重要支柱，并成为推动农村经济社会现代化的一支重要力量。

据估算，1993年在我国乡及乡以上独立核算的工业企业中，中小企业单位数占97.4%，工业增加值占52.9%，利税占43.2%。如果加上乡镇企业中村以下部分和城镇个体、私营工业，中小型企业的比重还会更大。成为中小型企业重要部分的乡镇企业已占全国社会总产值的1/3强，占农村社会总产值的2/3强。十多年改革发展的实践，使我们深刻感受到中小型企业对我国经济建设所起的重要作用。

但是，尽管十几年来中小型企业有了长足的发展，我国中小型企业的情况还不尽如人意。国有中小型企业机制不活、历史包袱沉重，在一些集体企业中也存在产权不清、政企不分等现象。过去十多年中，公有制中小型企业实行过多种改革措施，但并未解决根本问题。十四届三中全会以后，部分地区和市、县加大了公有制中小型企业改革的力度，有些地区进行了大胆探索。这些地区既进行了必要的改组（包括企业兼并、联合、解体、重组、破产等），更重视企业制度的创新，若干先行一步的市、县，大幅度地实行了国有资产的有偿转让和产权主体的多元化，把许多国有中小型企业改制成以下几种主要形式：（1）国有资产部分作价参股，部分有偿转让给企业职工，同时吸收社会上法人或个人投资入股，组建为有限责任公司；（2）把国有资产转让给企业全体员工，改组为股份合作制企业；（3）有的小型企业出售给个人或几个合伙人，改为私营企业或合伙企业。我们在前面说过，国有经济从一些不适合国有资产运营的一般竞争性领域退出，让给非国有成分，这是必要的。但目前看来，不能要求地方国有中小型企业统统都从一般竞争性行业退出。原因在于这样做对地、市、县的经济发展和地方财政可能带来不良后果。并且还有不少中小型企业可以进入大型企业或集团企业专业化协作体系，这些领域保留部分国有资产，作为促进联合的资产纽带，可能更有利于专业化协作的发展。

再就集体企业的改革来说，我国小型工业企业大部分是集体企业，全国独立核算小型工业企业37万多个，其中城乡集体企业近30万个。集体工业企业中，部分陷于困境的小型企业可以通过兼并、解体、重组、拍卖和个别破产等方式进行改组，绝大多数中小型集体企业改革的基本方向应该是恢复合作制，重建社员入股制度。近年来为恢复社员入股，不少集体企业探索了一些办法，包括：职工掏钱入股，企业增量按一定比例折股到人，以及把本企业职工集体所有资产存量"量化到人"，作为分红依据，等等。但对此还有不同看法。有的同志把本企业职工集体所有的存量资产"量化到人"，看成是"化公为私"，股金归社员个人所有是"个体私有制"。其实合作制企业内部职工个人股虽然归劳动者个人所有，但仍由集体共同占有和共同使用，在法律上是劳动者按份共有的财产，与独立的个体所有制是有原则区别的。当然，在实行存量资产"量化到人"作为分红依据时，不应当把全部资产存量量化到现有职工。对存量资产中属于退休老职工劳动积累的部分，应当以适当方式，用于退化职工的社会保障（国有大中型企业股份化时也有此问题）。由"联社"投入和积累的资产属于参加"联社"的全体成员单位集体共有，应当健全集体资产管理体制，并妥善处理成员单位的收益权。至于社区集体（区、乡、村）所投和积累的资产，则属于创办该企业的社区集体经济组织全体成员共同所有，也不应只量化给企业内部职工，这样会侵犯社区其他成员的权益。

总之，多数集体企业的改革，应当在劳动者合作制基础上，利用股份制的某些形式或因素，推行股份合作制。前面说的相当一部分国有小型企业的改革，也可以采取股份合作制的形式。鉴于股份合作制作为改革形式将广泛采用，明确股份合作制的内涵有着重要意义。所谓股份合作制是实行劳动合作和资本合作相结合、按劳分配和按股分红相结合的一种新型合作经济组织，它不同于一般的合作制企业，也不同于规范的股份制企业。它是改革中群众创造的兼有股份制和合作制两种制度的优点，适应于我国中小型企业生产力发展水平和市场经济要求，并有自身特点的一种新的企业制度。从各地的情况看，中小型企业实行股份合作制有助于建立"产权清晰、权责明确、政企分开、管理科学"的现代企业制度，是推进城乡集体企业和国有小型企业走向市场、与市场经济接轨的有效的经济组织形式，应予以大力支持、试验。当然，由于股份合作制是一个新生事物，有许多问题（特别是有关权益界定的问题），还需要总结先行一步的市、县、乡、镇的实践经验，进一步明确有关的政策法规，有领导有步骤地分期分批推进中小型企业的改革，促进这项改革向规范化方向健康发展。

三、关于城市经济发展战略问题

"战略"这个词原本是军事术语，随着西方发展经济学的产生以及一些发展中国家"发展战略"的出现，"发展战略"这个词才开始引到经济研究领域，并很快引入我国。20世纪80年代，我国曾出现一股战略"热"，根据党的十二大提出的我国到20世纪末经济建设的战略设想和战略目标，各个地区、城市都争先研究、制定自己的发展战略。记得沙市也是在那个时期邀请北京帮助制定、论证了城市发展战略。这几年来，不少地区、城市又在开始重新制定战略，可说是新一轮的战略热正在悄然兴起，逐步升温。但是由于经济条件的重大变化，特别是经济体制向市场经济转轨，当前经济发展战略的制定与以前相比，也发生了重大的转变。

我以前曾对我国经济发展战略作过分时期的分析。在十一届三中全会之前，我把经济发展战略分作四个时期：第一个战略时期是"一五"时期。这个时期的战略目标是：逐步实现社会主义工业化，逐步实现农业、手工业和资本主义工商业的社会主义改造，在发展生产和提高劳动生产率的基础上逐步改善人民生活。这个时期的发展战略是正确的，也收到了成效。第二个时期是"大跃进"时期（1958—1960年）。这个时期改变了原定的稳步发展战略，实际上采取了急于求成的冒进战略。主要战略目标是：盲目追求"大跃进"的高速度和"一大二公"的生产关系。实践证明，这一时期的战略是不正确的。第三个时期是调整时期（1961—1965年）。目标是调整国民经济比例关系和调整生产关系，当时提出的八字方针是经济发展战略的一次事实上的调整。当时这一战略很快取得了成效。第四个时期是10年内乱时期，这个时期的战略可说是在"左"的思想指导下的杂乱无章的战略，对经济发展的破坏是有目共睹的。

总之，十一届三中全会以前，我国过去的经济发展战略几经变化，有比较正确的时候，也有重大失误的时候。我国的经济建设，既取得了相当大的成就，也发生过较大的挫折。这些挫折，大多与1958年以来一再出现的"左"的偏差是分不开的。十一届三中全会拨乱反正，在经济发展战略上逐渐走出一条新路，中国的经济发展战略发生了历史性的转变，这在前面的论述中有所提及，就不再重复了。

当前在经济体制进一步向市场经济转轨的过程中，经济发展战略的研制也出现了重大变化。

在战略指导思想上，现在我们制定战略的理论依据是党的十四大以来确定的建立社会主义市场经济理论，特别是十四届五中全会关于两大根本性转变的指导思想，要把建立、完善社会主义市场经济体制作为实现战略目标的机制上的保证，强调经济体制的转变促增长方式的转变、以改革促发展的方针。

在战略的功能和作用上：在计划经济条件下，政企不分，政府直接管理企业，战略的作用是政府制定计划的依据。但在市场经济体制下，政企分开，战略将成为宏观调控的手段和间接管理企业的导向，其作用更为重要。

在对战略制定的要求上：为适应市场经济的要求，战略的制定更要求符合客观经济规律，使战略更具有科学性、理论性和实用性。

下面讲讲当前中等城市经济发展战略制定中的一些特点。

城市发展战略是全国战略的一个层次。这次不少中等城市继20世纪80年代之后重新制定战略，看起来有如下共同特点：

1. 表现了对制定战略的高度热情。1991年9月中央工作会议宣布治理整顿主要任务基本完成。这样，下一步的主要任务就是发展问题了。1992年，小平同志南方谈话发表，"发展才是硬道理"的论述进一步激发了各地发展经济的积极性。特别是财税改革前后，城市为自身经济利益更增强了加速发展的紧迫性。但要发展，就要有战略，因此各地都表现出对战略制定的强烈要求和高度热情。

2. 表现了战略目标选择的高起点。我国原定在2000年GNP翻两番，战略目标在1995年可提前实现，部分地区已达到或接近小康水平。随着城市化的发展，不少城市已经提出城市现代化的要求。因此，在城市战略中，不少城市都提出了依靠科技进步，实现产业结构高级化，发展外向型经济，以及提高人民生活水平的进一步目标。

首先，过去战略要求经济增长主要依靠建设新厂、新项目来扩大生产能力，这次制定的战略有了改变，都重视了科技进步这一实施战略的决定性因素，不少市明确提出"科技兴市"的战略方针。如，四川绵阳市是我国重要的国防科研生产基地（我国原子弹、氢弹两弹的诞生地），他们就提出"军转民科技兴市"战略，依靠军工科技优势，用以装备、改造、扶持地方工业。

其次，在产业结构上，过去主要依靠克服原有结构内的失调来求得经济增长。这次战略制定在认识上有了提高，大多重视了产业结构的转换与改造，把它作为实施战略的关键环节。如，江苏省一些发达的城市都把建立一个新的、合理的、高级化的产业结构，作为带动经济增长的支撑。

再次，各地战略也把进一步扩大对外开放、发展外向型经济作为实施经济发展战略的重要条件或组成部分，特别是沿海、沿江、沿边地区城市。沿江城市的对外开放战略都利用了浦东的开发开放，以呼应浦东、接受辐射来强化自身。

由上可见，当前各地确定的战略要求比过去明显地提高了，达到了一个新的层次和高度。

3. 表现了战略的地方特色。这次制定战略，各地一般都重视对市情的研究，根据本市的实际情况确定战略思想、目标和对策，过去不少地区战略雷同、缺乏特色的现象有所改变。

如，陕西宝鸡市多年来一直在探讨打破城乡分割和条块分割、城乡一体发展的道路问题，他们根据实际情况研究制定了具有特色的"两下""两进""一建设"的发展战略，即通过工业、科技下乡，农副产品、农民劳务和资金进城，建设小城镇，实现城乡一体，协调发展。宝鸡这一战略已经收到明显成效。

又如，江苏各城市大多突出了乡镇企业发展战略。江苏乡镇企业乡、村两级的工业产值每年都以50%左右的速度增长，1995年乡镇企业产值已占工业总产值一半以上，不少城市已经"三分天下有其二"，有的已达4/5，相当一部分乡镇企业上了档次，上了规模。但是在新形势下乡镇企业也面临着机制优势开始弱化、资金短缺矛盾突出等新问题、新矛盾，这些城市的战略都研究了进一步发展乡镇企业的新设想、新对策。

一些资源型、专业化城市比综合性城市更注意了战略的特色。如，湖北省十堰市提出了依托汽车工业（二汽），建设现代化汽车工业城市的战略思想。双鸭山市提出改变过去资源开发型道路为资源效益型道路，确定了以实现资源转化、机制转换、城市转型为核心的经济发展战略。

从这些例子可以明显看出中等城市发展战略的地方特色。

从各地战略制定的情况看，当前战略工作总的情况是好的，较之过去提高到了一个新水平，但也还存在一些值得研究的问题，对此我讲一些意见供参考。

1. 在战略制定中，必须强调经济与社会的协调发展。这一点虽已被大家认可，但在实际工作中，往往还存在"热了经济，冷了社会"、重视经济发展、忽视社会发展的倾向。同时，在经济发展战略中，重增长速度，轻经济效益、环境保护和人民生活的偏向还需要继续纠正。要辩证地处理好这些关系。

刘国光

经济论著全集

第
12
卷

2. 要注意战略、规划和计划的衔接。战略本身属于计划的范畴，但它不同于具体的计划，战略是一种带全局性的谋划，而具体的规划、计划是战略的延续，相互是有区别的。特别是中央已经通过了"九五"计划和2010年远景目标，各地战略也要与各地的中长期规划、年度计划合理地衔接起来。

3. 要加强战略的科学论证工作。一个好的战略，前提是要符合市情，符合实际，既充分看到发展的有利条件，也要认真分析制约发展的不利因素。战略制定要强调实事求是的精神。

4. 研究制定战略，往往侧重于它的思想性、指导性，所以今后如何实施这个战略，还须进一步考虑战略的实施条件。因此，战略制定出来，只是告一个段落，今后还有许多研究工作需要做。

同时，在一个较长的战略时期，经济发展的宏观环境、政策条件肯定会有变动，发展条件的变动必将涉及经济和社会发展战略问题，而这些变化在规划制订时都是难以估计到的，因此在今后经济发展实践中，也有一个对具体战略进行完善、补充的问题，这也需要继续进行大量的研究工作。

中国证券市场之我见*

（1995年11月16日）

一、证券市场的成就和问题

我国证券市场20世纪80年代就出现了，进入90年代，发展就更快了。证券市场在旧社会有过，解放后四十多年没有了，所以说，现在的证券市场是市场取向改革以后，从无到有，从局部地区到全国，从国内市场到国外市场，这样一个相当快的发展过程。其表现在以下三个方面：

第一，融资市场开辟了新的渠道，市场容量不断扩大。到了1994年年底，各种债券差不多有6.1亿元，股票114亿元，上市公司290家；A股市值总量3600多亿元，现在大概到了4000亿~4090亿元。B股，1994年年底58家，现在已发展到了65家。另外在海外上市、在中国香港上市的H股，目前有19家，还有在美国上市的。国外融资达36亿美元。所以说相当快，在融资方面打破了银行间接融资的一统局面，这是一个突破。

第二，证券市场的建设，进展也是比较显著的。证券市场已有深圳、上海两个全国性的证券交易所，这两个交易所通过现代电子技术、科技手段形成了全国性联网市场，硬件是不错的。有些地方建立了区域性的证券交易中心。专门经营证券的公司大概

---

* 根据作者1995年11月16日一次谈话记录整理，原载《财贸经济》1996年第4期。

有91家，经营证券的机构有400多家。另外还有一些中介结构，包括为证券市场服务的会计师事务所、律师事务所，还有咨询评估机构等，都是新兴的。这么短时期里初步形成证券市场的组织体系，是很不简单的。

第三，监管和法制方面，证券市场的监管体系最近几年逐步完备，全国有证券委、证监会，各个地方也在成立监管机构，以加强对证券市场的监管。《公司法》和国务院颁布的有关股票证券的一些法规也逐步出台。这些机构和法规有助于我们的证券市场良性发展，有助于逐步走向秩序化。

至于存在的问题，当然也很多。举例来谈：

第一，我们现在的证券市场是个投机性非常强的市场，投机性大于投资性。当然，证券市场不可避免地需要有投机，没有投机，投资也很难。但是过度投机，造成证券市场波动非常之大。一个消息传来，一个政策的变化，加上大户操纵，可以使得股市波动幅度很大，可以使得证券市场大量游资突然涌进和大量资金忽然退出，从而使得指数大幅度摆动。

第二，我们现在的证券市场，只有向社会公众募集的股票部分上市，而国家股、法人股不上市。社会公众投资者的投机心理比较重，现在有一些机构也参加进去，这些机构的投机性也比较强，它们以银行为背景，现在因为银行贷款利率低，有大量的资金找高回报的出路，于是通过这些机构在证券、房地产市场兴风作浪。这些机构承担的责任不是很明确，它可以用银行的大量资金在市场上操纵，赚了归自己，赔了是国家的。投机强，跟这个很有关系，跟我们的股票市场结构、股票市场的股东结构有关系。社会公众股民很分散，力量是很弱的，有力量的是一些有资金背景的机构，在中国目前负利率的情况之下，那些大量的游资就通过这些渠道来兴风作浪，因此造成股市以投机为主，不以投资为主，这跟第一个问题有关系。

第三，政府行为。为什么我们的股票市场是政策市、是消息市、是投机市，而不是一个真正的投资市？这跟政府行为也有关系。政府机构对证券市场的职能应该是立法、执法、监督、服务。对证券市场的发展要有些适当的规划，特别是开始建造市场的时候要有些规划，但是不应该直接插手或者叫作参加游戏。计划审批的办法开始时有必要，但审批中有时该上市的不能上市，不该上市的上市了。政府过多地插手，容易产生消息冲突和走漏。1994年7月的托市救市之后，随即上海、深圳整个股市大起大落、大波大澜，这跟我们的政府行为很有关系。有些政府和银行机构还建立了自己的公司进入股市，自己操作，参加游戏，于是出现内幕消息、内幕人的操作，从而造成波动，产生了过度投机。

第四，我们上市的股票的基础是国有企业，这与国企的股份制改造有密切关系。但是上市公司往往只是为了筹资，而它的机制没有转变。上市之后，可以一下子把股票价格乘着供求关系炒得很高，实际上它的经营业绩、分红能力很差，股票市价跟它的真正的价值脱离很大。它是为了圈钱，不是为了改制。再一个不足就是实际股票不统一，有A股、B股、国家股、法人股，同股不同利、同股不同价等一系列问题。现在《公司法》出台之后，这个问题以后不会再发生，但遗留下来很多历史问题。

第五，市场结构单一。现在只有上海和深圳两个证券交易所。上市的公司是终身制，它不能够淘汰。上市公司不规范，跟这个有关系，它好像一上市就保了险。应该要有一个慢慢培养的过程，选择淘汰的过程，不行就应该淘汰。所以，单纯有深沪两个全国性交易所不行，除了全国性交易中心，还应该有区域性的交易中心。应该规定符合什么样的资格和条件的可以进柜台交易，符合高一些标准资格和条件的可以上区域性交易中心，资格更高、要求更严格的可以到全国交易中心。这样，所有的企业、上市的企业都要经过这个程序筛选，而要把它变成培养的过程。

从店头交易开始，如果合格守规，可以到区域中心去交易；再提高的话，可以到深沪全国性的交易中心去交易。假如你的业绩不好，你还得回过来一层层跌下去，甚至开除你，这样就不是保险的，也可以有助于股市的稳定。

第六，人员问题。我们因为搞股市时间不长，人员知识、素质较差，所以这里面出的问题比较多，犯罪率较高；而且很多都是大案，很多罪犯是年轻的。还有股民的素质，股民没有风险意识，必须要赚才行。但现在改变了，经过这么几次大的波澜以后，风险意识提高了，确实前一个阶段风险意识是不够的，所有这些不足和不规范问题，跟我们的监管体系、法规体系不健全有关系。证券监管机构全国现在也没有统一，一个地方一个办法，没有形成一个统一的领导体系，政出多门，政策不统一，法规不完善，这些都是不足之处。

二、证券市场在中国社会主义市场经济中的重要地位和作用

对这个问题有不同的意见，总的讲证券市场作为资本市场是中国金融市场一个重要的组成部分，而金融市场又是我们整个市场体系的重要组成部分，我们要建立社会主义市场经济，没有这部分是不行的。在现在的市场经济里面，金融的作用很大。证券市场这样一个资本市场（也是一种要素市场），其主要作用是不能低估的。对证券市场有两种看法，一种看法是对我们现在的证券市场比较消极，比较悲观，认为这个市场过度投机、内幕操作、欺骗客户、起伏很大，造成震动很大，对整个社会没有什么好处，中国搞得太早了，太快了，主张予以限制。另外一种看法比较乐观，比较看好证券市场，认为它已经在融资活动中有了一定的地位，而且对我们的改革开放起了很大作用；认

为在短时期内直接融资将成为主要的融资形式。有的人提出来：邓小平讲了先试验，现在已试验几年，应该向全国推开了，要么就有个说法。有些人很着急，认为试验阶段已经过去了，现在可以全面推开。这是比较乐观的看法。这两种看法都有缺陷。我是一个折中的看法，我认为证券市场的重要性，它的地位一定要肯定，中国发展市场经济必须要有这个市场，它是现代市场经济不可分割的组成部分。那么它的作用呢？一个就是直接融资，它有许多优点，它可以改变资产负债比例，有助于现代企业制度的建立，有助于为社会储蓄多开一个渠道，变成积累，变成投资，有助于建立以间接调控为主的宏观调控体系，所以必须要坚定不移地发展。但另一方面，我们应当看到证券市场是个不发达的市场、不成熟的市场、不规范的市场、不完善的市场，所以发生许多问题。因此是不是应该说，中国的证券市场前一段时间发展得很快，取得了相当大的进展，但是也产生了不少问题，现在到了总结消化这些问题，针对这些问题进行规范的时候了？前一段是以发展为主，今后一段时间要以规范为主，在规范中求发展，现在恐怕更多要强调规范。"宁可慢，但要好"，我很同意这样的提法。

证券市场的发展，大概世界各国都要经过这么几个阶段。初期起点时比较冷清，开始大家不清楚，在深圳市场开始时大家就不愿买，曾经鼓励干部带头买。起点冷清，然后就是狂热投机，一下子人们知道买股票能发财，发生了投机的狂热，证券市场火爆起来。这样到了一定时候，股市就出现崩盘、惨跌。这三个阶段我们好像都经历过了，那么现在我们进入第四个阶段，就是巩固成熟阶段，然后，再进入比较稳定发展的阶段。现在我们是在巩固成熟的阶段。巩固成熟靠什么？靠我们把证券市场不规范的东西规范起来，而且规范不是一个短时间的问题。

我们将进入第九个五年计划，是不是证券市场要大干一场呢？证券市场发展的前景涉及直接融资和间接融资的关系问题。我们的经济需要发展，第九个五年计划要实现人均GNP比1980年翻两番，那么经济发展需要金融市场的发展，证券市场的发展与经济发展相比是不是同步的发展，还是更快的发展？随着市场经济的货币比、信用化程度的加深，一般金融市场的发展大概要比经济发展更快一些。金融市场里面还有一个短期的货币市场和一个长期的资本市场，其中就包括证券市场，哪个又快一点？还有通过银行的间接融资，包括短期的融资和长期的融资，长期融资中有不通过银行而通过证券市场进行的直接融资。这里涉及直接融资和间接融资的比例，应以直接融资为主，还是以间接融资为主？这件事在世界上并不是一种模式，说法也不一样。有人说先进国家都是以直接融资为主，当然这不是没有一定根据，有的材料讲欧美直接融资占70%左右。在日本直接融资的比例不大，在初期发展阶段，它主要是银行间接融资，直接融资不超过20%。20世纪90年代以后，日本金融管制有所放松，直接融资也没有超过30%。我国目前直接融资不到10%。原来我们主要是银行间接融资，银行融资确实有些问题，就是我们银行是个老体制，银行贷款还不还就那么回事儿，企业也不当回事情，所以坏账呆账很多，银行很困难。企业过去依赖国家财政拨款，后来改革以后，变成拨改贷，变成银行融资，也是靠在银行身上，吃银行大锅饭。这种融资有大锅饭的毛病，特别是在中国。如果变成直接融资的话，企业有责任，借钱就必须要归还，可以减少银行间接融资的上述毛病，同时直接融资特别是股票那部分可以不还，但要付息、分红；它可以增加企业的资本金规模，有利于改善企业的资产负债比率，也有益于形成规模经济。为什么要发展大盘股，就是要建立一些大公司，规模大的，具有规模经济效益优势的，通过直接融资变成它的资本，当然这里讲的是股本，不是债券。原来我们间接融资比较大，一下子改成直接融资，恐怕不大容易，所以"九五"规划讲还要发展以银行融资为主的金融市场。同时要积极发展债券和股票的融资，就是要积极发展直接融资，我们现在要直接融资和间接融资并行，同时要逐渐提高直接融资的比重，这是个方向，在比较短的时期以内，还要以间接融资为主。现在有些同志比较急，认为应该很快转成直接融资为主。这恐怕做不到，而且我们现在处在规范证券市场的时候，这么大规模的银行贷款都变成直接融资，证券市场的规范化也跟不上，企业的改革也跟不上，企业都变成股份公司也没有那么快。从我们中国具体情况来说，必须积极地提高证券融资的比重，就是直接融资的比重，这一点是坚定不移的。因为这确实有很多好处，同时可以减轻目前银行的压力和困难，还可以减轻通货膨胀压力，因为现在银行的贷款很多收不回来，银行的资金不够，就向中央银行申请贷款，中央银行贷款就是发钞票，加大通货膨胀压力。如果我们变成直接融资，企业直接从债券市场上或股票市场上融资的话，就可以减轻通货膨胀的压力，减轻银行的压力。所以，我们还应该积极发展直接融资，但是短期内不可能以直接融资为主。一是我们过去间接融资比重大；二是我们的规范化过程还需要相当一个过程。究竟直接融资应占什么样的比例，报刊上有人提出40%，我不敢这么说，因为现在还不到10%，2000年以前，我看不可能达到这么高的比例。但是要逐渐提高，这个方向是正确的。

三、对证券市场今后发展的展望

证券市场应如何发展，就是要解决存在的一些问题。总的来说，证券市场是我们金融市场的一个必要部分，资本市场是我们市场经济的一个必要组成部分，所以证券市场、资本市场要为整个市场经济的建立和发展，为改革开放服务，要服从服务于改革开放和经济发展的需要，这是证监会1995年6月会议上提出的，我觉得提得很好，就是说证券市场的发展必须要和其他各项改革和经济的水平相适应，要跟我们监管能力的提高相适应。今后一段时期我国证券工作奉行这样一个方针，我觉得是很对的，就是要坚持先试点，后推广，宁可慢，务求好。现在我们的市场体系不完善，监管体系还不完善，法规体系也不完善，这三个不完善，要把这三个体系建立起来，才能全面推广。

具体来讲，有三个方面：一是规模方面的。证券市场的发展规模要适应国民经济发展的需要。在规范中求发展，还是要发展，还得要有节奏的扩大。总量扩容，有节奏的扩容，必须要根据国民经济发展的需要、经济形势的需要，要与宏观调控的需要相适应。我们建立现代企业股份公司，总有一部分股份公司要上市，还有一部分历史遗留问题，相当大一部分国家股、法人股，还有定向募集的股份，都需要处理解决上市问题，所以说扩容不可避免。有些人为已持股者的利益说话，反对扩容，一扩容就影响了他们的利益，这是不对的。1994年证监委托市救市的时候，也有这种事，新股不准出来，55亿元指标长期压着，1995年才解冻。理论界多数人认为，扩容总是需要的，不然的话企业改革也不能进行，历史遗留问题不能处理。当然，在供给扩容的同时，一定要注意需求的扩容。不但发展个人投资，主要是发展机构的投资。二是结构方面的。结构一个是在供给方面的结构，我们要发展大盘股，按照国家产业政策，对重点的能源、交通、原材料企业，要支持它们上市。小盘股让它在比较初级的市场上市，在二级、三级市场"店头"交易或者是区域交易中心上市。在全国性市场交易所上市的应该是大盘股。要稳定我们的证券市场结构就应该这样调整。另外在需求结构上，要增加机构投资，要组建真正的投资基金，而不是现在一些有银行背景，甚至以政府为背景的证券经营机构。有政府或有银行背景的那些投资机构会发生我前面讲过的那些问题。所以，我们要建立一些真正代表投资者的基金组织，以及比较稳定的社会基金，包括保险基金。社会保障制度方面的基金是很大的。这些都是比较稳定的，他们一般是以投资为主，而不是以投机为主。所以在股市的需求结构上要注意这个问题，发展那些以投资为主的，包括吸收居民储蓄形成的投资基金及各种社会基金。包括养老基金、学校基金等，像美国大学都有基金。这些基金都可用于证券投资，它的目的不在于投机，在于保值增值，故应大力发展这样一种社会保障基金以及利用居民储蓄所形成的投资基金。三是基础方面的。股市的基础是企业。要加强现代企业制度的改革，要培养这种企业，不能说建立现代企业制度就都变成上市公司，有很多股份公司不一定要上市的，有限责任公司也可以是股份制的，它可以到二级、三级市场上市。证券市场应通过一级、二级市场或三级市场来培养上市公司，实行优胜劣汰。同时要加强企业的改制改造和管理。搞股份制企业不单是为了上市圈钱，主要是为了转变机制，真正把企业效益搞上去。上市的公司要能体现出股票的价值跟企业的真正价值是符合的，不是脱离的。企业的改革同市场的改造要相辅而行。在政府行为方面，要尽量减少在股市上直接干预，加强立法执法和监督功能。我们现在的监管体系不统一，法律、法规不完善是妨碍股市规范化的很重要的一个原因，这方面需要下大力气改进，特别是《证券法》要尽快制定。

另外，要补充一些想法。证券市场中一个是债市，一个是股市。目前国债占的比重较大，大概占到60%，股票市场大概占到25%，企业债券很少，基金很少，净值不到5%，国债问题比较复杂，国债市场不仅仅牵涉到证券市场，而且短期国债又属于货币市场、资金市场，跟中央银行公开市场的操作有关系。国债问题我就不讲了，讲一讲企业债券。现在相对的说，企业发行债券和股票，债券融资相对较小，股票融资相对太大，这个问题要研究。在企业融资方面我这里不讲银行融资，只讲证券市场上企业债、公司债同股票融资的关系。目前大家多关注股票融资，但在西方证券市场，企业的融资形式更愿意用债券方式，因为债券筹资只付利息，而不出让股权，不让人家分享财产收益。所以它们尽量发行债券，这就提出来中国到底应该怎么样。据说西方国家的一些公司除了下述两个情况，它尽量不发股票，而发债券。一个是企业情况不怎么好，从银行借不到钱，这时候它想发股票，用让股权的方式筹资。还有一个情况就是有人开发一项事业搞得好，经过多年努力取得一些成绩，到收成果的时候，它想办法卖出去，通过发行股票，收回成本赢得利润，人家也愿买，看好这个事业。一般业绩比较好的公司都不愿意发股票而发债券，债券反正我付息还本，利润是我的，资本是我的。反过来股票发了之后，股权是你的，所以在这个问题上原始股东不太愿意发股票。那么我们的情况还应研究一下应该怎么样，企业债券融资和股票融资怎么个摆法，是不是要增加一些债券融资？现在还没有形成一个热点，前两年的热点也降下来了，应该研究再下一步怎么搞法，我只提出来这个问题。特别是向国外融资，用股票方式还是用债券方式，哪种更好需要研究。西方国家对股票融资比较谨慎，特别是好的公司、企业发行股票，等于把你的产权给人家，别人拿到我的股票变成了我的老板，而且将来分享我的利益。我就觉得企业如果办得很好，它出让股权，其实是把它很有效益的生产要素给了人家，等于是生产要素的流出，特别是在海外上市，这种流出很不合算的，等于把我们的权益送给人家了，而且这是一次性的，长期永久的。所以，这种事情要注意。这种事现在好像很时髦，大家都在搞，而且有关当局也支持，办得越好越可以让你出去上市。我认为办得越好就越不应该出去上市。办得越好我们国内也能够融资，为什么你要出去呢？但是在海外发行债券，包括企业债、公司债这种形式可以不可以？我觉得这是可以的。应该利用公司债券融资，而不用上市股票。但现在我们的做法呢？不让企业到海外去搞债券融资，而是让银行，限定几个金融机构到海外去搞债券借款，债券借款回来之后，还要加利率、加手续费，增加了企业融资成本，这个问题应该研究。我赞同这个观点，应该提倡海外债券融资，让企业直接融资，不一定让金融机构代替企业融资，增加成本，海外股票融资，企业办得越好越要谨慎，越不要让它到海外去发股票，丧失权益，而且这些公司业绩比较好，国内也能融资，为什么一定要去海外呢？所以我讲，在证券市场里债券融资和股票融资的关系，国内市场和国外市场融资的关系，这两个问题需要我们今后周密地研究解决。不然我们回头一看，权益丧失都来不及换回了。

"崇洋"与"崇富"*

（1995年11月17日）

　　"文化殖民主义"是进行理论探讨、文化研究和学术交流时使用的一个专门术语，通俗点说恐怕就是一个"崇洋媚外"的问题，这样说既符合实际，也容易为大众所理解和接受。

　　"崇洋媚外"的现象在我们的现实生活中的确比较普遍。比如夏天流行的T恤，上面印上一些"洋"文已司空见惯，有的干脆就直接印上一面美国国旗；至于产品商标、商店匾牌的命名一味逐"洋"更是屡见不鲜，这其间固然有中外经济衔接的需要，但更多地还是"崇洋"的心理在作祟。与"崇洋"现象相映成趣的另一种表现则是"崇富"，诸如"富豪""大亨""豪门""望族"一类的命名也不少。"崇洋"与"崇富"外观不尽相同，但两者在心理上的联系则是密不可分的。

　　这些都还只是出现在我们日常生活中的一些表面现象，而在经济领域中由合资企业所引发出的问题同样值得我们深思。创办合资企业本来是为了解决我们一些企业的资金短缺、技术管理落后和机制僵滞等问题，但现在的一些合资企业，境外的资金和人员并未到位，但只要挂上"合资"的招牌，企业机制也就活了，在经济界引起关注的"斯米克现象"就属这种类型。为什么我们自己的企业机制就难以活起来？为什么必须借助"洋"力量才能实现机制的转变？这类现象在我们的经济生活中比较普遍。而与

＊　原载《生活日报》。

此相联系的另一种现象是外资投资者的身份，有些并非是真"洋人"，而是境外"中资"机构，其中有不少是地方或部门的驻外代表在当地注册的公司，而后派回来的人员，他们也享受外企待遇，似乎过了一道"洋"水，情况就不同了。这些现象与"崇洋"间是否有联系，我觉得也是可以提出来探讨的。

"崇洋"心理的泛滥，既有深厚的历史背景，也有深刻的现实成因。总的来说固然是由于经济的暂时落后导致了对经济发达国家或地方的仿效与向往，比如，中国香港的文化总的来说并不比内地强，但由于它经济的发达导致了我们一些人对其文化的模仿。随着改革开放对闭关锁国的取代，有外来因素的影响，但有的"崇洋"也的确是沉渣泛起。我们毕竟有百多年半封建半殖民地的屈辱历史，这对国民的心理不可能完全没有影响。

因此，要解决这个问题，最根本的一条还是要将我们自己的经济搞上去，集中精力抓好经济建设，当前要努力实施"'九五'计划"和"2010年远景规划"，使我们的经济实力不断增强，力争在21世纪赶上世界发达国家的水平。其次，要正面地、广泛地开展社会主义理想和爱国主义教育，宣传人与人之间的相互平等和相互关心，宣传我们祖国悠久而厚重的文化传统，增强民族自尊心、自信心。同时在立法制度上还需要更趋健全与完善，比如前面谈到的合资企业问题就需要通过完善立法加以规范。说到底，这也是一项系统工程，而集中精力将经济建设搞上去又是这项系统工程中的主干。

两个具有全局意义的根本转变*

——《文汇报》记者专访

（1995年11月25日）

记者（周锦慰）： 不久前召开的党的十四届五中全会通过了中共中央《关于制定国民经济和社会发展"九五"计划和2010年远景目标的建议》（以下简称《建议》），这个《建议》突出地强调了实行两个具有全局意义的根本转变，一是经济体制从计划体制转到社会主义市场经济体制，二是经济增长方式从粗放型向集约型转变。您能谈谈实行这两个转变的意义吗？

刘国光： 首先，这个根本转变的意义表现在它是中国今后实现现代化的关键所在。从现在到2010年至2020年是中国现代化建设中的一个非常关键时期。20世纪80年代以来的十几年，中国经济建设取得了巨大的成效，平均经济增长率达到9.8%，今后二三十年这个发展势头能不能继续下去？如果今后二三十年经济社会发展比较顺利，中国就能跨上现代化进程中的一个很艰难的台阶，为中国由低收入国家走向中等收入国家奠定基础。否则中国将有可能再度失去赶上世界现代化进程的机会。

中国在"九五"计划期间乃至进入21世纪头10年、20年，继续保持较快的发展势头是有可能的，有利条件大致有这样几条：一是和平与发展是当今世界两大主题，这将为中国经济建设提供

---

* 原载《文汇报》。

较长时间的国际良好环境。同时，世界经济发展的重点正逐步转移到东亚太平洋地区，给中国经济发展带来了难得的发展机遇。二是中国经过十几年的快速发展，到1995年已提前实现了国民生产总值比1980年翻两番的目标，经济实力大大增强，为今后的发展奠定了坚实的物质基础。三是16年的改革开放，使中国的资源配置方式由计划经济逐渐转向市场机制，社会主义市场经济体制的轮廓已经显现。同时，中国越来越充分地运用国内和国际两种资源，特别是吸引国外先进的科学技术和管理经验，可以发挥后发优势。四是随着中国众多人口收入水平的提高、消费结构层次的上升和消费内容的多样化，汽车、石化、机电、建筑业等新一代主导产业发展的市场条件基本形成，中国国内市场将无与伦比地扩大，从而推动一系列资金、技术密集型产业的兴起。五是中国较高的储蓄率，占国民生产总值比重为30%以上，位居全球第一，可以为投资的增长提供较为充裕的资金来源。六是中国劳动力资源丰富，拥有世界上独一无二的劳动大军，而且具备各种类型、不同层次的人才。因此，包括"九五"期间在内的中国，今后二三十年的经济社会发展条件是非常有利的。当然，最主要的还是邓小平建设有中国特色的社会主义理论和党的一个中心两个基本点的基本路线，对我国今后经济社会的长期发展将具有决定性的意义。

在认识发展优势、增强发展信心的同时，我们也不要盲目乐观，不能忽视一些限制发展的因素。例如，人口与资源的矛盾，今后将更加尖锐；农业稳定与发展任务艰巨；就业压力将长期存在；国有企业转换机制阻力较大；扩大出口将面临更强的竞争和更多的贸易摩擦；加入WTO后，国内产业亦受到进口产品的冲击，以及反复出现的通货膨胀问题，等等。

在综合考虑各种有利和限制因素的基础上，1994年中国社会科学院经济预测课题组，对"九五"期间经济以及今后25年经济增长速度进行了预测。得出的初步结论是，1996—2000年（"九五"期间）国内生产总值GDP年平均增长速度的最佳选择是8%~9%，2000年至2010年是7%~8%，2010—2020年是6%~7%，25年年均增速为7%~8%。

记者：较高发展速度是今后发展中的重要问题，大家都十分关注，因为没有一定的较高速度就难以赶上发达国家的发展，而从目前计划的速度把握，长期增长的速度是呈递减的趋势，对此，您是怎么看的？

刘国光：尽管我国经济的长期增长速度呈递减趋势，但在当今世界上仍处于高位增长之列，能够保证中国的经济总量进入世界前列，人均收入进入中等国家水平。如果用购买力平价来估算，中国GDP总量到2010年将位居世界第二，到2020年可跃居世界第一。但在人均收入水平、经济发展质量上与发达国家相比，仍有很大的差距。

这里我想强调一下，在我们考虑中长期经济速度的较佳选择时，切忌重犯片面追求产值速度的老毛病。十四届五中全会《建议》中提出要把握好速度问题，速度低了不行，速度过高也不行。先讲低了不行。有人计算，我国每年新增人口1500万以上，要消耗掉3%左右的经济增长率；要保证原有人口的生活水平稳步提高，也需要3%左右的经济增长率；我们还要逐步缩小与发达国家的差距，增强综合国力，近期如果平均每年的经济增长率低于8%，将不利于我国整体经济的发展。当然，速度过高易于导致经济过热和严重通胀，也不行。但是这两个不行不能等量齐观，因为中国更容易发生的是速度过高。人们的发展期望和大锅饭投资饥饿的机制，都容易导致速度过高，而不是速度过低，所以要把重点放在防止速度过高这方面来。过去十几年，我国经济发展的平均速度9%~10%是相当高的，过高时达到13%~14%，工业达到20%~30%以上，这样就反复引起经济波动和通货膨胀，经济过热与经济调整反复出现，这对经济秩序、经济改革、经济结构的合理化和经济效益的提高，都带来消极影响。在经济技术和管理水平低下又不讲求质量效益的条件下，追求高速只能用多投入、多铺摊子即外延或粗放的发展方式来实现，即高投入，高消耗，低效益，低产出，这样迟早要超过资源承受能力，就只能靠发票子来支持这种超高速即超资源承受限度的增长，这是难以持久的。所以《建议》讲：快是有条件的，要讲效益，讲质量。所以在进入"九五"和向21世纪迈进时，在经济增长方式上，我们面临着要来一个大转变，即从外延粗放为主的增长方式转变为内涵集约为主的增长方式。《建议》中把增长方式的这一转变同经济体制的转变并提，把这两个转变提高到实现"九五"规划和2010年奋斗目标的两个具有全局意义的根本性转变。这是对"九五"和2010年长期规划中心思想的画龙点睛的提法。

记者：我记得20世纪80年代中期我国的理论界已经提出经济体制的转变和内涵发展生产力的问题，这个期间您也提出过一些重要思路，能做点介绍吗？

刘国光：是这样，这两个转变实际上并不是现在才开始讲的。从十一届三中全会开始，中国经济就进入了一个新的阶段，也就是上述两个转变的阶段。在20世纪80年代中期我国经济理论界，包括我个人在内曾经将此过程概括为双重模式转换。一种是经济体制模式的转换，当时称作从传统的高度集中的计划经济体制模式转向市场取向的经济体制模式。另一种是经济发展战略转换，其含义要比现在所讲的经济增长方式转换的含义宽一些，包括生产目的的转换，产业结构的转换，消费与积累关系的转换，发展策略的转换，管理制度的转换和发展方式的转换，等等。其中，发展方式的转换实际上相当于现在所讲的增长方式的转变。

经过十几年的改革开放和经济发展，我国体制模式和发展模式发生了不小的变化，上述一整套转换在许多方面都有所前进。

例如生产目的，过去长期是为生产而生产，为革命而生产，很少考虑提高人民生活的目的，改革开放后转变过来了。又如产业结构，过去虽然口头上是农、轻、重，实际上重、轻、农；在三大产业的关系上，重二产、轻一产、忽视三产，改革开放后也逐渐调整过来了。又如积累与消费的关系，过去是高积累和低消费，改革开放后也得到了合理的调整。发展策略的问题过去是强调不断打破平衡的不平衡发展策略，改革开放后改变为相对平衡协调的发展策略；等等。经济体制的转换也从大一统的计划经济，经过计划经济为主、市场调节为辅，前进到建立社会主义市场经济的阶段。总之，中国经济体制与发展战略的转变，在许多方面取得明显的进展，从而推动了80年代以来中国经济的快速发展。但其中增长方式从外延粗放向内涵集约的转变遇到的困难比较突出，至今进展不顺，效果不显。

外延粗放型的增长方式是以追求数量、规模、速度、产值为目的，其手段主要是依靠资金、物资、劳动力的投入，上新项目，铺新摊子，而对于经济发展的质量、效率和效益重视不够。而内涵集约型的增长方式则主要依靠科技进步、更新改造、管理合理化、生产集约化，以及人的素质的提高，来求得经济增长质量、效率和效益的提高。直到现在我们在经济工作中仍然相当普遍地追求数量和速度，热衷于上项目、铺摊子，而对于技术改造提高质量效率效益方面下的功夫比较小，比如在固定资产投资总额中，属于新建扩建的基本建设投资大约占75%，而设备更新、技术改造方面的投资只占25%，而且后者当中还有相当一部分名为更新改造，实则移用于新建扩建。有专家测算过，改革开放以来十几年，各种生产要素对我国经济增长的贡献中，资本投入与劳动投入约占72%，只有28%是靠技术进步取得的。这与发达国家相比有很大的差距，目前发达国家经济增长中有50%~70%是靠技术进步取得的；二战后发展比较快的发展中国家和地区的经济增长中平均也有30%是靠技术进步取得的。

十多年来我国经济在总量增长上令人瞩目，而在质量效率上则瞠乎其后，这并不完全是由于我们在政策上的疏忽。早在1981年五届全国人大四次会议的政府工作报告中，就提出了要走出一条速度比较实在、经济效益比较好、人民可以得到实惠的路子；以后多次提出要把经济工作重点转到提高经济效益的轨道上来；而且发展方式及增长方式的转变在理论上也讨论了多年，为什么这方面的进展仍很不理想呢？其中难点何在呢？这里面的原因很复杂，有国情上的制约，也有体制上的制约。我看以下四个原因是值得注意的。一是各级政府和官员的政绩考核，事实上都与经济发展的速度规模有关系。二是政企不分的旧体制还没有完全退出历史舞台，资金大锅饭和预算约束软弱的痼疾仍起作用，因为花的不是自己的钱，所以投资决策者不害怕收不回投资，企业经营者也不怕亏损。三是企业素质较低，经营管理水平不高，特别是国有企业各种负担沉重，没有力量，也没有兴趣进行技术改造和创新。最后一条重要原因是我国城乡劳动力多，需要解决庞大的就业问题，单纯靠提高劳动生产率、劳动效率，不铺一些摊子，在中国是不行的，这么多劳动力就业如何解决？

记者：您对改革以来一段历史的回顾很能说明问题，也就是随着我们对改革目标认识的清晰，经济体制的转变更加到位。我们经历了"以计划经济为主，市场调节为辅"的阶段，经历了"商品经济"认识阶段，又经历了"国家调控市场，市场引导企业"的认识阶段，同时对增长方式的认识也逐步深入，现在确定的计划是明确市场经济目标以后的第一个中长期计划，这样对根本转变的认识更清晰了。

刘国光：确实对根本转变的认识深入了。就以实行新增长方式来说，在进入"九五"时期和迈向21世纪之际，把这一转变提得这样高，等同于经济体制的转变，表明现在增长方式的转变有特殊的迫切性。因为，第一，过去长时期的经验证明，以追求数量为主要目的、以增加投入为主要手段的外延粗放型的发展道路，必然反复引起经济过热、通货膨胀和经济调整的剧烈波动，造成不利于经济持续健康发展的损失，而且经济规模越大，损失越大。我们现在经济又上了新台阶，规模更大了，将来还要大，总是这样反复剧烈波动是不行的，小波动不可避免，但大的波动应当避免。第二，随着居民收入水平的提高和需求结构层次的升级，以及大规模基础设施建设的需要，我国产业结构将再次摆向重化工业的方向，汽车、建筑、石化、机电等支柱产业的大发展对能源、原材料等资源需求的压力更大，如不改变过去浪费资源型的粗放发展方式为节约资源型的发展方式，我国的资源根本承受不了。按单位国民生产总值消耗的能源来比较，我国大约比日本多四倍。中国人口那么多，市场那么大，在人均资源这么低的情况下，经济发展将难以为继。而且对人均拥有量本已不足的资源过量开采和耗费，将加剧环境污染，破坏生态平衡，危及子孙后代的可持续发展。第三，今后国际经济实力的竞争，总量只是一个方面，更重要的是科学技术水平、质量效率效益、人均消费水平和整个国民经济素质的较量。在这些方面我们与世界发达国家的差距就太大了。即使在总量进入世界首位之后，我们的人均水平仍然落后，到21世纪末能不能赶上发达国家也是问题。与此同时，发达国家某些人士因为看到我们的总量发展很快，担忧所谓"中国威胁"，造成一种形势扼制我们发展。所以，我们应当强调人均水平和发展质量上的差距，把世人的注意力引导到这一方面来，特别是把我们自己的努力放到提高经济发展的质量、效率和人均水平上来，而不必在总量增长上大做文章，这样才有利于保护持续健康的发展，符合我们走向现代化的要求，也有益于我们与外国更好地做生意，实现经济互补，对于妥善处理国际关系也是有利的。

两个具有全局意义的根本转变

记者： 您能再谈谈如何更好地实行两个根本转变吗？

刘国光： 由于新的增长方式的转变不是一个局部性的，而是一个全局性的问题，所以要从方方面面来采取有效的方针措施，把提高质量、效率和效益的要求贯穿体现到中长期发展规划和今后经济工作的各个方面。这包括：产业结构的优化、规模经济的推进、新项目建设与现有企业更新改造的处理、科教兴国战略的实施、资源开发与节约并举等。这里特别要强调的是加强宏观经济与企业自身管理，把提高管理工作水平同经济机制的改革结合起来。

前边提到的阻碍我国经济增长方式转变的种种因素，多属生产关系与上层建筑领域，必须通过深化改革进行综合治理。《建议》指出，要靠经济体制改革，形成有利于节约资源、降低消耗、增加效益的企业经营机制，有利于自主创新的技术进步机制，有利于市场公平竞争和资源优化配置的经济运行机制，一句话就是要把两个转变有机地结合起来。经济增长方式的转变与经济体制的转换是互相联系、密不可分的。经济增长方式的转变要以经济体制的转变为前提条件。没有经济体制上的转变，就难以实现增长方式的转变。体制上的障碍不解除，结构调整、技术进步、挖潜改造、提高质量效益等，都难前进。前面列举的一些制度上的障碍，大多是政府职能和国有企业方面的问题，所以转变经济增长方式的重点也在国有经济，这与国有经济在我国经济中仍然居主导地位是分不开的。国有经济如果不能从体制改革上入手，实现经济增长方式的转变，就难以维持它的主导地位。

当然，中国国情复杂，现在还没有摆脱发展中国家的阶段，对于转变增长方式，也不能要求过急、"一刀切"。比如，不能要求所有部门、所有地区都一律采用最新技术来改造现有企业，更不是所有部门、所有地方都不能搞新建扩建等具有外延性质的建设。

我国基础产业、基础设施相当薄弱，高科技、高附加值的新兴产业也需要发展，还要开发边远地区的资源，克服地区差距，特别是城乡大量新增剩余劳动人口的就业安排等，都需要相当规模的投入，以进行外延的拓展。但是这种带有外延型的建设要逐步推进，不能急于集中铺开，也不应在原有技术水平上平推，而要采用适用技术，尽可能提高原有技术水平。所以，要把内涵集约型的发展与外延粗放型的发展很好地结合起来，这样才能符合我国作为人口众多的发展中国家的国情，推动我国现代化建设的顺利前进。

　　总之，经济增长方式的转变，是一个长过程，在经济发展的最初时期，不发达阶段，更多地靠投入，也是符合经济规律的。我国人口多，剩余劳动力在增加，有加大劳动力投入的条件。另外中国的储蓄率也很高，引进外资环境气候总的来说也不错，应当说有资金投入的条件。这些条件，加上世界范围产业结构重组，一些先进国家把劳动密集型产业转移到发展中国家和地区，而在我国由于国土广大，东西部发展不平衡，这种外延型的产业转移向中国内地纵深发展的余地很大，这就决定了我国在一定时期，外延粗放型的发展将占重要地位。而技术水平、管理水平和效益效率的提高也要有一个过程，所以这两个增长方式的结合将是长期的，在这过程中我们要努力提高内涵集约因素的比重。这就是增长方式转变的实质。

两个具有全局意义的根本转变

1996年宜保持调控力度[*]

——香港《文汇报》记者专访
（1995年12月5日）

1996年应继续坚持适度从紧的宏观调控方针，把抑制通货膨胀作为宏观调控的首要任务，1996年的经济增长速度以8%为宜，物价上涨率控制在10%以内。

"放松"将会功亏一篑

时下有一种声音是：经过几年来的偏紧的宏观调控，经济增长率、投资增长率连续回落，物价上涨率年末将回落到1995年调控目标，交通运输、农源、主要原材料等"瓶颈"制约已经缓解，某些生产资料已有积压，特别是国有企业目前面临的困难很大。因此，1996年宏观调控的方向应改变，货币政策应由从紧转为"放松"，以启动投资消费需求，刺激经济增长率重新回升，进入新一轮的高速增长。持这种观点的人，目前似乎正在增加。

这种主张在当前宏观形势之下实行起来有使经济迅速反弹，物价重新猛升，近30个月"软着陆"政策措施取得的成效功亏一篑、前功尽弃的危险。1986年到1988年"软着陆"不到位经济就一再腾空而起，最后被迫掉下来，不得不进行治理整顿的教训，

212　　* 本文系香港《文汇报》记者杨帆专访，发表于该报。

是不能忘记的。

好转基础未稳固

虽然两年多来特别是1995年三个季度以来宏观经济形势好转，但好转的基础不稳固。第一是固定资产投资回落的基础不稳固，在建规模仍然很大，一些地方上项目、铺摊子的投资动力依然很大，稍有放松，投资需求就可能出现反弹。第二是物价回落的基础不稳固，前一阶段物价涨幅的回落，在相当程度上是靠行政性限价、财政补贴压价和延缓出台价格改革措施来取得的，任何一方面有变动，都会使物价再度爬高。第三是尽管今年（1995年）农业取得较好收成，但农业基础依然脆弱，农产品供求仍处于紧张平衡状态，特别是食品涨价，对物价上涨压力仍然较大。第四是微观经济基础困难，问题重重，特别是国有企业资产负债率比较高，资金紧张与资金使用效益低并存，因此仅靠注入资金和增加总量投入无助于解决这些矛盾，反会导致通胀的再度反弹。第五是货币供应量虽然前三季度广义价币（M_3）的增幅比上年同期回落6.5个百分点，但比上年同期仍提高30.6%，高于经济增长率与物价上涨率（9.8+16.5）%之和，从全年来看，今年经济增长率回落到10%以内，物价上涨回落到15%左右的预定目标，但是整个经济仍在高位上运行，总需求膨胀危险依然强大，通货膨胀的压力仍然不小，"软着陆"并未完全到位。

从1995年年末至1996年，要继续坚持适度从紧的财政货币政策，保持现有的宏观调控的方向和力度，同时，根据新的情况进行微调，把控制需求面与改善供给面两率回落到8%—9%，物价上涨率回落到10%左右，进一步向"九五"的目标前进。

速度易高不易低

实行适度从紧的方针，把抑制通货膨胀作为宏观调控的首要任务，这不仅仅是1995年和1996年的任务，而且是整个"九五"期间货币政策的主旨。这里有两方面的原因：机制方向和运行方面。

机制方面，中国的旧体制，特别是国有经济中政企不分、预算约束较弱的传统弊病仍未根除，很容易发生投资膨胀和经济过热。在中国这样的社会主义国家里，要获得较快的速度是比较容易的，政府干预有很大的作用。历史经验证明，一放开，一号召，就能上去，但是在快速发展的情况下要使财政基本没有赤字，不发生严重的通货膨胀，那就难了。真正的本事在于既有一个比较高的增长速度，又能保持财政的基本平衡；通货膨胀保持在老百姓可以承受的程度以内。这就一方面要靠科技，走内涵集约发展的路子。一方面要靠在财政货币政策上适度从紧，把住货币和信贷两个闸门。人们常讲要有适当的速度，太低了不行，太高了也不行，其实不必怕太低，因为很容易上去；倒是怕太高，下来损失太大。所以要保持健康的发展，中长期也要适当从紧。

运行方面，如果此次经济周期的谷底在1996年前后形成，因为谷底起点高，8%~9%的增长率，10%左右的物价上涨率，都不是低速度或是低通胀，所以下一轮经济周期回升和向新的高峰推进阶段，经济上升的空间余地都不是很大。假使人们期望下一轮经济周期的上升阶段，上升幅度很高，经济过快增长则会带来严重的通货膨胀后果。因此，从周期运行的轨迹看，今后五年采取适度从紧的方针，把抑制通货膨胀放在宏观调控任务的首位，也是必要的。

宏观经济调控不能单纯在需求的松与紧上做文章，不能单纯地在总量上做文章，而必须在控制需求总量的同时，努力改善供给面，促进产业、产品结构调整，从而增加有效供给。更要改变过去宏观调控的一贯做法，即每逢进入新一轮周期，总是采取全面放松的政策，以投资膨胀为先导，刺激总需求，推动经济超高速增长，这样导致经济过热遇到"瓶颈"障碍，不得不走调整紧缩的老路。

证券市场正在规范发展*

——《中国证券报》记者专访
（1995年12月20日）

记者（徐婷、通讯员刘伟）： 请您谈谈对当今证券市场的评价。

刘国光： 我想说的第一句话是，中国证券市场的发展的确不同寻常，短时间走过了发达国家证券市场上百年的路子。其突出的成果表现在打破了长期以来间接融资一统天下的局面，显示出直接融资的功能和实力。

其次，证券市场的发展已成为社会主义市场经济体制下市场发育的重要组成部分。以上海、深圳证交所为中心的全国证券市场体系轮廓初步形成，在市场体系中起重要作用的各类中介机构也随着证券市场的发展而蓬勃兴起。到1994年年底已有证券公司91家，证券兼营机构近400家，从事证券业务的会计师事务所、律师事务所和资产评估机构纷纷建立。中介机构的发展说明我们社会主义市场体系正在发育和完善。

总之，证券市场在中国经济生活中已开始发挥积极作用。它顺应我国经济结构变化的趋势，多方位地疏通由储蓄向投资转化的渠道，为经济建设筹集资金；促进了国有企业经营机制的转换；对社会主义市场体系的形成起了积极的推进作用。

记者： 证券市场虽然有它的成绩，在发展过程中却是坎坎坷

* 原载《中国证券报》。

坷，出现了不少问题。

刘国光：证券市场遇到的坎坷和问题是一种新事物在成长过程中都会遇到的，对此既不必大惊小怪，也不可等闲视之。关键是要在发展中规范它、解决它。目前证券市场大概有这么几个问题需要注意：

首先是投机性大于投资性。国外证券市场的发展也有类似经历，我们要设法掌握好适度投机的"度"，做到既要保证证券市场繁荣，又要防止出现过度投机，保证证券市场的基本稳定。

其次是国家股和法人股不能上市流通问题。那种认为国有股一上市就会造成国有资产流失的想法是幼稚的，当然，国有股上市要选择恰当的时机，有关部门应抓紧制定相应法规，力促国有股早日上市流通。只有国有股参与流动，国有资产存量的盘活和社会资源的优化配置才会有更大更广阔的空间。

再次一个问题是少数机构、大户在证券市场上利用内幕消息或谣言操纵股市，这是引发我国证券市场几次急剧波动的原因之一。发展机构持股以代替社会分散持股，方向是对的。但要着重发展那些以投资为主要目的的基金组织持股，培育真正的机构投资者。

此外，政府应尽量减少行政干预，不要人为地托市、救市或打压市场。过多的行政干预也是证券市场之所以成为"政策市""信息市"的源头之一。政府的职责是制定规划并监管，一旦政府越位，就会破坏市场自发调节的运行机制，使交易成本及证券市场的发展成本上升。

还有一个重要问题是上市公司没有实行淘汰制，实际上是"终身制"。从长远看，这不利于证券市场质量的提高。现在有300多家上市公司，从中期报告看有的公司经营业绩实在不敢恭维，其股价却比同类公司高出许多。这种股票价格与公司自身经营业绩相去甚远的现象固然有信息不对称、大户炒作等因素，但劣质企业不能被淘汰，恐怕也是重要的因素。

我有一个想法，可否建立一个上市公司的三级淘汰制，第一级是当地交易，即允许经过规范化改造的、经有关证监机构批准的企业在当地上市流通，运行两年后，证明其业绩的确不错后，进入第二级区域交易，即在所划定的经济区域内上市交易。只有业绩不菲的企业，才能最后进入深沪两地的交易所，在全国交易。所有上市企业每年还应保持一定比例的淘汰率，有上有下打破上市企业的"铁饭碗"，促进上市公司提高质量。这件事，要同三级市场系统的建立和规范结合起来考虑。

记者：如此看来，解决存在的问题就应该是今后几年证券市场发展的主要任务。

刘国光：可以这么说。进一步发展证券市场要处理好规范和发展的关系，在规范中求发展，在发展中进一步规范。在"九五"期间，证券市场的规模要与国民经济发展速度和建立现代企业制度的进程相适应，股票市场要有节奏地按市场要求扩容。要更多地发展机构来投资，并发展大盘绩优股，稳定股市。

在证券市场的品种结构上，应做一些调整。在现有的直接融资中，国债几乎占65%，股票占25%，而企业债券和基金则比例很小。在西方的证券市场，企业筹资更愿意采取借债方式，这样可以不转让股权，就保住了长期的收益权。在进行海外上市时，尤其要慎重考虑，不能为获取一时所需资金而使企业的生产要素权益流出，这是得不偿失的。所以我认为在证券市场结构上要适当多发展企业债券市场，在海外适当多发点企业债券；而对效益好的国有企业特别是关系国民经济命脉的企业到海外上市募股要给予严格限制。

国债市场：进一步规范和发展的方向与举措*

——《证券研究》记者专访

（1996年1月）

记者（何煦）： 1995年已经过去了。在过去的这一年，我国的国债市场应该说又有了长足的进展。对此，您有何评价？

刘国光： 的确是这样。客观地讲，我国的国债市场是一年比一年有进步、有发展。在我看来，1995年的国债市场具有如下几个突出特点：

一是国债发行规模进一步扩大。1995年发行国债1500余亿元，比1994年增长50%左右，这一增长幅度是很大的。由于我们不断推进国债的市场化改革、逐步健全国债发行和交易市场机制，所以，国债发行比较顺利和圆满。截至年底，国债余额达3300余亿元，占GDP的5%左右。

二是国债品种更加丰富。一方面，我们发行了多种期限品种的国债，如三年期、一年期国债，既满足了不同投资者的投资需求，又改变了长期以来以中长期国债为主的格局；另一方面，我们发行了可流通国债和不可流通国债，如1995年三年期凭证式国库券（约1100亿元）即为不可流通国债，不能进入二级市场交易，但持券者亟须变现时，可到原购买网点提前兑取；1995年三

* 原载《证券研究》1996年第1期。

年期不记名式国库券（200亿元）和1995年一年期记账式国库券（110亿元）则属于可流通国债，发行期结束后，即可进入集中性交易场所和场外柜台市场流通转让。国债品种的多样化，在满足不同投资者需求的同时，也为国债的顺利发行奠定了基础。

三是国债发行的市场化倾向日益明显。这主要表现在：其一，国债票面利率的确定，不仅参考了银行储蓄存款利率，而且兼顾了当时国债二级市场的收益率，尽可能使新发国债的票面利率接近二手券的收益率水平。其二，首次尝试通过招标方式发行国债。招标发行方式的成功尝试，为促进国债一级市场的健全和完善、提高国债发行效率、确保国债发行计划的顺利完成提供了保障。

四是国债一级自营商队伍渐趋成熟。根据《中华人民共和国国债一级自营商制度》及其实施细则，在取消某些不符合标准的一级自营商的资格的同时，又新批准了一些金融机构加入国债一级自营商队伍，使国债承销队伍更加纯洁。1995年共有50家一级自营商，基本容纳了各大商业银行及实力较为雄厚的证券公司和信托投资公司。

五是国债流通市场秩序趋于好转。1995年2月23日，在我国国债期货市场发展过快、交易所监管不严和风险控制滞后的情况下，由于部分券商严重违反交易规则，在上海证券交易所的"3·27"国债期货品种（1992年发行的三年期国库券）交易中，发生了严重的蓄意违规事件（"2·23"事件），造成了很坏的影响，引起国际、国内的关注。5月17日，经国务院同意，中国证监会又发出紧急通知，决定在全国范围内暂停国债期货交易，使一度极为混乱的国债期货市场秩序得以遏制。

总体来看，1995年的国债市场比前些年又有了明显的进步，正在逐渐走向完善和成熟。

记者：进入1996年，您认为国债市场会有哪些新的变化？

刘国光：对于1996年的国债市场，我斗胆在这说几句，就算作为我的预测或者说展望吧。

首先，1996年的国债发行规模将得到控制。近几年，我国国债发行规模迅猛扩张，并呈几何级数增长，1991—1994年国债发行量分别为190亿元、380亿元、370亿元和1020亿元，到1995年国债发行规模达到1500亿元。1996年，国债发行规模显然不应该再以这样的速度增加。前不久召开的党的十四届五中全会在《关于制定国民经济和社会发展"九五"计划和2010年远景目标的建议》中，明确提出了"基本消除财政赤字，控制国债规模"的要求。但是，鉴于财政经济运行的惯性，在财政赤字和债务已达到相当规模的情况下，要在今后几年内消灭赤字和绝对地缩减债务规模，几乎是不可能的。因此，1996年的国债发行规模会大体与1995年持平或者略有超出。

其次，国债发行方式将进一步市场化。国债发行将更多地采用招标方式，通过市场供求来确定一个合理的发行条件和合理的利率水平即市场利率。这样既可减轻财政的发行成本，又可克服长期以来我国国债发行行政化的弊端。

再次，国债期限品种也将更加多样化。为提高市场流动性，并配合中央银行的公开市场业务（有关部门已经明确，国库券公开市场操作将在1996年一季度展开），因此，1996年将增加发行可上市国债，特别是增加可上市短期国债，以改变我国国债存量中上市可流通的国债数量小（1994年和1995年发行的国债中近70%是不可上市流通的）、可上市的国债中一年以内的短期国债比重小的格局。

最后，规范国债发行、流通、使用、管理和偿还全过程，调整政府、中介机构和投资者行为的《国债法》可能出台。它对于维护国债市场的公开、公正、公平、高效和统一，保护投资者的合法权益，确保国债的安全性，提高国债的流动性，稳定国债的收益性，促进国债市场的健康发展都将发挥极为重要的作用。

另外，开发国债投资基金，运用这种方式把零散的小额资金聚集起来投资于国债，培养规范而成熟的机构投资者，也将成为1996年我国国债市场努力的重要方向。

在这里，我想特别指出的是，近一个时期，各个方面呼吁恢复国债期货交易的呼声很高。从理论和实践来看，国债期货市场对促进国债的发行、吸引资金、拓展国债市场的确有很好的作用。但不容回避的现实是，在国债期货市场方面，我们的确缺乏经验，无论是在市场运作方面，还是在监督管理方面，以及在技术条件、人员素质方面，我们都还很不成熟。因此，我觉得要好好总结"3·27"重大违规事件的教训。我也主张恢复国债期货交易，但对恢复国债期货交易一定要慎重从事，一定要坚持先试点、后推广、宁肯慢、务求好的原则，保证我国国债市场有计划、按步骤、循序渐进、稳步发展，避免走一些不必要的弯路。总之，我认为，对待国债期货交易，既不要因噎废食，也不能盲从和急于求成。

记者： 在您看来，在1996年乃至以后的时间里，应采取哪些措施来进一步规范和发展我国的国债市场？

刘国光： 对这一问题，其实我在前面已经谈了一些。这里我想特别强调的是，今后我们应该把调整国债市场结构放在十分突出和重要的地位。

其一，调整国债持有者结构，增加各经济主体对国债的需求。国债的持有者包括：中央银行、专业银行、企事业单位、居民个人和外国投资者等。我国自1981年恢复发行国债以来，居民持有的比例在逐渐增大，在全部新发行国债中，居民个人持有的比例高达60%以上（有些年份高达90%以上）。长期以来，在我国，中央银行不持有国债，专业银行则很少承购国债，外国投资者基本上不允许购买国债。这种极为单一的国债持有者结构，已在相当大的程度上制约了我国国债发行规模的扩大。要改变这种状况，首先，要配合货币政策的运用，打破中央银行不能持有国债的框框，保持中央银行持有一定比例的国债。中央银行持有国债对其控制货币供应量是十分有利的，中央银行在国债市场上利用公开市场操作吞吐国债尤其是短期国债可以有效地调节货币供应量。实际上，在许多国家，国债均是中央银行的重要资产，作为货币发行的基础。其次，要取消对专业银行购买国债的某些限制，允许专业银行直接进入国债市场。专业银行持有一定数额的国债既有利于调节其资产结构，又有利于货币供应量的调节（它构成中央银行进行公开市场操作的基础）。而且，持有风险小、收益高、流动性强的国债与持有现金、同业存放在中央银行存款相比，也是专业银行最理想的二级储备。再次，要允许国外投资者持有一定比例的国债，这既有利于我国利用外资政策的实施，又有利于调节国债持有者结构。向国外发行债券相对于从国外直接借款来说，可以减少利用外资的苛刻条件和所带来的风险。通过国债持有者结构的上述调整，可以改变国债市场始终在财政部、非银行金融机构、居民个人这样一个不大的范围内循环的格局，并且可以大幅度扩大国债市场的发行空间。

还应指出的是，保持居民个人持有一定比例的国债，十分必要，它对于国债市场的稳定和繁荣具有极其重要的意义和作用。特别是在近年经济过热、消费膨胀、社会需求过旺的经济背景下，居民个人持有一定比例的国债，将一部分消费基金转化为积累基金，推迟部分购买力的实现，有利于缓和社会供需矛盾。

其二，调整国债期限结构，做到长短期国债的合理搭配。我国的国债1981年开始发行时期限为十年，1985年调整为五年，后又缩短为三年，1994年还发行了半年期的国债。但总体上，我国国债仍是以三至五年的中期国债为主，国债期限结构缺乏均衡合理分布。而发达国家则采取长中短期相结合的国债期限结构，这种长中短期相结合的期限结构，能够适合不同持有者的购买需要，均衡还债期限。相比之下，我国的国债期限结构依然较为单调，既缺乏长期国债（十年以上），又缺乏真正的短期国债。这势必造成国债偿还期集中，增大还本付息的负担和压力，也不利于投资者进行选择，从而很难满足持有者对金融资产期限多样化的需求。所以，科学规划国债的期限结构，合理设计国债偿还期限，以期改变国债期限结构单一化的格局，实现国债期限结构的多样化和均衡化，并且使长中短期国债保持合理比例，实现长中短期相结合的国债期限结构，应该提上议事日程。原则上讲，长中短期国债的发行要考虑到政府筹资用资的需要（如需要弥补临时性财政亏空，就要发行短期国债；如需要进行基础设施建设投资，则要发行长期国债），要注意国债还本付息在年度间的均匀分布，防止集中偿还年限的出现，还要兼顾投资者的投资意向。目前调整国债期限结构的主要方向是，发展长期国债，控制中期国债，增加短期国债，做到国债期限结构的优化与合理。

其三，调整国债利率结构，逐步实现国债利率市场化。迄今为止，我国发行的国债都是固定利率国债，并且是比照同期限银行储蓄存款利率确定的（国债发行利率一般比同期限银行储蓄存款利率高1~2个百分点），这不合理，也很不科学。建立合理的国债利率结构，必须提高长期国债利率，改变国债期限结构和利率结构倒置的现象；可以考虑发行浮动利率国债，保证投资者的收益不受损失；改变国债利率盯住银行存款利率的确定方法，逐步实现国债利率市场化；国债利率的确定除依据一定时期的银行存款利率外，还应考虑通货膨胀水平、市场利率的发展趋势、投资者的投资意向和心理状态等因素。

最后，调整国债券种结构，实现国债的多样化，满足国家财政的不同需要。从1981年恢复发行国债以来，我国已发行了各种国债，有国库券、国家重点建设债券、国家建设债券、财政债券、特种国债、保值公债等，这些国债名义上虽有些差异，但其市场性、利率的确定原则以及发行方式都基本相同，没有什么实质性的区别。因此，目前的国债市场仍存在着券种结构单调、券种关系模糊、用途不明确等问题，从而使国债发行不能适应不同机构和不同收入水平的购买者的需要以及各部门和个人的偏好要求。因此有必要根据不同的用途发行不同种类的国债，并严格执行专款专用的原则，比如，发行财政债券，以弥补经常性预算在执行中发生的赤字；发行建设债券，以平衡建设性预算在执行中出现的差额；发行转换债券，以调整还债高峰和筹措国债偿还基金等。

可以预期，通过上述结构调整，我国国债市场将受到更多的投资者（机构和个人）的青睐，国债发行的空间将大为拓展，国债市场的前景将更为辉煌。

国企改革出路何在？ *

——《经济日报》记者专访
（1996年1月7日）

记者（杨林林）：这些年来，我们的国有企业亏损面越来越大，国有企业如何摆脱在原有轨道上路子越走越窄的困境，刘教授是著名经济学家，很想听听您的看法。

刘国光：解决国有企业改革的问题，决心要大，措施要强，关键是政府职能要转变。我们现在的改革不是要产权多元化吗？我看，应该按公司法规定的精神使那些政府独资的企业缩小到最小范围；还要按产业政策的要求把国有控股公司缩小到关键范围。

记者："您所说的"最小范围"和"关键范围"指的什么？

刘国光：那就是自然垄断性的、公益性的，非国有单位不好搞的、搞不了的，或者是利益太大了不宜给非国有成分享有的……

记者：也就是需要由国家来垄断或控制的企业？

刘国光：对，除非是这类企业，才适合国家独资或者控股，别的就放开。现在需要"抓住大的，放开小的"，真正能做到，就行了。

记者：这个"大的"（企业）概念是什么？是规模大的企业，还是您刚才讲的那个概念的"大"？

　*　原载《亚太经济时报》。

刘国光：不是现在一般讲的大企业都算在我说的需要抓住的"大"，我说的"大"主要指关键的、命脉的东西，所以，结构要调整。

记者：您说的结构是……

刘国光：主要是产业结构。国有经济的国家独资企业和国有控股企业一定要缩小到刚才所讲的产业范围，其他的就多种形式放开。在竞争性的行业里政府也可以参股。那些缩小到最小范围和关键范围的国有企业，要认真做到"现代企业制度"那16个字："产权清晰，权责明确，政企分开，管理科学"，真正做到，我看就有希望。否则，就难说了。这跟我们政府的转变职能是分不开的。

记者：现在政府主管部门管那么多企业，怎样使他们转变职能，以有利于国有企业的结构调整和机制转换呢？

刘国光：我看出路有以下几条：第一是有些属于宏观管理的职能，可以直接交给财政部、计委、经贸委、税务局和劳动部等综合管理部门去管。第二是对行业里一些共同性的问题，比如信息、服务，可以搞一些行业组织、行业协会。第三是搞一些产权组织，代表国家进行国有资产的经营，而不是具体地管企业的产供销。这里最忌讳的是搞换牌公司、保持行政控制、换汤不换药。

记者：现在有的政府部门担心"抓大放小"后税收更收不上来。对于这个问题，您的看法又是怎样呢？

刘国光：宏观管理上要加强。现在我们国有资产流失得那么厉害……有人说一年500个亿，平均每天一两个亿！要早点想通，早点调整好，才真正能挽救我们的国有经济，有效防止国有资产令人痛心地继续大量流失。

略论转变经济增长方式*

（1996年1月）

　　五中全会通过的《关于制定国民经济和社会发展"九五"计划和2010年远景目标的建议》（以下简称《建议》）提出了2000年和2010年的主要奋斗目标，指出：实现"九五"和2010年的奋斗目标，关键是实行两个具有全局意义的根本性转变：一是经济体制从传统的计划经济体制向社会主义市场经济体制转变，二是经济增长方式从粗放型向集约型转变。我认为，这是对"九五"计划和到2010年的长期规划中心思想的画龙点睛的提法。

　　这两个转变实际上并不是现在才开始讲的。从十一届三中全会开始，中国经济就进入了一个新的阶段，也就是上述两个转变的阶段。在20世纪80年代中期我国经济理论界曾经将此过程概括为双重模式转换：一重是经济体制模式的转换，当时称作从传统的高度集中的计划经济体制模式转向市场取向的经济体制模式；另一重是经济发展战略转换，其含义要比现在所讲的经济增长方式转变的含义宽一些，包括生产目的的转换、产业结构的转换、消费与积累关系的转换、发展策略的转换、管理制度的转换和发展方式的转换等。其中，发展方式的转换实际上相当于现在所讲的增长方式的转变。

　　经过十几年的改革开放和经济发展，我国体制模式和发展模式发生了不小的变化，上述一整套转换在许多方面都有所前进。

---

　* 原载《管理世界》1996年第1期。

例如生产目的，过去长期是为生产而生产，为革命而生产，很少考虑提高人民生活的目的，改革开放后转变过来了。又如产业的关系上，重二产、轻一产、忽三产，改革开放后也逐渐调整过来了。又如积累与消费的关系，过去是高积累和低消费，改革开放后得到了合理的调整。发展策略的问题过去是强调不断打破平衡的不平衡发展策略，改革开放后改变为相对平衡协调的发展策略，等等。经济体制的转换也从大一统的计划经济，经过计划经济为主、市场调节为辅，前进到建立社会主义市场经济的阶段。总之，中国经济体制与发展战略的转变，在许多方面取得明显的进展，从而推动了20世纪80年代以来中国经济的快速发展。但其中增长方式从外延粗放向内涵集约的转变遇到的困难比较突出，至今进展不顺，效果不显。

外延粗放型的增长方式是以追求数量、规模速度、产值为目的，其手段主要是依靠资金、物资、劳动力的投入，上新项目，铺新摊子，而对于经济发展的质量、效率和效益重视不够。而内涵集约型的增长方式则主要依靠科技进步、更新改造、管理合理化、生产集约化，以及人的素质的提高，来求得经济增长质量、效率和效益的提高。直到现在我们在经济工作中仍然相当普遍地追求数量和速度，热衷于上项目、铺摊子，而对于技术改造提高质量效率效益方面下的功夫比较小，比如在固定资产投资总额中，属于新建扩建的基本建设投资大约占75%，而设备更新、技术改造方面的投资只占25%，而且后者当中还有相当一部分名为更新改造，实则移用于新建扩建。有专家测算过，改革开放以来十九年，各种生产要素对我国经济增长的贡献中，资本投入与劳动投入约占72%，只有28%是靠技术进步取得的。这与发达国家相比有很大的差距，目前发达国家经济增长中有50%~70%是靠技术进步取得的；二战后发展比较快的发展中国家和地区的经济增长中平均也有30%是靠技术进步取得的。

十多年来我国经济在总量增长上令人瞠目，而在质量效率上则瞠乎其后，这并不完全是由于我们在政策上的疏忽。早在1981年五届全国人大四次会议的政府工作报告中，就提出了要走出一条速度比较实在、经济效益比较好、人民可以得到实惠的路子；以后多次提出要把经济工作重点转到提高经济效益的轨道上来；而且发展方式及增长方式的转变在理论上也讨论了多年，为什么这方面的进展仍很不理想呢？其中难点何在呢？这里面的原因很复杂，有国情上的制约，也有体制上的制约。我看以下四个原因是值得注意的。一是各级政府和官员的政绩考核，事实上都与经济发展的速度规模有关系。二是政企不分的旧体制还没有完全退出历史舞台，资金大锅饭和预算约束软弱的痼疾仍起作用，因为花的不是自己的钱，所以投资决策者不害怕收不回投资，企业经营者也不怕亏损。三是企业素质较低，经营管理水平不高，特别是国有企业各种负担沉重，没有力量，也没有兴趣进行技术改造和创新。最后一条重要原因是我国城乡劳动力多，需要解决庞大的就业队伍问题，单纯靠提高劳动生产率、劳动效率，不铺一些摊子，在中国是不行的，这么多劳动力就业如何解决？

在重数量速度、轻质量效率的问题长期未能解决的背景下，中央提出转变经济增长方式的方针，可以说这是过去多次强调把经济工作转到提高经济效益上来这一方式的继续，然而在进入"九五"时期和迈向21世纪之际，把这一转变提得这样高，等同于经济体制的转变，是不是表明现在增长方式的转变有特殊的迫切性呢？可以这么说。转变经济增长方式之所以日益紧迫地摆到我们面前，是因为，第一，过去长时期的经验证明，以追求数量为主要目的、以增加投入为主要手段的外延粗放型的发展道路，必然反复引起经济过热、通货膨胀和经济调整的剧烈波动，造成不利于经济持续健康发展的损失，而且经济规模越大，损失越大，我们现在经济又上了新台阶，规模更大了，将来还要大，总是这样反复剧烈波动是不行的，小波动不可避免，但大的波动应当避免。第二，随着居民收入水平的提高和需求结构层次的升级，以及大规模基础设施整备的需要，我国产业结构将再次摆向重化工业的方向，汽车、建筑、石化、机电等支柱产业的大发展对能源、原材料等资源需求的压力更大，如不改变过去浪费资源型的粗放发展方式为节约资源型的发展方式，我国的资源根本承受不了。按单位国民生产总值消耗的能源来比较，我国大约为日本的6倍、美国的3倍。中国人口那么多，市场那么大，在人均资源这么少的情况下，经济发展将难以为继。而且对人均拥有量本已不足的资源过量开采和耗费，将加剧环境污染，破坏生态平衡，危及子孙后代的可持续发展。第三，今后国际经济实力的竞争，总量只是一个方面，更重要的是科学技术水平、质量效率效益、人均消费水平和整个国民经济素质的较量。在这些方面我们与世界发达国家的差距就太大了。即使在总量进入世界首位以后，我们的人均水平仍然落后，到21世纪末能不能赶上发达国家也是问题。与此同时，发达国家某些人士因为看到我们的总量发展很快，担忧所谓"中国威胁"，造成一种形势扼制我们发展。所以，我们应当强调人均水平和发展质量上的差距，把世人的注意力引导到这一方面来，特别是把我们自己的努力放到提高经济发展的质量、效率和人均水平上来，而不必在总量增长上大做文章，这样才有利于保持持续健康的发展，符合我们走向现代化的要求，也有益于我们与国外更好地做生意，实现经济互补，对于妥善处理国际关系也是有利的。

那么，如何实现增长方式的转变呢？由于增长方式的转变不是一个局部性，而是一个全局性问题，所以要从方方面面来采取有效的方针措施，把提高质量、效率和效益的要求贯穿体现到

略论转变经济增长方式

中长期发展规划和今后经济工作的各个方面。这包括：产业结构的优化、规模经济的推进、新项目建设与现有企业更新改造的处理、科教兴国战略的实施、资源开发与节约并举等。这里特别要强调的是加强宏观经济与企业自身管理，把提高管理工作水平同经济机制的改革结合起来。

前边提到的阻碍我国经济增长方式转变的种种因素，多属生产关系与上层建筑领域，必须通过深化改革进行综合治理。五中全会《建议》指出，要靠经济体制改革，形成有利于节约资源、降低消耗、增加效益的企业经营机制，有利于自主创新的技术进步机制，有利于市场公平竞争和资源优化配置的经济运行机制，一句话，就是要把两个转变有机地结合起来。经济增长方式的转变与经济体制的转换是互相联系、密不可分的。经济增长方式的转变要以经济体制的转变为前提条件。没有经济体制上的转变，就难以实现增长方式的转变。体制上的障碍不解除，结构调整、技术进步、挖潜改造、提高质量效益等，都难前进。前面列举的一些制度上的障碍，如政绩考核、政企不分、企业负担重等，大多是政府职能、国有企业方面的问题，所以转变经济增长方式的重点也在国有经济，这与国有经济在我国经济中仍然居主导地位是分不开的。国有经济如果不能从体制改革上入手，实现经济增长方式的转变，就难以维持它的主导地位。所以，这个问题对国有经济来说有十分紧迫的重要意义。

当然，中国国情复杂，现在还没有摆脱发展中国家的阶段，对于转变增长方式，也不能要求过急、"一刀切"。比如不能要求所有部门、地区都一律采用最新技术来改造现有企业，更不是所有部门、所有地方都不能搞新建扩建等具有外延性质的建设。

我国基础产业、基础设施相当薄弱，高科技、高附加值的新兴产业也需要发展，还要开发边远地区的资源，克服地区差距，特别是城乡大量新增加剩余劳动人口的就业安排等，都需要相当规模的投入，以进行外延的拓展。但是这种带有外延型的建设要逐步推进，不能急于集中铺开，也不应在原有技术水平上平推，而要采用适用技术，尽可能提高原有技术水平。所以，要把内涵集约型的发展与外延粗放型的发展很好地结合起来，这样才能符合我国是人口众多的发展中国家的国情，推动我国现代化建设的顺利前进。

　　总之，经济增长方式的转变，是一个长过程，在经济发展的最初时期，不发达阶段，更多地靠投入，也是符合经济规律的。我国人口多，剩余劳动力在增加，有加大劳动力投入的条件。另外中国的储蓄率也很高，引进外资环境气候总的来说也不错，应当说有资金投入的条件。这些条件，加上世界范围产业结构重组，一些先进国家把劳动密集型产业转移到发展中国家和地区，而在我国由于国土广大，东西部发展不平衡，这种外延型的产业转移向中国内地纵深发展的余地很大，这就决定了我国在一定时期，外延粗放型的发展将占重要地位。而技术水平、管理水平和效益效率的提高也要有一个过程，所以这两个增长方式的结合将是长期的，在这过程中我们要努力提高内涵集约因素的分量比重。这就是增长方式转变的实质。那么，有人问，中国在现阶段，内涵集约型的经济增长应当占什么样的分量比重才是比较合理的呢？我回答说，这个很难说的，要看我们的人口控制情况、劳动力资源增长情况、技术管理水平进步的情况。中国和西方不一样，西方总的说劳动力短缺，我们是劳动力过剩，所以不可能一下子把内涵集约因素的比重提得太高，这里有一个发挥资源的比较优势的问题。我们在劳动密集、资本密集、技术密集三者的结合上，应该怎样合理搭配，通过何种步骤来实现这种搭配，这还需要认真摸索解决，这是由中国国情决定的。当然，我想我们至少不能低于发展中国家的平均水平。这里还有一个时间问题，如果指的是2050年，那么内涵集约因素比重当然要更高一些，但如果说的是2000年，恐怕这个比重提高不了多少。具体的比例要由搞计量经济学的专家来计量和回答这个问题。如果说2010年画一道杠杠，完成这一转变，恐怕还是不这样说为好。

我赞成继续"适度从紧" *

（1996年1月）

"八五"的最后一年——1995年已经过去。"八五"期间，我国经济社会发展总的来说是不错的，提前实现了GNP比1980年翻两番的目标，又上了一个新的台阶。整个"八五"是在从1991年开始回升的一轮经济周期中度过的，这一轮周期于1993年中达到过热的高峰，此后通过加强宏观调控和实施宏观体制改革的措施，各项宏观指标错落有致地趋于降温，1995年GDP增长速度回落到10.2%，零售物价指数回落到14.8%左右，接近预定的调控目标。以抑制通货膨胀为首要任务的"适度从紧"的宏观调控政策，正在逐步取得"软着陆"的成效。当然也要看到，由于微观机制特别是国有企业改革的滞后，不能乘经济走向低谷的机会进行有效的淘汰清理和结构调整，再加上宏观调控中旧的行政手段不时复出，"一刀切"的毛病难以完全避免，于是导致了微观经济特别是国有企业的某些困难加剧，这是不能忽视的。

在此情况下，1996年和整个"九五"期间，宏观调控的方向应如何把握？这个问题关系到今后的经济走势和改革环境，人们十分关注。十四届五中全会通过的《关于制定国民经济和社会发展"九五"计划和2010年远景目标的建议》（以下简称《建议》）提出，"九五"期间要继续把抑制通货膨胀作为宏观调控的首要任务，继续实行"适度从紧"的财政政策和货币政策。对

---

* 原载《上海改革》1996年第1期。

此，并不是大家普遍理解的。现在有一种正在产生并在滋长的情绪：期望放松宏观调控。从开始加强宏观调控到现在已满30个月了。这一轮经济周期从1991年年初开始回升算起，也有5年了。经过两年半以来实行偏紧的宏观调控政策，经济增长率、投资增长率连续回落，物价上涨率1995年也回落到预定调控目标。交通运输、能源、主要原材料等"瓶颈"制约已经缓解。但是国有企业面临的困难还在加大。因此，一些人士认为，1996年宏观调控政策的方向应予以改变，不少地方和企业要求松动银根以启动经济增速的呼声很高。前几年经济过热中起过泡沫的有些地方有些人士问证券市场、房地产市场会不会又要火爆一场，反映了这种情绪。附和这种情绪的"理论"杂音也时现时隐。他们实际上不赞成继续把抑制通货膨胀作为今后宏观调控的主要任务，对继续采取"适度从紧"的政策持怀疑观望态度。

我认为，上述要求放松银根以刺激经济增速的意见是不可取的。在当前宏观经济形势下，按照这种意见去做，必然使经济迅速反弹，物价重新猛升，已经进行了30个月的"软着陆"制动措施取得的成效将有功亏一篑、前功尽弃的危险。1988年前几年屡次"软着陆"尚未到位就重新腾空而起，最后被迫摔下来，不得不进行急刹车式的"治理整顿"的教训，是不能忘记的。当前宏观调控政策的唯一正确的取向，是五中全会《建议》中提出来的，继续把抑制通货膨胀作为宏观调控的首要任务，继续坚持"适度从紧"的财政政策和货币政策；并且根据新的情况进行微调，把控制需求与改善供给、控制总量与调整结构结合起来。我体会，采取此项方针的主要根据是：虽然两年半来特别是1995年以来宏观经济形势好转，但好转的基础并不稳固。第一是固定资产投资回落的基础不稳固，在建规模仍然很大，一些地方上项目、铺摊子的投资冲力依然很大，特别是"九五"新五年计划伊始，不少地方有一种大干快上的劲头，稍有放松，投资需求可能出现猛烈反弹。第二是物价回落的基础不稳固，前一阶段物价涨幅的回落，在相当程度上，是靠行政性限价、财政补贴压价和延缓出台价格改革措施来取得的。任何一方面有变动，都会使物价涨幅再度爬高。第三是尽管1995年农业收成较好，但农业基础依然薄弱，农产品供求仍处于紧张平衡状态，特别是食品涨价对物价上涨压力仍然较大。第四是微观经济基础困难较多，问题重重，特别是国有企业资产负债率较高，资金紧张与资金使用效率低和大量体外游资并存，因此仅靠注入资金和增加总量投入，无助于解决这些矛盾，反会导致通胀的再度反弹。第五是货币供应量的增幅虽然比上年减少，预计全年广义货币（ M_3 ）的增幅比上年同期回落6.5个百分点，但货币供应量仍比上年同期增长30%，高于经济增长率与物价上涨率之和（10.2+14.8）%。从全年看，1995年经济增长率虽回落到10%左右，物价上涨率回落到15%以下，但整个经济仍在高位上运行，总需求膨胀的危险依然强大，通货膨胀的压力仍然不少。

我赞成继续「适度从紧」

从五中全会《建议》内容来看，实行"适度从紧"的方针，把抑制通货膨胀作为宏观调控的首要任务，这不仅仅是1996年的事情，而且是整个"九五"期间宏观调控政策的主旨。在众说纷纭的情况下，我赞成把这条"适度从紧"方针再次加以明确，这将有利于我们平稳地由改革以来的第四个经济周期向第五个周期过渡，为"九五"时期进一步的改革和发展创造良好的宏观环境。之所以不仅在1996年，而且在整个"九五"的中长期也要选择"适度从紧"的方针，我以为有两方面的原因：机制方面和运行方面。

机制方面，目前我们还处在计划经济向社会主义市场经济转轨阶段，旧体制的一些弊病，特别是国有经济中政企不分、预算约束软弱的弊病仍未根治，很容易发生投资膨胀和经济过热。在我们社会主义国家里，要获得一时的较快速度是比较容易的，政府干预有很大的作用。历史经验证明，一放开，一号召，就能上去，因为主观上有大干快上的愿望，客观上有外延膨胀的机制。但是，在快速发展的情况下要使财政基本没有赤字，不发生严重的通货膨胀，那就难了。既要有一个比较实在、比较高的增长速度，又能保持财政的基本平衡，把通货膨胀抑制到老百姓可以承受的最低限度，那就要一方面靠转变经济增长方式，走内涵集约的发展路子；另一方面要靠在财政货币政策上适度从紧，把住货币和信贷两个闸门。我们常讲要有适当的速度，太低了不行，太高了也不行。但正如经济学界一位老前辈曾经说过，对这两点，不能各打五十板。其实我们不必怕太低，因为很容易上去；倒是怕太高，跌下来损失太大。所以要保持继续健康的发展，中长期也要"适度从紧"。

再从经济运行方面，看看下一个经济周期可能的走势。当前周期谷底的位置是比较高的。假定1996年为谷底，经济增长率将达9%左右，物价上涨率将达10%左右，都不能看作低速度或低通胀。在如此高的谷位起点上，下一个经济周期上升的空间余地不是太大。如果宏观调控放松，并让经济增长率按照过去周期峰谷落差（改革开放以来前三个周期峰谷落差为6到7个百分点）回升上去，那将势必导致猛烈的过热增长和更加严重的通货膨胀，我们的经济肯定承受不了。所以从经济周期运行的轨迹看，今后五年采取"适度从紧"的方针，把抑制通货膨胀放在宏观调控任务的首要地位，也是必要的。

当然，宏观调控不能单纯在需求的松与紧上做文章，不能单纯地在总量控制上做文章，而必须在控制需求总量的同时，努力改善供给面，从而增加有效供给。从今明两年（1996—1997年）转入新一轮经济周期和进入"九五"时期的中长期发展来说，改善供给面的任务更为重要。由于此次周期低谷起点水平较高，新一轮增长幅度上升的空间余地不大，更要改变过去宏观调控的一贯做法，即每逢进入新一轮周期，总是采取全面放松的政策，以投资膨胀为先导，刺激总需求膨胀，推动经济高速增长，这样导致经济过热，遇到"瓶颈"障碍，于是不得不调整、紧缩。要把这条老路转变为：把控制需求面与改善供给面结合起来，通过适当的财政政策、货币政策、产业政策、收入政策等配合运作，促进产业结构、产品结构的调整，促使科技进步，促进生产效率和整个国民经济素质的提高，这样来扩大社会有效供给，真正实现经济增长方式的转变。

我赞成继续「适度从紧」

发挥武汉在地区协调发展中的作用[*]

——在武汉与中西部发展战略研讨会上的讲话
（1996年1月29日）

一

这次会议研讨武汉与中西部发展战略问题。这几年，各地对发展战略的研究讨论又多了起来，这是一个好现象。20世纪80年代，我国曾出现一股"战略热"。当时，根据小平同志和党中央提出的我国到20世纪末经济建设的战略设想和战略目标，不少地区、城市都开始研究、制定自己的发展战略。武汉市在80年代初也做出过以"两通"（交通、流通）为突破口，把武汉建设成为我国内地工商业港口城市的战略决策。进入90年代，特别是小平同志1992年重要讲话后，经过十四大、十四届三中全会，中国的改革开放和经济发展进入了一个新阶段，不少地方、城市又在开始继续研讨发展战略，可说是新一轮的"战略热"正在兴起。由于经济条件发生了重大变化，特别是经济体制向市场经济转轨，当前经济发展战略的研究制定与以前相比，也发生了重大的变化。

就武汉市来说，进入20世纪90年代，我国改革开放重点北移，武汉市被批准为对外开放城市，社会经济发展出现了新的机遇。经过几年的酝酿，提出了把武汉市建设成为国际性城市的奋

 * 原载《学习与实践》1996年第3期。

斗目标，这次又提出了构筑承东启西的中部战略大支点的目标。与80年代制定的发展战略相比，在发展思路上，由"两通突破"上升到以开放促改革，以开放和改革促开发和发展的高度；在战略发展目标上，由将武汉建成为我国内地工商业港口城市提高到建成我国中部地区承东启西战略大支点，进而逐步建成为开放性、国际性城市的高度；在发展规划上进一步明确了四城、三区、两通、五个中心；在战略对策上，由两改（改革、改造）起飞提高到经济体制、经济增长方式两大关键转变的高度。所有这些，反映了武汉市战略构想的前进，体现了新一轮发展战略的特色。

二

武汉市之所以能够提出构筑承东启西的中部战略大支点与逐步建成国际性城市的战略目标，这既是历史机遇的选择，又是武汉市自身的条件使然。从历史机遇来说，众所周知，全球经济的发展趋势，是世界看好亚太，亚太看好中国。而就中国来说，现在开放开发的重点逐步由南向北推进，由东部向中部西部推进。特别是党的十四届五中全会以后，以重视长江流域开放开发和中西部发展为标志的新的区域发展战略，进入了关键阶段，武汉对推进我国中部西部发展，对长江经济带建设的作用，越来越突出。但是，光有历史的机遇，没有武汉本身的优势条件，也不能支撑武汉提出的大目标、大任务。武汉的优势条件是很明显的，首先是它的区位优势：武汉地处中国经济地理的心脏，位于横贯东西的长江和纵贯南北的京广铁路的交叉处，既是广大内陆地区之间经济交流的中心，又是沿海与内地经济交汇的枢纽，具有其他中心城市不可替代的独特优势。它有着广大的腹地，辐射力强，历史上就有"九省通衢"之盛名，而今具有更大的经济影响力。正如材料上所说，在世界各国城市中，能对1/6以上的国土、方圆500公里以上的幅员起重大经济影响的城市只有两个，一个是美国的芝加哥，一个是中国的武汉。我们都知道，美国芝加哥是一个内陆城市，但由于其在美国的区位优势和巨大的经济影响力，它也是一个国际性城市。

除了区位优势，经过长期发展，特别是近些年来的开放和开发，武汉市在综合经济实力、支柱产业的形成、城市基础设施的配套、横向多边区域协作的加强等方面，逐渐具备成为我国中部战略大支点的现实条件。作为一个内陆的经济中心城市，武汉有着对外经济联系的深厚的历史背景。1859年后汉口就辟为通商口岸，先后有18个国家在汉通商，英、俄、德、法等国都在汉口建租界，外国资本家曾在汉口开办多家工厂、洋行，其对外贸易额曾长期超过天津、广州，成为仅次于上海的第二口岸。武汉曾一度发挥过国际性城市的功能。近年武汉对外开放速度加快，对外联系潜力深厚，把它建成为国际性城市的前景是可以期待的。前一两年，中国出现不少城市提出争取建成国际性城市的热潮，不但一些沿海城市在提，内陆也有若干城市在提。据我看，在内陆城市中，武汉是条件最好、最有希望的一个。

三

有限目标，稳步前进。对于武汉市要构筑为中国中部承东启西战略大支点，进而建成国际性城市，既要看到它的有利条件和优势，也要看到它的不利条件和制约因素，这样才能对于战略目标的认定和实施步骤的设计更准确些。武汉经济发展存在哪些弱点和制约因素，我看可以举出若干点。比如，武汉国有企业比重是比较大的，计划经济体制传统影响比较深，在经济运行机制上不如那些改革开放先行城市那么灵活。又如，武汉是一个老工业基地，设备比较陈旧，更新改造任务比较重，比一些新兴城市或开发区要重得多。再如，武汉是一个老城市，城市的基础设施老化和公用事业落后，要求这方面的建设大规模展开，但除旧布新任务量大面广，非一朝一夕之功。如此等等。以上制约因素，需要花相当长时间，拿出很大力量，才能逐步克服。

如果把武汉与沿海城市相比，可以看到，沿海地区改革开放先行一步，有着进一步加快发展的基础和优势，武汉还存在相当的差距，即使在港口等对外联系条件上也相形见绌。另外，中西部地区各城市也有着各自发展的机遇，长江上架桥一座接着一座，南北东西交叉点也在增多，形成与武汉发展战略客观的竞争之势。武汉市要考虑到这些制约因素，在认定发展目标和实施步骤时，要更加谨慎稳妥。例如，国际性城市的提法，可以有种种不同的理解。有世界级的、区域级的、国家级的，或者只是发挥国际性城市某些功能这一级的。武汉该怎么提呢？如果武汉把芝加哥作为参照城市，那就要具体测算一下现在的差距，特别是人均差距，看什么时候能达到，准备分几步达到。1995年武汉市计委研究论文提出三阶段方案："九五"期间为建设国际性城市打基础阶段；2001—2010年为国际性城市初步形成阶段；2011—2020年为现代化国际性城市基本实现阶段。如果用国际指标来衡量，这个计划可行不可行。1994年在上海研讨面向21世纪的发展战略时，我曾提出把世界级即全球化一级的国际性城市作为上海长远的、最终的发展目标是可行的，但短期内难以达到，2010年根本达不到。比如人均GDP，上海同现在世界上已有的国际城市相比，差距就很大。同亚洲的中国香港来比，上海赶上香港要54年，这是按照上海年均增长10%，香港年均增长3%，1美元等于5.4元人民币计算的，如按新汇率算将会更长。到2010年，在经济总量上——不是人均上，在某些经济功能上——不是全部功能上，上海有可能达到目前已有的亚洲国际城市或二级国际中心城市的水平，如中国香港、新加坡，但有些功能还达不到，如融资规模、贸易转口规模等，人均水平更达不到。所以，我现在主张，上海不要写上搞世界级大城市，还是留有一点余地好。武汉怎么提更稳妥，需要进一步研究。

四

关于要求建立武汉"经济特区"的问题。为了克服武汉市经济发展中存在的制约因素，发挥武汉市作为承东启西的战略大支点的作用，武汉市政府政研室和社科院的研究报告第四部分提出，除了靠自身的努力，同时要求中央给予若干政策支持。我认为武汉市提出政策支持的要求是很自然的、很必要的，不仅从武汉市自身的发展来说是如此，而且对长江经济带的开发和对全国的发展来说，也将由武汉的发展而受益。报告中关于支持武汉加快老企业改造步伐，支持武汉强化商贸中心功能，支持武汉及在周边地区的农业综合开发，以及抓紧抓好长江经济带的规划开发和协调的有关措施，我认为中央有关部门应认真研究，适当解决。研究报告中还提出建立武汉经济特区一事，看来现在恐非其时。现在已有的五个经济特区，是在改革开放初期建立的，主要是靠给予减税让利的区域性优惠政策，促其发展。但是，随着我国改革开放的深入发展，特区政策逐步在内地普化，或被部分取消，特区的区域性优惠政策优势逐渐淡化。虽然中央一再重申办好特区的决心不变，特区的基本政策不变，特区的地位和作用不变，但强调的不是继续实行并给予新的减税让利的区域性优惠政策，而是要求特区在功能上"创造新优势，更上一层楼"。随着改革开放重点北移，以及加快中部西部发展的方针开始启动，中国北部西部也有一些地区、城市要求建立经济特区。我承认，在学习体会小平同志在内地再造几个香港的指示精神时，我也曾经

刘国光
经济论著全集
第12卷

考虑过在像大连、武汉这些地方是否可以建立经济特区的问题。由于特区优惠政策的淡化，加上国务院负责特区工作的同志一再重申中央和国务院没有在中部西部再建特区的打算，所以现在提出建立武汉经济特区，恐怕不是时候。武汉市现在不宜要求实行区域性优惠的特区政策，但我认为，它应该也可以要求实行发挥特区特殊功能的政策。经济特区的特殊功能究竟是什么呢？研究报告提出八大综合服务和辐射功能，这些功能对发挥武汉承东启西大支点作用都是很重要的，但是不能概括经济特区的特殊功能。经济特区的特殊功能或主要功能应该是中国改革开放的试验场、窗口、排头兵。如果更本质一点说，它的主要功能就是改革开放的试验场，国际通行的东西，可以在这里先试一试，国内要改革的东西，也可以在这里先试一试。我认为"把武汉建成为拥有特殊政策的综合改革开放试验区"的提法，比"建成内地特区"的提法为好。试验区的特殊政策不同于过去给特区放权让利的区域性优惠政策。发挥改革开放试验场功能的特殊政策，包括研究报告里提出的放宽利用外资范围、提高市场准入度方面的试验，建设区域性金融中心的试验，适当扩大武汉市经济管理权限的试验等，这是可以争取实行的。我希望中央有关部门认真研究武汉市的要求。从武汉市自身来说，作为改革开放的试验场，有更多的工作要做。比如，在所有制结构改革、国有经济的战略重组、市场体系的建立和完善、收入分配的合理化，以及社会保险制度的建立等方面，武汉应当也可以闯出一些成功的经验，向全国推广。改革开放试验的推进，不但有助于武汉自身实行两个关键性的转变，即体制转变和经济增长方式的转变，有利于发挥武汉市作为中西部发展战略大支点的作用，而且对全国改革开放的推进，也将是功不可没的。

论中国证券市场的发展前景*

（1996年2月）

　　经过十多年的发展，中国证券市场已具雏形。其中的问题当然也是很多的。今后中国证券市场如何发展，其前景如何，是人们很关心的问题。对此，我也想谈几点想法。

　　1. 从世界各国尤其是发达国家的情况来看，证券市场的发展，大概都要经过这么几个阶段。初期起步时比较冷清，开始大家是不清楚和不了解，比如起初在深圳发行股票时，大家就不愿买，曾经鼓励干部带头买。然后就是狂热投机，一下子人们知道买股票能发财，便纷纷购买股票，于是，股票市场火暴起来。这样到了一定时候，股市就出现崩盘，惨跌。这三个阶段我们好像都经历过了。现在我们进入第四个阶段，就是巩固、成熟阶段，然后再进入稳定发展的阶段。巩固、成熟需要我们把证券市场不规范的东西规范起来。当然，这种规范不是一个短时间的问题。

　　2. 证券市场是金融市场的一个必要部分，是市场经济的一个重要组成部分。所以，证券市场为整个市场经济的建立和发展服务，为改革开放服务，要服从和服务于改革开放和经济发展的需要。这是证监会1995年6月提出的，我觉得提得很好，就是说证券市场的发展必须和其他各项改革及经济发展的水平相适应，要与我们的监管能力相适应。今后一段时期我国证券市场的发展奉

＊　原载《证券研究》1996年第3期。

行先试点后推广、宁可慢、务求好的方针，是很对的。我们只有把市场体系、监管体系、法规体系建立起来之后，证券市场才能全面推广和发展。

3. 证券市场的发展规模要适应国民经济发展的需要。在规范中求发展，还得要有节奏地扩大。总量有节奏的扩容，必须根据国民经济发展的需要，经济形势的需要，要与宏观调控的需要相适应。我们建立现代企业制度，总有一部分股份公司要上市，还有一部分历史遗留问题要解决，另外，相当大一部分国家股、法人股以及定向募集的股份，都需要解决上市问题，所以说扩容不可避免。有些人站在持股者的利益说话，反对扩容，这是不对的。我认为，扩容总是需要的。不然的话，企业改革不能进行，历史遗留问题也不能处理。当然，在供给扩容的同时，一定要注意需求的扩容。不但要发展个人投资，而且要十分注重发展机构投资者。

4. 在股票市场供给结构方面，我们要注重发展大盘股，按照国家产业政策的要求，对能源、交通、原材料企业，要支持它们上市。小盘股可以考虑让其在比较初级的市场上市，在二级、三级市场，"店头"交易或者是区域交易中心上市。在全国性交易所上市的应该是大盘股。在股票市场的需求结构上，要增加机构投资者，组建真正的投资基金，而不是现在一些有银行背景，甚至以政府为背景的证券经营机构。所以，我们要建立一些真正代表投资者的基金组织，以及比较稳定的社会基金，包括保险基金、养老基金等，这些基金都是比较稳定的，而且，它们一般是以投资为主，而不是以投机为主。

5. 要加快现代企业制度的建设，培养作为股票市场基础的企业。不能说建立现代企业制度就是把所有的企业都变成上市公司。有很多股份公司是不一定要上市的，有限责任公司也可以是股份制的，它可以到二级、三级市场上市。证券市场应通过一级市场、二级市场或三级市场来培养上市公司，实行优胜劣汰。企业搞股份制不应只是为了上市圈钱，主要应是转变机制，真正把效益搞上去。另外，在政府行为方面，要尽量减少政府对股市的直接干预，要加强立法执法和监督功能。我们现在的监管体系不统一，法律、法规不完善是妨碍股市规范化的重要原因，这方面需要下大力气改进，特别是《证券法》要尽快制定并出台。

6. 证券市场的发展还涉及直接融资和间接融资的关系问题。我国经济在"九五"计划期间要实现人均GNP比1980年翻两番，这也需要金融市场有一个较大的发展。随着经济的货币化、信用化程度的加深，金融市场的发展一般要比经济发展更快一些。金融市场里面有一个直接融资和间接融资的关系问题。究竟是以直接融资为主，还是以间接融资为主，这在世界上也没有一种固定的模式。有人介绍先进国家都是以直接融资为主，欧美直接融资占70%左右；在日本，直接融资的比例则不大，在初期发展阶段，直接融资不超过20%；20世纪90年代以后，日本金融管制有所放松，直接融资也没有超过30%。我国目前直接融资不到10%，主要还是银行间接融资。这种融资有大锅饭的毛病。在直接融资条件下，企业有责任，借钱必须归还，可以减少银行间接融资的上述毛病。同时，直接融资特别是股票可以不还本，但要付息、分红；它可以增加企业的资本金规模，有利于改善企业的资产负债比率，也有益于形成规模经济。原来我们间接融资比重大，一下子改成直接融资，恐怕不大容易，所以"九五"规划讲还要发展以银行间接融资为主的金融市场。同时要积极发展债券和股票的融资，就是要积极发展直接融资，我们现在要直接融资和间接融资并行，同时要逐步提高直接融资的比重，这是个方向，在相当长时期内，还要以间接融资为主。当然，从现在起，我们必须积极地提高证券融资的比重，即直接融资的比重，这一点是坚定不移的。间接融资确实有很多好处，可以减轻目前银行的压力和困难，可以减轻通货膨胀压力。究竟直接融资应占什么样的比例，有人提出40%。我不敢这么说，因为现在还不到10%。2000年以前，我看不可能达到这么高的比例。但是要逐渐提高，这个方向是正确的。

7. 在我国证券市场结构方面，目前国债占的比重较大，大概占到60%，股票市场大概占到25%，企业债券、投资基金都很少，净值不到5%。国债问题比较复杂，人们讨论也比较多，这里我就不讲了。我想着重谈一谈企业债券问题。相对来说，目前企业融资中，债券融资相对较小，股票融资相对太大，大家多关注股票融资。其实，在西方证券市场中，企业融资更愿意采用债券方式。因为债券筹资只付利息，而不出让股权，不让人家分享财产收益，所以它们尽量发行债券。据说西方国家的一些公司在下述两个情况下，发行股票。一个是企业经营状况不怎么好，从银行借不到钱，这时候它才想发行股票，用转让股权的方式筹资。另一个情况就是有人开发一个项目做得好，经过多年努力取得一些成绩，到收成果的时候，它想办法卖出去，通过发行股票，收回成本赢得利润。在我国，企业债券融资和股票融资怎么个摆法，特别是向国外融资，用股票方式还是用债券方式，是值得好好研究的，应该慎重。特别是好的公司、企业发行股票，等于把你的产权送给人家，别人拿到股票变成老板，而且将来分享利益。我认为，企业如果办得很好，它出让股权，其实是把它很有效益的生产要素送给了人家，等于是生产要素的流出，特别是在海外上市，这种流出很不合算，而且这种"流出"是一次性的、长期永久的。所以这种事情要注意。在我看来，应该提倡海外债券融资，让企业直接融资，但不一定让金融机构代替企业融资，增加成本。至于海外股票融资，企业办得越好越要谨慎，越不要让它到海外去发股票，以免丧失权益。

刘国光解答经济难题*

——《中国经济时报》记者专访
（1996年3月19日）

速度问题令人担忧

中国经济要实现持续健康发展，保持一个稳定宽松的社会经济环境最为重要。这要求我们确定一个适当的发展速度。"八五"期间，我国平均经济增长率为12.2%，规划中将"九五"时期经济增长速度下调为8%，我认为这是比较合适的。但是我有一种担心：当初"八五"计划也曾把经济增长指标定为8%~9%，但实际的发展速度远远超过了预定的目标，从而导致了经济形势的一度紧张。"八五"时期出现了连续三年13%以上的高速增长、年平均11.8%的物价涨幅，这是新中国成立几十年来物价涨幅最高、持续时间也最长的一个时期。现在，规划中虽然提出了将经济增长率控制在8%的目标，但"八五"时期曾经出现过的上述问题，"九五"是否还会再度出现呢？

从了解到的各地情况看，不少地区，特别是东部沿海省份，其所确定的经济增长指标几乎没有低于8%的，"能快则快"的心理可谓十分普遍；而中西部地区，由于经济发展相对落后，基于缩小差距的考虑，其"迎头赶上"的心情则显得尤为迫切。我认为这种急于求快的现象值得担忧。宏观调控适度从紧的政策不能

* 本文系《中国经济时报》记者陈国强专访，发表于该报。

放松，严格控制货币总量必须说到做到，否则，经济发展目标就有可能落空。

经济增长与物价上涨没有必然联系

作这样的联系，精神是好的，但提法欠妥当。这究竟是指每年呢？还是指整个"九五"时期的平均情况？若是指每年，那么今年（1996年）这个起步年就无法做到；若是指"九五"的平均数，那规划中有关物价涨幅的指数就该下调到8%以下。但即便这样，还是伸缩弹性太大，约束力太小。况且经济增长率的弹性也很大，各地的实际增长率还有可能上调。

我不赞成这种似是而非的提法，我希望"九五"时期能把物价平均涨幅降到7%以下，2000年能降到4%以下。

这种提法在理论上也是站不住的，因为经济增长与物价上涨没有直接的联系。世界上高增长与低通胀并存的不乏其例，近年的马来西亚就是如此。事实上，物价的涨落和实际经济增长率与潜在经济增长率的关系有关。潜在经济增长率是指人力、物力、财力、资源充分利用条件下所能达到的增长率。如果实际经济增长率超过潜在经济增长率，物价就会上涨，反之则不会上涨。

上述提法与过去理论界出现过的"通货膨胀不可怕""通胀有利论"有一点相通，就是把允许通胀作为政策目标，不过现在改提"低通胀政策"，这可以说是对前者的一种延伸，但同样并不可取。我不同意实行所谓低通胀政策的说法，因为低通胀本身就是个模糊概念，很容易引起认识的混乱。我主张坚持抑制通货膨胀的政策。至于客观上能抑制到什么程度，那是另一个问题，但其上限不能超过银行利率，即不能出现负利率；同时，由于目前价格还需进行结构性的调整，每年要让结构性的价格调整留有一定余地，因此物价上涨的下限不应低于这个数字，当然这个余地也是有伸缩性的，必须掌握适时适度的原则。

提高调控能力亟须解决三个问题

适度从紧的财政货币政策不能放松，但国家增收集资、宏观调控能力亟待加强。为此在财政政策上必须解决三个问题：

一是逐步提高两个百分比，即提高中央财政收入占国内生产总值的比重和中央财政收入占国家总财政收入的比重。从目前情况看，这两个比重都还在下降。

二是在"九五"期间消灭财政赤字。去年（1995年）我国的财政赤字是664亿元，今年的预算中已有所下降，但减幅还有限。

三是严格控制债务规模。去年的债务规模是1500亿元，今年不减反增，而且其中还本付息的比重有了增长，这非常危险。

上述问题解决起来难度较大，但不这样做不行。

中国区域经济发展与城市规划*

——在区域经济和城市规划国际研讨会上的讲话
（1996年4月29日）

一、中国区域经济发展的现状及其面临的问题

20世纪80年代初期以来，伴随着中国经济体制改革、对外开放，中国的区域经济无论是在东部地区还是在中西部地区都取得了历史上前所未有的大发展。国家对地区经济发展战略和政策作了重大调整：在战略上明确了以提高国民经济整体效益为优先目标的效率优先指导思想，鼓励一部分地区先富起来，有条件的地区先发展起来；实施向东部沿海地区倾斜的投资和布局政策，明确了沿海开放地区以发展外向型经济为主的指导思想；在计划体制、投资体制和财政体制上实行了"放权""让利"和"包干"等方面的改革；实施了以区域对外开放为主要形式的开放模式，分阶段、有步骤地实施了沿海、沿江、沿边和内陆中心城市对外开放；对老、少、边、穷地区实行扶持和补偿政策；鼓励跨地区的横向经济联合和对口支援。这些政策调整，大大促进了中国地区经济格局发生了多方面的有积极意义的变化，主要表现如下：

1. 中国地区经济空前发展。各省市经济发展速度都明显提高，综合经济发展能力和经济实力有较大增强，特别是广东、江

---

* 这次研讨会由奥中友协、维也纳市政府和中国城市发展研究会联合举办。

苏、浙江、山东、福建、北京、安徽、江西、河南、湖南等省市经济增长速度比改革开放前要快一倍。

2. 地区经济结构调整升级有较大进展。第二、第三产业比重上升，各地区工业结构正在向专业化方向改善；东南沿海地区乡镇企业迅速崛起，改变了农村经济结构，近年来中西部乡镇企业也是加速发展趋势；一些地区所有制结构也发生了与生产力水平相适应的变化，非国有经济所占比重增加。

3. 全方位、多层次对外开放格局逐步形成，利用国际资源发展地区经济取得明显进展。"八五"时期，实际利用外资超过1600亿美元。东部地区实际使用外资金额占同期固定资产投资总额达16%，中西部地区为2%。

4. 近年来中部地区一些省区发展速度明显加快。安徽、江西、湖南、湖北和河南等省近年来经济增长速度位于全国前列；国家有关部门组织"乡镇企业东西合作示范工程""东西携手工程"已全面启动，扶贫开发工作取得成效，"八五"时期与"七五"时期相比，贫困人口减少了2000万，现在正以每年解决1000万绝对贫困人口摆脱贫困的速度，以到20世纪末解决尚存的6500万人口的脱贫问题。

中国现阶段地区经济发展中面临的主要问题是：在全国经济高速增长的宏观背景下，地区间经济发展很不平衡，地区差距不断扩大。尤其东部地区与中西部地区的差距扩大较为迅速。地区经济差距主要是指地区经济发展水平的差距和人均收入水平的差距这两个方面。从经济发展水平看，东部地区比中部地区要高一倍左右，比西部地区则高一倍以上，特别是1990年以后，扩大的趋势相当明显。1994年东、中、西部地区国民生产总值占全国的比重分别为61%、26%和13%，与1978年相比东部地区提高了9个百分点，中部、西部地区分别降低了5个和4个百分点。从居民收入水平看，东部地区与中部、西部地区间的城市居民收入的差距不断地扩大，特别在1985年以后，差距扩大的速度较快。到1994年，东部地区的城市居民收入水平比中部地区高50%以上，比西部地区高40%左右。

造成这种差距的原因，首先是由于东部地区有较好的经济基础和有利的地理环境；其次国家政策上向东部地区倾斜，存在资金投入上的差异；此外，中西部地区市场化进程、改革开放、体制转换滞后于东部地区，经济发展潜力没有得到充分发挥。

中国现阶段正处在经济高速增长和体制转换时期。国际经验表明，这一时期是地区差距扩大最快的时期，也是地区间利益再调整时期，因此，国家制定和实施区域经济政策，有利于缓解经济高速发展过程中地区间的矛盾和冲突。

二、中国区域经济政策

为了促进资源在空间的优化配置，控制区域间差距过分扩大，协调区域关系，促进国民经济整体协调发展，国家制定了区域经济政策，它是解决地区间矛盾和利益冲突最有效的政策工具。最近，中国召开的八届人大四次会议，通过了《国民经济和社会发展计划和2010年远景目标纲要》，其中明确规定了地区经济发展总的指导方针和政策。这就是：按照东西联合，共同富裕的指导思想和统筹规划、因地制宜、发挥优势、分工合作、协调发展的原则，充分发挥各地区比较优势，促进各地经济在更高的起点上向前发展，积极推动地区间的优势互补、合理交换和经济联合，进一步形成和发展若干突破行政区划界限的经济区域。

坚持区域经济协调发展，是中国今后改革和发展的一项战略任务。因此，我们十分重视处理好以下几个方面的关系。

1. 在优先考虑缩小中国同世界发达国家差距的前提下，努力缩小国内地区间的发展差距。在今后相当长的一段时间内，中国经济发展的首要任务仍是不断增强综合国力，缩小与世界发达国家和地区的差距，把提高国家整体经济效益置于优先考虑的地位，继续把有限的生产要素较多地引导到能够获得较高经济效益的地区。同时，根据地区间差距不断扩大的现状，采取切实有效的措施，逐步加大解决地区差距继续扩大趋势的力度，积极朝着缩小差距的方向努力。解决地区差距问题需要有个过程。从根本上说，有条件的地区发展得快一些，是有利于增强国家经济实力，从而也有利于逐步缩小地区差距。近期内，中西部地区在整体上要达到东部地区的发展水平是不现实的，勉强维持均衡发展将导致有限资源投入产出效益的下降，从而最终延缓国民经济的总体发展，拉大我国与世界发达国家的差距。2000年以后，国家才可能将地区发展战略重点逐步向中西部地区转移。

2. 在把发达地区再发展放在重要位置的前提下，重点考虑加快欠发达地区的经济发展问题。东部沿海地区充分利用有利条件，继续发挥优势，多利用国外资金、资源和市场，进一步增强经济活力，发展外向型经济。依靠高新技术、集约经营，重点发展资源消耗少、附加价值高、技术含量高的产业和产品，并且建立比较发达的农业。同时，从第九个五年计划开始，国家将逐步增加对中西部地区安排资源开发和基础设施建设项目，加快中西部地区粮食和农副产品基地建设；调整加工工业的地区布局，引导资源加工型和劳动密集型的产业向中西部地区转移；发挥中西部资源优势，大力发展农林牧业及其加工业，开发能源和矿产资源，积极发展优势产业和产品，以资源换资金、市场换技术；理顺资源性产品的价格，增强中西部地区自我发展的能力；积极适应发展市场经济的要求，加快中西部地区改革开放的步伐，引导外资更多地投向中西部地区。国际金融组织和外国政府贷款60%以上要用于中西部地区。大力鼓励和支持包括乡镇企业、外资企业、城乡私营经济、个体经济及多种形式的合作股份制经济在内的各类非国有经济的快速发展，培育新的经济增长点。

3. 在发挥市场机制基础性调节作用的前提下，加大国家对地区经济协调发展的宏观调控力度。"九五"时期国家一方面要增加中西部地区资金投入比重，运用国家掌握的资源，增加中西部地区基础设施和产业的资金投入，改善中西部地区的投资环境；另一方面要继续通过制定跨省区的经济发展规划，鼓励发达省区与欠发达省区以经济利益为纽带的经济联合和技术合作，并制定相应的法律、法规保护各方利益，鼓励东部沿海地区向中西部投资，组织好中西部地区对东部沿海地区的劳务输出。东部经济发达地区采取多种形式与中西部地区联合开发资源，利用中西部地区丰富的劳动力资源，发展劳动密集型产业，加强人才培训和交流。突破一省一市的界限，鼓励企业跨省投资、跨省兼并、跨省联营，增强企业在地区经济协调发展中的作用。促进东部地区生产要素向中西部地区回流，建立和发展地区经济的合理分工体系。

三、中国的城市规划与建设

城市规划是国家和各级政府指导城市合理发展和建设、管理城市的重要手段，其目的在于为城市的建设发展提供依据，保证城市各项建设事业有秩序的、协调的发展，使城市的发展建设获得良好的经济效益、社会效益和环境效益。同时，城市与周围地区有着密切的经济、社会和空间的联系，城市是区域的政治、经济、文化、信息的中心，城市的发展可以带动区域的发展，而区域经济又是城市发展和规划的基础，城市规划制定与区域经济发展是统一的整体。

中国的城市规划工作从20世纪50年代初起步，经历了近30年的曲折历程，至80年代初期，才得以恢复和健康发展。1990年国家正式颁布了《城市规划法》，使城市规划工作实现了历史性的重大跨越，有着明显的变化和发展，取得了很大成绩，积累了有益的经验。第一，是由传统的城市规划向现代城市规划转变。从过去孤立地搞建设规划发展成为以整体规划原则进行城市规划，把建设规划、经济规划和社会生态环境规划三者紧密结合，而且是动态发展的，不是静止终极的，是对城市不断地控制和管理的过程。第二，各级政府主要领导重视城市规划，把规划作为建设和管理好城市的"龙头"。北京、上海、西安等一些城市成立了以市长为首的规划委员会，负责统筹协调规划工作。第三，宣传提高城市规划意识。经验证明，提高规划意识是科学决策的基础。提高规划意识就是要树立整体观念、全局观念、发展观念和群众观念，正确处理当前建设与长远发展的关系，经济效益和社会效益、环境效益的关系，力求避免片面性、盲目性和短期行为。第四，依法加强规划管理，全面实施"一书两证"制度（即发放全国统一的建设项目选址意见书、建设用地规划许可证和建设工程规划许可证）。从1990年国家颁布了《城市规划法》以来，规划管理大大加强，全国审定、颁发"一书两证"共四百多万件，确定了城市用地和建设管理的法律程序，基本保证了城市规划的顺利实施。

进入20世纪90年代以来，在深化改革、扩大开放的推动下，国民经济持续、快速、健康发展，社会主义市场经济体制逐步建立，给城市建设和发展带来了蓬勃生机，增添了新的动力和活力。但是，在城市大规模开发建设和持续快速发展过程中，城市规划工作也出现一些新的矛盾。比如，以权代法和法人违法的情况时有发生；在招商引资和房地产开发中一度急于求成，片面追求经济利益，造成国有土地资源流失；城市市区高强度、超负荷开发，影响环境质量和生活质量，加剧了城市交通和基础设施的供需矛盾；一度开发区过多、过滥，规划管理失控，造成土地的闲置和浪费，破坏了城市发展的合理格局。这些都是迫切需要解决的现实矛盾。

当前中国城市普遍面临一个制定或修订跨世纪城市总体规划的问题，这首先涉及明确城市规划的指导思想和城市发展的战略、原则。把握好现代城市形成与发展的规律、空间形态和标准，面对现实，面向未来，适应社会主义市场经济发展和对外开放、对内搞活的经济需要，以科学的态度和实事求是的精神来描绘跨世纪城市发展建设的蓝图，这是中国城市规划的指导思想。坚持可持续发展是城市发展的一个重大战略和原则。因此必须把控制人口、节约资源、保护环境放在重要位置，使人口增长与生产力的发展相适应，使经济建设与资源环境相协调，形成良性循环。

中国城市规划遵循的具体原则是：第一，从实际出发，正确处理城市与乡村、生产与生活、局部与整体、近期与远期、需要与可能的关系，并且考虑治安的需要以及地震、洪涝等自然灾害因素，统筹兼顾，综合部署。特别是城乡之间要互相促进，相互支援。一方面农村的发展需要城市的援助；另一方面城市的繁荣也要以农村的稳定发展为基础。第二，合理地、科学地安排城市各项建设用地。中国人多地少，人均耕地面积在逐年减少，因此，城市建设必须以节约用地为原则，尽量利用荒地、劣地，少占耕地、菜地、园地和林地。第三，切实保护和改善城市生态环境。防止污染和其他公害，保护和扩大城市绿地，搞好绿化建设。对现有城市的污染源要限期治理，城市工业企业要合理布局，严格制止在城市上风上游地段建设有污染的项目。第四，切实保护文物古迹，保持与发扬民族风格和地方特色。中国是一个有五千年历史的文明古国，许多城市中保存有丰富的文化遗产。在城市建设和发展中不仅要认真保护，而且要防止"建设性破坏"，即在修复文物古迹时画蛇添足，失去原有的历史风貌。第五，因地制宜。根据不同地区经济社会发展的不同情况和客观发展规律，确定城市的性质、发展方向、目标、城市结构框架、规模和布局。大、中、小不同类型的城市不要脱离实际，相互攀比，应当突出自己的特色，包括自然的特色和传统文化的特色。

城市规划的另一个重要问题是，规划的制定、城市国有土地的出让、转让和房地产的开发要逐步走上规范化、法制化，提高规划成果的质量。我们现在正开始组织制定全国的城镇体系规划，制定《城市规划法实施条例》，进一步完善规划管理的法律体系，加大执法的力度。根据近几年城市开发建设中出现的一些新情况、新问题，建立和健全城市规划的法律和约束机制。坚持城市规划管理权高度集中，牢牢掌握在市政府及其城市规划行政主管部门手里，不能分散，更不能层层下放，以免造成城市空间人为的割裂、违法用地和违法建设的严重后果。

城市规划方面需要研究的问题很多。在面临跨世纪的重要时刻，规划、建设和管理好城市是时代赋予我们的历史责任。奥地利城市在这方面积累了丰富的经验，我们希望利用这次会议的机会，交流学习你们的先进经验，使中国城市的规划工作上一个新台阶，取得更大的成绩。

谢谢！

经济形势分析与宏观调控对策*

——在中国社会科学院经济形势分析与预测
1996年春季座谈会上的开幕词（摘要）
（1996年5月3日）

一

关于对1996年经济形势的分析，主要有两大问题：一是1993年中以来的"软着陆"是否已经到位？这一轮的经济波动何时到达谷底，何时转入新一轮周期的回升？二是宏观调控应采取何种对策，方向与力度如何把握？

就第一个问题来说，各方面的意见不尽一致。有的认为，1996年年上半年到达谷底，下半年转入回升；有的认为，1996年年底到达谷底，1997年转入回升；还有的认为，1997年是谷底，1998年转入回升。不论是哪种可能，关键的问题归结于宏观调控政策的取向。

在1996年宏观调控政策的取向上，也有三种意见：

第一种意见认为，应该停止从紧政策，转向放松政策。也就是说，宏观调控的方向应该改变。主要理由是：目前我们面临着就业压力大、国有企业困难大的问题；同时，经过近三年的紧缩，能源、交通、原材料等"瓶颈"制约已趋缓解，一些生产资料已处于闲置状态或出现积压。

第二种意见认为，应该继续采取"适度从紧"的政策，不能放松。主要理由是："软着陆"尚未到位，各方面要求大干快上的势头强劲，物价形势依然严峻，通货膨胀率反弹的压力还很大。

第三种意见认为，兼顾以上两种意见所提出的理由，应该考虑在坚持总量上"适度从紧"的原则下，根据经济波动的态势和物价上涨的态势，审时度势地进行微调，该紧的还是要继续紧，该松的可以有重点地、结构性地、适度地和逐步地有所放松。

所谓"该紧的还是要继续紧"是指，对于固定资产投资总规模的控制，对于新开工项目的控制，对于房地产、开发区建设的控制，对于贷款总规模和新增货币发行量的控制，对于财政支出和赤字的控制，对于物价上涨幅度的控制，等等，还是要从紧。

所谓"有重点地放松"是指，对于经济效益好、产品有市场的国有企业，在流动资金方面应该给予支持，以促进有效供给的增加。

所谓"结构性地放松"是指，对于农业、基础设施和基础工业等"瓶颈"部门，对于国家重点投资项目，要给予一定的倾斜政策，保证资金到位，以促进产业结构的调整与升级。

所谓"适度地放松"是指，在方向和力度的把握上，要加以控制，避免激起经济增长率和通货膨胀率的强烈反弹。

所谓"逐步地放松"是指，在时间的操作上，要随着波动态势的推移而有计划、有步骤地进行。

以上对于1996年宏观调控政策取向的三种意见，目前都有人主张，各自也都有其道理。而且，随着时间的推移，主张第一种意见的人正在增加，特别是各地方以及企业方面。我个人是同意第三种意见的。

二

另外一个重要的问题是，关于使物价上涨率低于经济增长率的问题。这里，我想说这样几层意思：

第一层意思，如果不去追问物价上涨率与经济增长率这两者的挂钩在理论上和实际上都存在着含糊不清的问题，而仅从近几年来我国的物价上涨率高于经济增长率的实际情况出发，强调首先要把过高的物价上涨率降低到经济增长率以下，我认为，这是可以暂时接受的。因为这是针对我国近几年来的特殊情况而言的。

第二层意思，如果把物价上涨率低于经济增长率作为物价上涨可以被接受的标准，作为经济运行状况良好的标准，那么我认为，这个提法是欠妥当的。之所以欠妥当，首先是因为，物价上涨率能否被接受，是由一定时期内居民收入的增长状况、不同居民间收入分配的差距、居民的心理承受程度、商品生产者成本的承受程度等多种经济、社会因素所综合决定的，而并非与经济增长率的高低相挂钩的。其次，把物价上涨率的能否被接受，与经济增长率挂起钩来，在这里，一个重要的前提还没有被认定，那就是，被挂钩的经济增长率是否是一个合理的、正常的、适度的经济增长率。如果经济增长率是一个处于过热状态下的增长率，那么低于这个经济增长率的物价上涨率是否就是可以被接受的呢？比如，就个别年份的情况来说，1993年，物价上涨率为13.2%，低于13.5%的经济增长率，是否可以认为这是宏观经济运行状况良好的一年呢？事实是：这一年是经济过热、经济秩序混乱达到顶峰，不得不转而采取加强宏观调控、整顿经济秩序的从紧政策的一年。

第三层意思，按照经济学的基本原理，与物价上涨率挂钩的，不是现实的实际经济增长率，而是实际经济增长率与潜在经济增长率之间的缺口，或者说，是实际经济增长率偏离潜在经济增长率的程度。所谓"潜在经济增长率"是指在一定时期内，社会的物力、财力、人力这些资源在正常的、充分利用的条件下，所可能达到的增长率。如果实际经济增长率超过了潜在经济增长率，物价就会上涨；反之，则不会上涨。在这里，判断实际经济增长率是否正常、是否适度，就有了一个客观标准。这个标准就是一定时期内的潜在经济增长率。同时，我们要注意的是，物价上涨率同"实际经济增长率与潜在经济增长率缺口"的挂钩，也只是用来说明它们之间的数量变动关系，而不是用来说明物价上涨率是否可以被社会所承受的问题。

第四层意思，从我国目前正处于体制转型时期的情况出发，影响物价上涨率的因素除了"实际经济增长率与潜在经济增长率之间的缺口"这一因素之外，还有价格的结构性调整与价格形成机制、价格管理机制的改革因素。由于价格调整与改革而带来的物价上涨，与一般意义上的通货膨胀还不是同一个概念。我们在考虑控制物价上涨率的时候，还要为合理的、正常的、适度的价格调整和改革留出一定的余地。这个余地可以构成控制物价上涨率的下限。那么，控制物价上涨率的上限，我认为，应该是银行利率。当然，银行利率也要随整个经济形势的变动以及物价的变动而变动。

实行稳定的宏观调控政策促使经济波动的平滑过渡*

——《经济参考报》记者专访
（1996年5月14日）

我国目前正处于两个"五年计划"之交。从1993年开始实行的"适度从紧"的宏观经济调控政策现在是否需要改变或调整？如何正确看待1996年的经济形势？从现在起到进入下一个经济发展周期，包括到2010年的整个期间我们的宏观调控在总体上究竟应该采取什么对策？

对1996年经济形势的分析与预测，关键的问题取决于宏观调控政策的取向。对于经济政策的选择，理论界有三种不同的看法。第一种意见认为，应该停止从紧政策，转向放松政策。主要的理由是，目前我们面临着就业压力大、国有企业困难大的问题；同时，经过近三年的紧缩，能源、交通、原材料等"瓶颈"制约已经缓解，一些生产资料已处于闲置状态或出现积压。第二种意见认为，应该继续采取"适度从紧"的政策，不能放松。主要理由是，"软着陆"尚未到位，各方面要求大干快上的势头很强劲，物价形势依然严峻，通货膨胀率的压力很大，反弹甚易。第三种意见认为，兼顾以上两种意见所提出的理由，应该考虑在坚持总量上"适度从紧"的原则下，根据经济波动和物价上涨的

---

* 本文系《经济参考报》记者高露专访，发表于该报。

态势，审时度势地进行微调，该紧的要继续紧，该松的可以有重点地、结构性地、适度地、逐步地有所放松。

所谓"该紧的继续紧"是指，对于固定资产投资总规模的控制、新开工项目的控制、房地产和开发区建设的控制、贷款总规模和新增货币发行量的控制、财政支出和赤字的控制、物价上涨幅度的控制等。所谓"有重点地放松"是指，对于经济效益好、产品有市场的国有企业，在流动资金方面应该给予支持，以促进有效供给的增加。所谓"结构性地放松"是指，对于农业、基础设施和基础工业等"瓶颈"部门，对于国家重点投资项目，要给予一定的倾斜政策，保证资金到位，以促进产业结构的调整与升级。所谓"适度地放松"是指，在方向和力度的把握上，要加以控制，避免激起经济增长率和通货膨胀率的强烈反弹。所谓"逐步地放松"是指，在时间的操作上，要随着波动态势的推移而有计划、有步骤地进行。随着时间的推移，主张第一种意见的人正在增加，其中包括一些地方政府官员以及企业经营者，而我则同意第三种意见。

在谈到在较长的一段时间里乃至到2010年的整个时期，我们的宏观调控在总体的把握上应该采取的对策时，首先分析了新中国成立以来历次周期中波动幅度的变化情况和现状。在"九五"和到2010年期间，每个经济周期上升、回落的落差幅度应该控制在3个百分点左右，从而使经济波动的总体态势呈现出一个缓升缓降的新局面。出现这样一个新局面的政策含义是，在宏观调控上，需要采取一种稳定性政策，即通过宏观调控，通过松紧政策的交换与搭配，促使经济波动的平滑化，而不能人为地去加大波动的幅度，只有这样，才能真正实现国民经济持续、快速、健康发展。实行稳定性调控政策，有利于为实现两个具有全局意义的根本性转变提供一个良好的宏观经济运行环境。

在谈到物价上涨率与经济增长率的关系时，物价上涨率低于

刘国光
经济论著全集
第
12
卷

经济增长率只能作为我们近期宏观调控的实际操作结果，而不能作为宏观调控的经常性目标。仅仅从近几年我国的物价上涨率高于经济增长率的实际情况出发，强调首先要把过高的物价上涨率降低到经济增长率以下，这是可以暂时接受的，因为这是针对我国的特殊情况而言的。如果把物价上涨率低于经济增长率作为物价上涨可以被接受的标准，那么这个提法是欠妥当的。首先，物价上涨率能否被接受是由一定时期内居民收入的增长状况、不同居民间收入分配的差距、居民的心理承受程度、商品生产者成本的承受程度等多种经济、社会因素所综合决定的，而并非与经济增长率的高低相挂钩。从我国目前正处于体制转型时期的情况出发，影响物价上涨率的因素还有价格的结构性调整与价格形成机制、价格管理机制的改革因素。由于价格调整与改革而带来的物价上涨，与一般意义上的通货膨胀还不是同一个概念。我们在考虑控制物价上涨率的时候，还要为合理的、正常的、适度的价格调整和改革留出一定的余地。这个余地可以构成控制物价上涨率的下限，而控制物价上涨率的上限应该是银行利率。当然，银行利率也要随着整个经济形势的变动及物价的变动而变动，总之要尽可能不出现负利率的局面。

从二战后，特别是自20世纪70年代末80年代初以来，西方主要市场经济国家和一些发展中国家的政府都明确地把抑制通货膨胀作为其宏观调控的目标，至于在客观上能抑制到什么程度，则是由诸种因素所决定的实际结果的问题。有的国家实现的低通胀，正是实行抑制通胀政策的结果，而"低通胀"并不是其宏观调控政策的目标本身。如果我们把"低通胀"作为政策目标，那么，实际执行的结果很可能是通胀的难以控制，这是需要我们认真考虑的。

实行稳定的宏观调控政策促使经济波动的平滑过渡

财政、货币政策将继续"适度从紧"

——《北京周报》记者专访

（1996年5月）

记者（江宛棣）：目前，期望放松宏观调控的要求非常普遍。这不仅是由于今年（1996年）是"九五"第一年，各地和各方面都要求加快发展速度，还由于前几年的过热发展和高通货膨胀已基本缓解下来。目前，交通运输、能源、主要原材料等"瓶颈"制约已开始缓解，而与此同时，国有企业面临的困难则日益严重。为什么仍要在"九五"期间继续实行"适度从紧"的政策而不肯全面放松宏观调控？

刘国光：我认为，要求放松银根以刺激经济增长的意见是不可取的。在当前的宏观形势下，如果按照这种意见去做，必然会导致经济迅速反弹，物价重新猛升，已经进行了30多个月的"软着陆"制动措施取得的成效就有功亏一篑的危险。前些年屡次发生的"软着陆"尚未到位就重新腾空而起，最后被迫摔下来，不得不进行急刹车式的"治理整顿"的教训是我们不能忘记的。

记者：您的意思是不是说，虽然1995年以来宏观经济形势已开始好转，但是基础尚不十分稳固，因而稍不谨慎，仍有再次出现大的经济波动的危险？

刘国光：的确如此。目前看来，第一，是固定资产投资回落的基础不稳固，基本建设的在建规模仍然很大。一些地方上项目铺摊子的投资冲力依然很大。特别由于今年（1996年）是

"九五"伊始，不少地方有一种大干快上的劲头，因此稍有放松，投资需求可能出现猛烈反弹。

第二，是物价回落的基础尚不稳固。前一阶段物价涨幅的回落在相当程度上是靠行政性限价、财政补贴压价和延缓价格改革措施的出台取得的。任何一方面稍有变动，都会使物价涨幅再度爬高。

第三，尽管1995年农业收成较好，但农业基础依然薄弱，农产品供应时有紧张，而食品涨价对物价上涨的压力仍然较大。

第四，微观经济基础困难较多。特别是国有企业资产负债率较高，资金紧张与资金使用率低和大量体外游资并存，因此，靠注入资金和增加总量投入，无助解决这些困难，反而会导致通胀的再度反弹。

第五，虽然1995年货币供应量比1994年回落了6.5个百分点，但实际上仍然偏大。从全年看，1995年经济增长率虽回落到10%以内，物价上涨率回落到15%左右，但整个经济仍在高位上运行，总需求膨胀的危险依然很大，通货膨胀的压力仍然不小。

记者：从今年"两会"刚刚通过的"九五"计划来看，实行"适度从紧"的财政和货币政策，把抑制通货膨胀作为宏观调控的首要任务，这不仅是1996年一年的方针，而且是今后五年，即整个"九五"期间宏观调控政策的主旨。这是为什么呢？

刘国光：之所以不仅在1996年一年内，而且在整个"九五"期间选择"适度从紧"的方针，我以为有两方面的原因，即机制方面和运行方面。

在机制方面，目前中国正处在从计划经济向社会主义市场经济转轨阶段，旧体制的一些弊病，特别是国有经济中政企不分、预算约束软弱的弊病仍未根治，很容易发生投资膨胀和经济过热。在我们社会主义国家里，要获得一时的较快速度是比较容易的，因为政府的号召和干预作用很大。但是，在高速发展的情

财政、货币政策将继续『适度从紧』

269

况下要使财政基本没有赤字，不发生严重的通货膨胀，那就不那么容易了。既要有一个比较实在、比较高的增长速度，又能保持财政的基本平衡，把通货膨胀抑制到老百姓可以承受的最低限度，那就要一方面靠转变经济增长方式，走内涵集约发展的路子，一方面靠财政货币政策上的适度从紧，把住货币和信贷两个"闸门"。

再从经济运行方面看看下一个经济周期的可能的走势。当前周期谷底的位置是比较高的。假定1996年为谷底，经济增长率将达到9%左右，物价上涨率将达到10%左右，都不能看作低速度和低通胀。从如此之高的谷底起点上看，下一个经济周期上升的空间余地不是很大。因此，如果宏观调控放松了，并让经济增长率按照过去周期峰谷落差（改革开放以来前三个周期的峰谷落差为6到7个百分点）回升上去，那将势必导致猛烈的过热增长和更加猛烈的通货膨胀，我国的经济肯定承受不了。所以，从经济周期运行的轨迹看，今后五年采取"适度从紧"方针，把抑制通胀放在宏观调控任务的首位，是必要的。

记者：能否解释一下"适度从紧"的确切含义是什么？

刘国光：所谓"从紧"是指总量上要从紧，但是结构上要有的松，有的紧。

记者：这是什么意思呢？

刘国光：比如有些项目，如三峡、京九、能源、交通、农业及一些第三产业，该上的还是要上。而对一般加工工业的固定资产投资等方面，则要继续从紧。或者说，对一些有市场、有效益的项目和企业，要支持发展；反之则要限制。

所谓"适度"是指在财政、货币从紧的同时，仍要注意保持一定的经济增长率和较低的物价涨幅。我个人认为，在未来几年中，经济增长率降到8%左右，通货膨胀率降到4%~5%以下较为理想。我国经济的持续稳定发展需要有一个宽松的环境，特别目前国有企业的改革更是如此。而宽松的环境即包括适当的经济发展速度和相对较低的通货膨胀率。从目前来看，要创造和维持这种宽松环境的主要办法，即实行适度从紧的财政和货币政策。

财政、货币政策将继续『适度从紧』

努力探索搞活国有中小
企业的新路子*

（1996年6月20日）

党的十四大以来，党中央、国务院把深化企业改革，特别是国有企业改革作为经济体制改革的重点。几年来，各地区、各部门、各行业都在积极探索国有企业的改革，并且取得了一定的进展。当然，目前深化企业改革也遇到不少困难和问题。我们应当不断总结改革实践的经验，继续抓好试点工作，并以试点的突破带动面上的改革，做到点面结合，整体推进。

各地中小企业改革经验应予充分重视

中小企业在我国经济中占有十分重要的地位。综观世界所有国家，就企业规模而言，大、中、小构成了一个宝塔形，即少数大企业处于宝塔的顶尖，大量的小企业构成了宝塔的底座。我国也不例外。据统计，1994年年底全国在工商部门登记注册的企业共857万户，其中大中型企业不到2万户，小型企业的比重高达99%以上；就是在20多万户"三资"企业中，中小型企业的比重仍然高达99%。在国有经济中，中小企业的比重也很大。由于大中型企业绝大部分是国有企业，所以国有企业中的中小企业比

---

　　* 原载《光明日报》。

重低于全部工业中的这一比重。据有关资料，1994年在我国独立核算的79731个国有工业企业中，大、中、小企业的比重分别为5.02%、13.17%和81.79%。在我国，素有大中型和中小型企业的说法，如何区分二者中的中型企业呢？在这里，我同意将中型企业的上半部分，即中（一），划到大中型企业中去，而将中型企业的下半部分，即中（二），划到中小企业中去。

我国的中小企业，特别是国有和城市集体中小企业，有相当部分是从过去的“五小”工业（小钢铁、小煤矿、小农机、小化肥、小水泥）发展而来的。就其整体来看，与大中型企业相比，技术水平落后、管理和劳动者素质较低、设备陈旧、本地市场有限，加上产权不明、政企不分，效益普遍低下。因此，城市辖区和县的大部分企业，有没有必要和能不能办成国有化程度很高的企业，很值得探讨。党的十四届三中全会的《决定》和五中全会的《建议》明确提出，国有小企业可以承包、租赁、兼并、拍卖（包括卖给私营者和国外投资者）。山东诸城市将企业资产评估价值，折成股份，大体相当地出售给了原企业的职工，企业财产为企业的职工共有，形成新的股份合作制企业。这有利于政企真正分开，符合小城市的生产力水平。这种勇于试验、大胆探索的精神值得肯定。当然，在诸城市搞活国有小企业的多种形式中，股份合作制只是其中的一种。就是这一种形式，它们也还在继续试验当中，还需要不断总结经验、包括在实践中纠正已经出现的问题，使之不断完善起来。

中小企业如何深化改革，是国民经济中的一个十分迫切的问题。目前，许多县和城市辖区所属的相当一部分国有和城镇集体企业严重亏损，不但不能提供税收，以增加财政收入，反而成为区、县级财政的沉重包袱，使全国2/3的小城市和区、县财政困难，一部分企业包括行政事业单位职工连工资都不能正常发放。因此，将小城镇和区、县所属的国有企业和城镇集体企业搞活，

变微利、亏损企业为能获得社会平均利润甚至超额利润的企业，能简单再生产和扩大再生产，能为社会提供有效供给，能为国家上缴税收，对改善财政、增加就业、稳定社会都有着非常重要的作用。而一些乡镇企业，是由原来的社队经济发展起来的，同样也存在着乡、镇政府和村委会以出资者的名义干预企业的生产经营管理活动的问题。一些乡、镇和村行政，将企业视作小金库，相当多的支出出于企业，影响了企业的积极性。乡（镇）、村办企业，虽是集体所有制性质的企业，但实质是一个乡、镇或者村范围内的"小全民"。因此，用职工股份的形式明晰乡镇企业的产权，不失为改革的一条路子。

对于诸城市的企业改革，也有一些不同意见。改革实践中要允许大胆试验，勇于创新；也要允许有不同意见进行探讨。问题在于用什么标准来判断改革的成果。我认为，说到底还是邓小平同志讲的"三个有利于"。有些国有企业连年亏损，企业吃资产，吃银行贷款，一些企业净资产比例很低，甚至为负数，成为没有净资产的国有"空壳"企业，很多人对此习以为常；而当把这些企业资产从实物形式变成价值形式时，则议论纷纷。这种观念需要从根本上加以转变。

关于搞好搞活国有中小企业的几点看法

第一，要进一步解放思想，实事求是，抓住机遇，大胆试验，务求突破。关键在于从实际出发，因地因企制宜，分类指导，对症下药。根据不同企业的特点，采取不同的改革举措和经营方式，不搞一个模式、"一刀切"。对于亏损企业和数量众多的小型工商企业，应继续走改、转、租、卖、并、破的路子。能联合则联合，能兼并就兼并，该拍卖就拍卖，该破产就破产，不要搞得既不死又不活。要切实解决企业面临的矛盾和困难，优化资本结构，强化企业改造，分离和分流富余人员，建立企业增资机制，解决国有企业负担过重，进行债务重组。小企业的债务问题应当以产权改革和资产重组方式为主来解决。企业改革，归根结底都要结合本地实际情况。

第二，应当有步骤地放开搞活中小企业。遵循中央和国务院提出的"抓大放小"的方针，各级政府根据自己的理解，都在"抓大放小"，各地都有自己的"大"，也有自己的"小"。这里值得研究的是各级政府应当有自己的工作重点。对于"大"和"小"，全国应当有明确的政策界限。属于"抓"的范围，不论哪一级都应当"抓"，属于"放"的范围，不论哪一级都应当"放"。特别是小企业，步子应当迈得大一些，不要错过有利的时机和条件。然后，再逐步扩大到中型企业。

第三，要正确处理企业改革和宏观配套改革的关系。两者要协调配合，相互促进，为建立现代企业制度创造良好的外部条件。当前，最重要的配套改革，是转变政府职能，真正做到政企分开。要理顺产权关系，明确投资主体，建立有效的国有资产监督和运营机制，实现出资者所有权与企业法人财产权的分离；实现国家的国有资产所有者职能与社会管理者职能分开；政府的国有资产行政管理职能与营运职能分开。要按照政企分开和精简、统一、效能的原则，继续和尽早完成政府机构改革，变直接管理为间接管理，落实企业经营自主权。配套改革的另一个重要方面，是建立社会保障体系，特别要抓紧建立和完成养老、失业、医疗保险制度，减轻企业办社会的负担。同时，要健全市场体系，加强市场管理，搞好生产与流通、内贸与外贸的结合。要继续深化财税、金融、投资体系的改革，进一步完善税收体系，加快专业银行转为商业银行的进程，为深化企业改革创造良好的外部条件。

第四，要以法律为依据，对企业改革行为进行规范。《企业法》《公司法》《劳动法》及有关条例、法规，是企业改革行为规范的根本依据。这些法律、法规的制定，是改革的成果，也是企业改革能否取得成功的根本保障。因此，各方面都必须不折不扣地认真贯彻落实。企业是市场的主体，建立现代企业制度，是规范市场主体的重要工作。假如企业不按法制办事、不依法经营、不规范企业行为，就不可能建立起完善的市场体系。因此，有必要通过建立现代企业制度，改革企业行为规范，转换企业经营机制，加快企业结构调整与重组。

第五，做好企业管理的基础工作。进行科学管理，是建立现代企业制度的重要方面。目前相当一部分国有企业存在管理松懈的问题。企业管理的重要性，在于它是企业的一项十分重要的基础工作。企业管理搞不好，产品质量低劣，成本居高不下，财务混乱，劳动纪律松懈，生产和其他方面无周密的计划，就谈不上有较高的劳动和工作效率，也谈不上有市场竞争能力和取得较好的经济效益。当然，理顺产权关系，有利于促进做好企业管理工作，但是产权改革本身不能和企业管理互相代替，没有扎扎实实的企业管理工作，就是再好的产权关系也不能使企业立于不败之地。这就是在相同的产权关系的条件下，企业经济效益有高有低的根本原因。所以，不能认为产权"一改就灵"。有人对产权改革的评价是：有效果，但是不大。这个评价是比较恰如其分的。目前我国中小企业管理人员普遍缺乏企业管理知识，这是不能做好管理工作的一个重要原因。

第六，尽量增加改革的透明度。我国的产权改革是在产权市场还没有发育起来的条件下进行的，这本身就使产权转让的公开性和公平性原则受到限制。由于产权转让的价格形成缺少市场因素，就可能为一些不正当行为提供可乘之机。因此，要尽可能增加改革的透明度。无论是采取哪种改革方式，都应当科学合理地进行企业资产评估，防止低价倾销，强买、强卖，以及以其他变相的方式私分国有、集体资产。同时，要防止权力寻租、权钱交易等一些腐败现象发生。

第七，加强对产权转让所得资金的管理。对于国有企业产权转让所得资金，有的地方是财政部门管理，有的地方是国有资产管理部门管理。还有的地方专门为此成立了投资经营公司。对于集体所有制企业资产转让所得资金，由于这部分企业投资来源复杂，一时难以确定归属，有的地方采取由国有资产管理部门代管的方式。对于这部分资金，问题不在于由谁家管理，更重要的是使用方向。不能用这部分资金弥补地方财政的不足，更不能直接用于消费性开支；而应当用于发展生产，促进当地产业的更新换代，特别是用于急于发展的高科技产业。同时，可以以这笔资金为基础，建立起发展生产的周转基金。其使用方向由政府根据计划确定，用以调控当地生产发展方向。生产周转基金的使用应以银行为媒介，以保证其有稳定的增值来源；银行依据政府计划，与使用者建立起债权债务关系。

努力探索搞活国有中小企业的新路子

对当前经济形势与若干流行
观点的一些看法[*]

——在中国社会主义经济规律系统研究会
第八届年会上的发言
（1996年8月21日）

我国从1993年年中开始实行加强宏观调控和适度从紧的方针，到现在已经三年多了，实行的效果如何？当前经济形势如何？这一方针政策是否需要改变或者调整？各方面人士都很关注这些问题。

对于当前中国经济运行状态，我国经济学界和经济界人士似乎普遍有这样一种感觉，就是宏观经济运行基本正常，但以企业生产经营状况为主的微观经济形势不怎么好。这种看来不合逻辑、相互矛盾的判断，有着事实的支持。

从宏观经济运行来看：（1）在继续实行适度从紧政策的情况下，国民经济总体上保持适度增长，今年（1996年）上半年GDP比上年同期增长9.8%，与1993年以来各年增长速度相比，呈持续回落态势，但仍保持了较高的速度。上半年农业生产形势不错，夏粮创历史最高纪录，总产量达1100余亿公斤。工业生产保持了稳定增长，全国乡及乡以上工业完成增加值比上年同期增长

---

* 曾在《经济学动态》1996年第9期、《开放潮》1996年第6期、《价格理论与实践》1996年第10期 《宏观经济管理》1996年第11期、《沿海经济》1997年第1期等处全文或摘要刊载。

了13.3%，7月与上年同月比增长12.2%，1—7月与上年同期比增长13.1%，这个速度不能算低。（2）市场物价涨幅进一步减弱。自1994年10月市场物价增幅达到峰顶（比上年同月增长25%）以来，到今年7月末月同比上涨5.8%，已持续21个月呈逐月回落态势。今年上半年商品零售价格比上年同期上涨7.1%，比去年（1995年）同期上涨率18.5%回落11.4个百分点，比去年全年上涨率14.8%回落7.7个百分点。1—7月物价涨幅进一步降到6.9%。自去年11月以来，零售价格月同比涨幅已连续9个月低于10%，落到一位数，5月为6.5%，6月为5.9%，7月为5.8%。（3）财政收入增长较快，金融形势保持稳定。上半年国内财政收入（不含债务收入）同比增长17.7%，增长幅度高于去年同期11个百分点。金融机构存贷款稳定增加，货币增长得到控制，狭义货币供应量M1的增幅，今年上半年已由去年同期的21.2%降到15%。（4）外贸方面，虽然上半年出口额比上年同期下降了8.2%，进口额比上年同期增长了11.6%，但是，1—5月曾经出现的进出口贸易逆差430亿美元，到6月被克服，上半年仍出现了8.8亿美元顺差。7月出口降幅比上半年有所减小，进口增幅比上半年进一步回落，1—7月外贸顺差累计20亿美元。利用外资继续增加，上半年外商实际投资比上年同期增长20.18%。国际收支情况良好，截至7月末，国家外汇储备达到近900亿美元，比去年年末增加130亿美元。美元人民币汇率稳定在1美元等于8.32元人民币左右。

由上可见，上半年我国宏观经济运行态势基本上是正常的，有人说是1993年以来最好的一年，相对来说，也不为过。这是1993年开始实行的加强宏观调控政策和1994年以来对财政、金融、外贸等体制改革取得成效的表现。这为实现1996年全年和整个"九五"期间的宏观调控目标打下了较好的基础。

当然，对宏观经济形势不可盲目乐观。一些国民经济综合性指标，包括结构、效率、失业率、收入分配等情况都不太好，财政、金融、外贸情势也存在一些问题，潜伏着一些隐患。物价涨幅的回落，在相当程度上是用行政手段、财政补贴限价压价的结果，不很牢靠。经济总量关系很难说已经协调。这些都严重制约着经济的发展。尤为突出的是，相当一部分工业企业的生产经营情况不太好，特别是部分国有企业面临很多困难。据对全国38万户乡级以上独立核算工业企业统计，上半年实现利润总额与去年同期比，下降了36.3%，亏损企业亏损额比去年同期上升了50.5%。其中，国有企业利润同期比下降88%，亏损额上升50.7%。企业占压资金多，使用效率差，以及企业间相互拖欠继续增加，也增大了银行的金融风险。停产半停产的企业和下岗待岗人员增多，有5%~7%国有企业长期处于停产半停产状态，涉及职工750万人，6月末城镇登记失业人员达到525万人，登记失业率为2.9%。以上两类人员（下岗待岗、登记失业），再加上一部分离退休费标准偏低人员和其他城镇优抚救济对象，生活都比较困难。由此引发的一些社会不安定问题比过去增多，需要引起高度重视。

对于当前经济运行中宏观微观的反差和矛盾，应当如何认识和对待，这是目前一个热点问题。中国经济改革前几年在明确了建立社会主义市场经济体制的目标、进入了改革的新阶段后，很快又遇到经济过热、经济秩序混乱的局面，于是自1993年年中开始，从加强宏观调控入手进行整顿，几年来逐步取得成效，尽管宏观调控体制距离完善的程度仍然遥远。可是它的微观基础特别是企业改革则更迟步缓进，不适应建立社会主义市场经济体制特别是加强和完善宏观调控体系的要求。企业效益滑坡、部分国有企业困难加大，就是这种不适应的重要表现。产生这些现象的原因是什么？如何治理？有各种不同意见，其中有一种越来越流行的意见认为，当前中国经济周期已经处在经济萧条后期阶段，这一轮经济周期已到谷底，目前已经出现需求不足，资金紧缺，物价过跌，故而产生国有企业困难加剧、失业压力加大的问题。由此提出主张，要改变目前宏观调控政策的大方向，停止执行适度从紧的政策，不再把抑制通货膨胀作为宏观调控的首要任务（原定整个"九五"期间都要实行这一方针），而要把解决失业和刺激增长作为首要任务；为此应采取放松银根的政策，使经济周期迅速从低谷转向回升。

上述观点并不是占统治地位的观点。但目前在一些人士（包括经济理论界人士）中颇为流行，其影响也不能小视。正确的观点和政策要在不断与上述观点和主张的研讨和交锋中形成和贯彻。这次研讨涉及的问题很多，下面谈几点主要的。

第一个是总量平衡问题，当前是不是出现了严重的需求不足？

今年（1996年）上半年，全国工业产销率比去年同期曾有所下降，产成品库存比去年同期上升。同时，工业开工率不足，停产半停产现象比较严重。能不能由此得出结论，当前总量平衡关系处于总需求不足的状态，因而宏观调控政策的取向，应当由适度从紧的控制需求，转变为从松的刺激需求的方针？

回答是：不能得出这个结论。首先，今年上半年固定资产投资增幅虽然继续回落，但这是在前些年投资增长过快基础上出现的回落，上半年投资增加幅度达到18.6%，扣除物价因素也有12%左右，比上半年国内生产总值增长幅度9.8%高2.2个百分点，占GDP的比重为22.5%，比上年同期提高0.2个百分点。由此看来，固定资产投资增长比较适度，保持了对经济增长的适当拉力，不能说投资不足。从今后一段时间看，投资扩张的冲动仍很大，光是"八五"结存到"九五"的国家计划内在建大中项目规模就不小，加上计划外以及非国有投资的在建项目，建设摊子就已经过大，又普遍大幅度地超预算，不少在建工程项目资金缺口很大，要消化这些缺口至少还需要两三年时间。"九五"规划规定全国经济增长目标是年增8%，但是各省市上报的规划都超过8%，普遍存在大干快上的劲头。所以，对投资需求绝不是刺激扩张，而是继续防止扩张失控的问题，否则就会重复过去投资过度膨胀引起经济过热的后果。

从消费需求看，今年上半年社会商品零售总额比上年同期增长21.2%，扣除物价因素，实际增长13.2%，大大高于经济增长率（9.8%），也高于以往正常年度增长幅度为8%～9%的水平。从城乡居民收入增长和消费品市场增长的趋势看，今后一段时间也不存在消费需求不足问题。但是随着收入和消费水平的提高，消费需求的结构将发生变化，如供给结构不能适应，有可能影响总量平衡。

工业产销率低、库存增加、部分企业开工不足等情况，从宏观上看，主要是前些年经济过热时投资规模急剧膨胀，盲目上了许多低水平重复建设项目，以致生产能力明显超过市场正常需求，而在加强宏观调控后需求总量逐步走向正常的过程中，结构调整又跟不上宏观调控要求的结果。目前产销率低、开工不足的，主要是那些低水平重复建设现象严重、生产能力明显超过市场正常需要的行业和产品，如纺织、平板玻璃、一般机电以及某些日用消费品等。必须根据国内外市场需求和竞争条件的变化，对这些行业和产品实施战略性调整、改组和改造，加大结构调整力度，才能解决。

关于国外需求是否不足的问题。今年上半年进口贸易顺差由上年同期131.7亿美元降为8.8亿美元，减少了120多亿美元，从这一点来看，出口对经济增长的拉力确实大大减弱。但今年上半年进出口形势的变化（出口减少，进口增加），主要与国家实行降低进口关税同时取消进口减免税优惠、下调出口退税率以及出口退税缓滞等政策因素有关。近两个月随着企业逐步适应税收政策的调整和出口退税加快，月度出口逐月增加，逐步恢复稳定增长。进入第二季度以来，一些企业突击进口的情况已经消除，上半年已实现扭逆为顺。据国际货币基金组织预测，今年全球经济增长4%，国际贸易总量增长7%，所以国际市场也不存在需求不足的问题。关键在于我国产品是否有竞争能力，能够出去（上半年我国出口额下降8.2%，国有外贸企业出口下降幅度较大，为26.6%，外商投资企业出口则快速增长，为38%，这个情况值得注意）。

第二个问题：资金供应是否过紧？银根到底紧不紧？

这个问题与前一个问题即需求是否不足问题相联。如果目前总量平衡关系中的主要问题是需求不足，逻辑的结论当然是与资金供应过紧有关。主张改变当前宏观调控方向由紧变松的人士，无不认为当前国有企业困难的一个重要原因是资金紧张、银根紧。

由于我国经济体制转轨尚未完成，国有企业软预算约束依然存在，负盈不负亏的机制依然存在，因此企业资金紧张是一种恒常现象，即使在银根宽松时，也是这样。

我国实行适度从紧的财政政策和货币政策已经两三年，但是随着宏观经济形势的好转，从去年第四季度起在总体上继续适度从紧的前提下，以微调方法开始放松调控力度；今年上半年加大了在总体从紧情况下对有市场、有效益的生产经营和重点建设的支持力度。去年全部金融机构贷款余额比上年增长约26%，大大超过去年的经济增长率（10.2%）和工业增加值增长幅度（14%），银根并非过紧。今年上半年6月底全部金融机构各项贷款余额达54381亿元，比年初余额增长23.4%。1—6月新增贷款比上年同期增长36%，其中国家银行新增贷款比上年同期多增1007亿元，增长幅度达62.5%，也大大超过上半年的GDP增长幅度和工业增加值的增长幅度。再从货币供应来看，代表货币供应总量的广义货币M_2上半年增长幅度达28.2%，既超过经济增长率，也超过计划控制指标（25%）3.2个百分点。这表明货币供应总量仍然偏高。

总之，从总体看，当前资金供应总量并不少。为何呼紧之声不绝于耳？其原因在于资金不合理占用和使用效率低下：（1）被挪用于固定资产投资；（2）产成品库存积压占用增多；（3）企业间拖欠债款幅度增加；（4）弥补企业亏损占用；（5）贷款漏损严重，由于企业经营效益低，企业得到贷款后，真正用于投入生产的资金相对减少，转向利高的定期存款，挪用于非生产性投机，将贷款违法高息拆出，或大量投入股市和期货交易，冲击金融市场，等等；（6）增加固定资产投资的贷款，在目前我国工业结构调整和技术改造迟滞的情况下，往往只能刺激进口设备，不能刺激国内生产。

由此可见，现在的问题，并不在于资金供应不足，而在于银行发放大量的钱，被不合理地占用和低效率地使用。不着眼于这些问题的解决，资金供应再放松多少也不行，只能助长结构和效率的进一步恶化，并导致经济再度过热膨胀。

总之，当务之急，主要不在总量扩张，而在结构调整，包括产品结构、产业结构和企业结构的调整。所以，当前仍有必要继续适度从紧，控制贷款规模，在此前提下，通过微调手段，着重调整资金配置结构，加快资金周转，提高资金效益。今年计划安排国家银行贷款规模6500亿元，根据上半年经济和金融营运情况，下半年还将追加国家银行贷款，用于支持国内外有市场的、接近投产的重点建设项目，支持有市场（能扩大最终消费的）和有效益的生产需要。这是在继续适度从紧前提下有利于调整结构、提高效益的微调，不能把它看成是宏观调控方向的改变。

刘国光

经济论著全集

第
12
卷

第三个问题：物价问题。

今年上半年宏观调控进一步取得的成效，最明显地表现在市场物价上涨幅度继续回落上，在从1994年上涨21.7%降到1995年上涨14.8%的基础上，今年上半年又降到上涨7.1%，前7个月平均降到上涨6.9%。从去年11月起已连续9个月物价上涨率在一位数上运行，并且，上半年物价上涨率还落到经济增长率（9.8%）以下。这样，前些时我国经济学界部分人士和"'九五'规划"文件中一再提出的"首先要把物价上涨率降到经济增长率以下"的目标，刚一提出就提前实现了。在讨论"'九五'规划"时，我曾经指出：以前者低于后者作为优先争取的目标，这种提法有许多缺点。理论上的道理这里不去多说了。从实际来看，物价上涨率低于经济增长率这种关系反映的经济状况，有好有坏，不很确定。例如"八五"期间，年经济增长率为12%，年物价上涨率为11.4%；虽然"八五"期间物价上涨率低于经济增长率，但物价情况很不理想，这种关系掩盖了"八五"时期是新中国成立以来物价上涨幅度最高的时期，也掩盖了有两年（1994—1995年）物价上涨率高于经济增长率的不正常情况。再举一个个别年份的例子。1993年经济增长率为13.5%，物价上涨率为13.2%，低于经济增长率。照坚持这一提法的理解，1993年应该是很不错的了。但大家知道，1993年是经济过热、经济秩序混乱达到顶峰的一年，那年我们不得不采取加强宏观调控、整顿经济秩序措施。今年我们很快达到了原定"九五"期间的物价调控的一个目标，一下子就实现了物价上涨率降到经济增长率以下的要求。但是今年经济运行情况正好与1993年相反，宏观经济形势是1993年以来相对最好的一年。所以，物价上涨率低于经济增长率本身并不能说明什么问题，我们不能满足于这样的提法，不能满足于达到这样的关系。姑且不说现在已经达到的6%~7%的物价涨幅，虽然比过去百分之十几、百分之二十几的物价涨幅低了不少，但它只是抑制通货膨胀的阶段性成果，它本身还是通货膨胀的产物，6%~7%上涨率的水平也不算低；而且，这一阶段性成果主要是依靠行政手段、财政补贴、金融抑制等一些办法来达到的，基础并不牢固。目前，需求拉动的潜在压力仍然不小；由前几年需求拉动起来的最近的成本推动的潜在压力仍在积累；货币供应总量M_2在去年增长29.5%的基础上，今年上半年又比去年同期增长28.5%；农业基础仍然脆弱；工业企业效益不佳等一系列因素，都会对物价走势产生不利影响。所以，抑制通货膨胀作为"九五"期间宏观调控的首要任务这一方针，我认为丝毫也不能放松。但是，如果我们满足于上半年物价涨幅趋缓的局势，满足于物价上涨率已经低于经济增长率，我们就有可能向放弃抑制通货膨胀的主张让步。最近以来，以"适度通胀"来缓解失业、刺激增长的论点再度抬头，"用足10%的物价调控目标"的舆论反复出现，都是这种主张的体现。

改革开放以来，我国经济在获得高速增长的同时，反复面临通货膨胀的困扰。在这种背景下，通货膨胀与失业、与经济增长的关系引起人们的关注。在各种见解中，一部分人士主张对通货膨胀采取宽容态度，主张用较高的通货膨胀率来换取较低的失业率和较高的经济增长率。所谓"两位数的通胀不可怕，两位数的增长才过瘾"的说法，就是这么出来的。这种用通货膨胀去刺激经济增长、替换失业的观点，不仅理论界有人提倡，而且地方、部门、企业都有一些人响应。

其实，经济学者特别是接触过西方经济学的都知道，所谓通货膨胀与失业替换论是从哪里来的。这种主张的理论依据是所谓失业与通胀存在负相关关系的菲利普曲线理论。但是这个理论后来对西方经济出现的滞胀即停滞膨胀的现象不能解释，对解决问题无能为力。理论和实践都表明：用通货膨胀来扩张总需求，至多只会在短时期内提高经济增长率，降低失业率，但这要付出很高的代价。用通胀替换失业的结果，只能是使通胀越来越严重，使经济关系越来越扭曲，最终反过来在治理高通胀时将会带来更加严重的失业。所以，通货膨胀不会提高长期平均的经济增长率和就业率，决定长期平均增长率的是人力资本的投资与效益，是科技进步的速度。通胀替换失业的理论就是在西方，也存在很大分歧，用它来影响我国的宏观经济决策，是很成问题的。

主张对通货膨胀采取容忍态度的人士还有一个退一步的说法，说通货膨胀虽然有害，但由于它们对所有的人造成的损害是相同的，因此虽然人们会发牢骚，但不会有人闹事。失业则不同，它会造成社会不安全。"两害相权取其轻"，用通货膨胀来替换失业是值得的。我个人认为，所谓"通货膨胀对所有人造成的损害是相同的"，这句话是绝对错误的。凡有经济学常识的人都知道，通货膨胀是最坏的再分配，是最坏的税收，它只对少数富者、有办法取得贷款者、投机倒把者、浑水摸鱼者有利，而对广大工薪阶层和其他固定收入者不利。我曾经在不止一个场合讲过，每一次关于通货膨胀问题出来，尽管遭到多数人的反对，但主张对通货膨胀宽容的总是大有人在，这种观点总是要顽强地表现出来。为什么呢？我想这里既有理论认识问题，如前面讲的套用西方某种理论来解释中国现象，但确实也有利益问题。通货膨胀对某些社会集团和成员确实有利，他们是很赞成维持甚至加剧通货膨胀的局面的。对此，我们必须头脑清醒。

当然，解决失业问题不是不重要，但是靠放松银根是不能解决当前中国的失业问题的。在目前的经济体制和运行机制的格局下，靠"大水漫灌"方式放松银根，使所有经营不下去的国有企业能够发放工资和各种补贴；或者继续用外延铺摊子低水平重复建设的办法来扩大生产规模，也不是不可能增加一些就业。但是这种不通过改革、改造和改组，实行两个根本性转变来搞活国有经济，而是用放松银根的办法，对搞不下去的企业进行变相补贴，只能暂时缓解一些失业，是不可能持久的。况且，这种办法只适用于城市工商业，对于广大农村需要从农业转向非农产业的大量剩余劳动力，是没有用处的。而这恰恰是中国就业问题最重要的一块，是中国失业人口最广泛的发源地。农村失业问题之所以难以解决，说到底也还是在于城市工商业等非农产业效率低，既无力为城镇待业人员提供足够的就业岗位，又不能吸收大量农村剩余劳动力。解决中国失业问题要从提高企业效率和在结构调整中适当发展劳动密集型产业，才能从根本上找到出路。全面放松银根，不但对解决失业问题无济于事，而且推动通货膨胀和物价猛涨，只能使城乡失业者的处境更加困难。

鉴于今年上半年物价形势继续好转，今年开年以来物价涨幅月同比指数和半年同比指数都落到一位数以内，也就是大大低于今年计划控制的10%目标；并且，物价上涨率还超前实现了低于经济增长率的期望，因此，一些地方提出要用足今年物价调控目标10%的意见。现在，7月物价上涨率已降到5.8%，1—7月平均物价上涨率已降到6.9%，这与10%的今年物价调控目标的差距不小，如何用足呢？办法是扩大投资需求，放松信贷控制，换句话说，就是把适度从紧的宏调方针转变为扩张性从松方针；再就是多出台一些上调物价的项目。这个意见是不可取的。按照目前的经济形势，如果今后几个月农业不发生特大问题，调价没有特大的动作，物价涨幅可能在微降微升中保持相对平稳的水平。但是如果我们硬要人为地用足10%的调控目标，把物价上涨率由目前的6.9%拉上去，以填足全年上涨10%的差距，那么，今年剩余几个月的物价平均上涨率将达13%~14%以上；如果分解到月份逐月上拉，那么到12月，月同比物价上涨幅度将再度向20%迈步。这样，不但要毁掉几年来辛辛苦苦抑制通胀的成果，而且还会给明年（1997年）留下相当大的"翘尾巴"因素，大大增加明年、后年调控物价的难度，使国民经济重新面临恶劣的物价环境，从而影响整个"九五"期间的经济运行，有可能再次陷入要不断灭火（通货膨胀之火）的困境。所以，用足今年计划调价目标的意见，实在是不可取的。

事后来看，今年计划的物价涨幅调控目标是否定得过松，以致实际执行结果大大低于预期，这有点类似1990年的情况。在1988年和1989年两年物价大幅上涨（18.5%、17.8%）之后，人们预期1990年物价涨幅不会低于10%，但实际这一年物价只上涨了2.1%，这里面的经验、机理，需要研究总结。当然，由于这次调控比较适度，今年物价涨幅不致像1990年那样暴跌。但只要不去"用足"，也不发生意外，今年物价涨幅相当程度地低于计划调控目标并低于经济增长率，看来问题应该不大。因此，我们不能满足于把物价上涨幅度控制在10%以内或者今年预计的经济增长率9%以内，就算万事大吉了，更不可以人为地"用足"计划调控指标，而应在抑制通货膨胀已经获得成果的基础上，百尺竿头，更进一步，继续努力降低物价上涨幅度，为明年和整个"九五"期间的物价调控打下更坚实的基础，为实现"九五"规划创造一个有利的宏观经济环境。当然，也应当抓紧物价形势好转的机会，适当进行一些结构性的物价调整，这是我一贯的主张，但要注意避免物价涨幅的再次大幅度上扬。这种结构性的物价调整，如果做得适时适度，对于改善整个宏观经济环境也是必要的、有利的。

上面，我们从供求关系、资金供应、物价走势等角度，分析了当前广泛流行要改变现行宏观调控政策方向的意见，就是由适度从紧转向扩张性从松政策的意见。我认为这是当前宏观调控工作中极重要的一个问题。因为，中共五中全会和人大八届四次会议关于"九五"规划的《建议》和《纲要》中，刚刚提出了在整个"九五"期间，都要把抑制通货膨胀作为宏观调控的首要任务，并实行适度从紧的政策，是不是因为今年上半年宏观形势继续好转，就要改变政策方向？就我个人的感觉来说，似乎经济界和经济理论界的多数人士并不赞成这种意见，我认为中央决策者也不会同意这种意见。这是因为，当前我国经济的主要症结，在于结构不合理、效益低下、运行质量不好，这些问题也制约着总量平衡问题，但是这些问题不是靠放松银根就能解决的。根本出路还在于中央提出的两个根本性转变，即在经济体制上，从原来的计划经济，现在的双轨体制，进一步向社会主义市场经济体制转变；在增长方式上，从重数量、重速度的外延粗放为主的增长方式向重质量、重效益的内涵、集约为主的增长方式转变。当然，由于中国经济中存在的制约质量、效益、结构的深层次积弊，不是一日之寒，所以，实现两个根本性转变，亦不可能是朝夕之功，需要较长时期的努力，并需要一个比较稳定、宽松、良好的宏观环境。如果国民经济反复发热发烧，波动起伏很大，那就不可能顺利实现和完成两个转变。经过几年来实行比较正确的政策和上上下下的努力，我国宏观经济形势确实大为改善，但还很不牢固，需要我们继续采取适度从紧的政策，为两个根本性转变创造一个比较良好的宏观环境。在坚持适度从紧的原则下，根据经济周期运行的具体态势，审时度势地进行微调，该紧的继续紧，该松的，可以有重点地、结构性地、适度地和逐步地有所放松。所谓该紧的继续紧是指：对于固定资产投资总规模的控制，对于新开工项目的控制，对于贷款总规模和货币供应总量的控制，对于财政赤字和债务的控制，对于物价上涨幅度的控制等，还是要从紧。所谓有重点地放松是指：对于经济效益好，产品有市场的产业、企业，应该给予资金支持，以促进有效供给的增加。所谓结构性地放松是指：对于农业、基础设施以及基础产业中的"瓶颈"部门，对于国家重点投资项目，要给予一定的倾斜政策，保证资金到位，以保证产业结构的调整和升级。所谓适度

刘国光
经济论著全集

第
12
卷

地放松是指，在方向和力度的把握上，要加以控制，避免激化经济增长率和通货膨胀率的强烈反弹。所谓逐步地放松是指：在时间的操作上，要随着周期波动态势的转移而有步骤地进行。只要我们把握好宏观调控政策，我们就能为实现两个根本性转变提供一个比较稳定良好的经济环境，加快以国有企业改革为中心的经济体制的转变和以技术进步为中心的增长方式的转变，使我国经济以更加健康的体制迎接21世纪的挑战。

关于物价形势

——在全国人大八届常委会第21次分组
会议上的发言
（1996年8月）

今年（1996年）上半年，宏观调控进一步取得成效，最明显的是市场物价上涨幅度的继续回落。从1994年上涨21.7%，降到1995年上涨14.8%，今年上半年又降到上涨7.1%，前7个月平均上涨6.9%。从1995年11月起已连续9个月物价上涨率在一位数上运行，并且上半年物价上涨率还落到经济增长率（9.8%）以下。但它只是抑制通货膨胀的阶段性成果。它本身还是通货膨胀的产物。6%~7%的上涨率也不算低。而且，这一阶段性成果主要是依靠行政手段、财政补贴、金融抑制等一些办法来达到的，基础并不牢固。目前，需求拉动的潜在压力仍然不少，由前几年需求拉动带起来的成本推动的潜在压力仍在积累；货币供应总量在1995年较大幅度增长的基础上，今年上半年增长的幅度仍然不小；农业基础仍很脆弱；工业企业效益不佳。这一系列因素都会对物价走势产生不利影响。所以，抑制通货膨胀作为"九五"期间宏观调控的首要任务，我认为丝毫也不能放松。

如果我们满足于上半年物价涨幅趋缓的成绩，满足于物价上涨率已经低于经济增长率，我们就有可能向放弃抑制通货膨胀的主张让步。最近，以"适度通胀"来缓解失业、刺激经济增长的论调再度抬头，"用足10%的物价调控指标"的舆论反复出现，都是这种主张的体现。主张对通货膨胀采取容忍态度的人士有一个说法，说通货膨胀虽有害，但由于它对所有的人造成的损失是相同的，因此，虽然人们会发牢骚，但不会有人闹事。失业则不同，它会造成社会不安定。"两害相权取其轻"，用通货膨胀来替换失业是值得的。我个人认为，所谓"通货膨胀对所有人造成的损害是相同的"这句话是绝对错误的。凡有经济学常识的人都知道，通货膨胀是最坏的再分配，是最坏的税收，它只对少数富者、有办法取得贷款者、投机倒把者、浑水摸鱼者有利，而对广大工薪阶层和其他固定收入者不利。我曾经在不止一个场合讲过，每当新一轮通货膨胀凸显出来时，尽管遭到多数人的反对，但主张对通货膨胀宽容的总是大有人在。为什么呢？我想这里既有理论认识问题，如套用西方某种理论来解释中国现象，但确实也有利益问题。就是说，通货膨胀对某些社会集团和成员确实有利，他们是很赞成维持甚至加剧通货膨胀局面的。对此，我们必须头脑清醒。

关于物价形势

当然，解决失业问题不是不重要，但是靠放松银根是不能解决当前中国的失业问题的。在目前的经济体制和运行机制格局下，用"大水漫灌"方式放松银根，使所有经营不下去的国有企业能够发放各种工资和补贴；或者继续用外延铺摊子低水平重复建设的办法来扩大生产规模，也不是不可能增加一些就业。但是，这不是通过改革、改造和改组，实行"两个根本性转变"来搞活国有经济，只能暂时缓解一些失业，是不可能持久的。况且，这种办法只适用于城市工商业，对于广大农村需要从农业转向非农业的大量剩余劳动力，是没有用处的，而这恰恰是中国就业问题最重头的一块，是中国失业人口最广泛的发源地。农村失业问题之所以难以解决，说到底也还是在于城市工商业等非农产业效率低，无力既为城镇待业人员提供足够的就业岗位，同时又能吸收大量农村剩余劳动力。解决中国失业问题要从提高企业效率和在结构调整中适当发展劳动密集型产业方面下功夫，才能从根本上找到出路。全面放松银根，不但对解决就业问题无济于事，而且会推动通货膨胀和物价猛涨，只能使城乡失业者的处境更加困难。

今年上半年物价形势继续好转，物价涨幅月同比指数和半年同比指数都落到一位数以内，而且大大低于10%，也就是大大低于今年计划控制目标，并且物价上涨率还超前实现了低于经济增长率的期望。因此，一些地方提出要用足今年物价调控目标10%的意见。7月的物价上涨率已降到5.8%，1—7月平均物价上涨率已降到6.9%。这与10%的物价调控目标差距不小，如何用足呢？办法是扩大投资需求，放松信贷控制。换句话说，就是把适度从紧的宏观调控方针转变为扩张性从松方针；再就是更多地出台一些上调物价的项目。我认为这个意见是不可取的。按照目前的经济形势，如果今后几个月农业不发生特大灾害，调价没有大的动作，物价涨幅可能在微降微升中保持相对平稳的水平。但是，如果我们硬要人为地用足10%的调控目标，把物价上涨率由目前的6.9%拉上去，以填足全年上涨10%的差距，那么，今年剩余几个月的物价平均上涨率将达13%~14%以上；如果分解到月，则将逐月上拉，到12月，月同比物价上涨幅度将再度向20%左右迈步。这样，不但要毁掉几年来辛辛苦苦抑制通货膨胀的成果，而且还会给明年（1997年）留下相当大的"翘尾巴"因素，增加明年、后年调控物价的难度，使国民经济重新面临通货膨胀的困扰，从而影响整个"九五"期间的经济运行，有可能再次陷入要不断灭火（通货膨胀之火）的困境。所以，用足今年计划调价目标的意见，实在是不可取的。

事后来看，今年计划的物价涨幅调控目标是否定得过松，以致实际执行结果大大低于预期呢？我觉得，这有点类似1990年的情况。在1988年、1989年两年物价大幅度上涨（1988年零售物价水平上涨18.5%，1989年又上涨17.8%）的情况下，人们都认为1990年的零售物价涨幅不会低于10%，但这一年物价只涨了2.1%。为什么会出现这种情况呢？这里面的经验、机理，需要好好研究总结。当然，由于最近几年的调控力度比较适当，今年物价涨幅不致像1990年那样暴跌。只要不去"用足"指标，也不发生意外，今年物价涨幅将相当程度地低于计划调控目标并低于经济增长率。

综上所述，我认为，我们不能满足于把物价涨幅控制在10%以内或者今年预计的经济增长率9%以内，就算万事大吉了；更不可以人为地"用足"计划调控指标，而应在抑制通货膨胀已经获得成果的基础上，百尺竿头，更进一步，继续努力降低物价上涨幅度，为明年和整个"九五"期间的物价调控打下坚实的基础，为实现"九五"计划创造一个有利的宏观经济环境。当然，也应当抓住物价形势好转的机会，适当进行一些结构性的物价调整，这是我一贯的主张，但要避免物价涨幅的再次大幅度上扬。这种结构性的物价调整，如果做得适时适度，对于改善整个宏观经济环境也是必要的、有利的。

经济增长方式转变要以体制转变为前提 两个"转变"密不可分 互相促进 同步前进[*]

（1996年8月）

1. 体制和增长方式的"两个转变"并不是从现在才开始讲的。十一届三中全会以后，中国经济就进入了一个新的发展阶段，也就是"两个转变"的阶段。在20世纪80年代中期，经济界、理论界，包括我个人在内，就提出过双重模式转换，一重是经济体制的转换，即由过去传统的高度集中的计划经济模式转向市场取向的经济模式；另一重是发展战略转换，其含义要比现在所讲的经济增长方式的转换含义宽一些，包括生产目的的转换、产业结构的转换、消费和积累关系的转换、发展策略的转换、管理制度的转换和发展方式的转换等。其中发展方式的转换实际上就是现在所提的增长方式的转换。

经过十几年的改革开放，上述所提出的一整套转换从效果上来看有很大进展，形势不错，但在增长方式的转换上遇到的困难也比较突出。外延、粗放型的经济增长方式以追求数量、规模、速度、产值为目的，其手段是投入，包括资金、物资和劳动力的投入，而对于经济发展的质量、效率和效益重视不够。而内涵集约型的经济增长方式则要求通过技术更新改造、管理的提高、生

296　　* 原载《领导方向》1996年第8期。

产的集约、人的素质的提高，来求得质量和效益的提高。这点我们即使到现在还是重视不够的。有专家测算过，改革开放以来，我们的经济增长72%是靠投入取得的，只有28%是靠技术进步取得的。这与发达国家相比有很大差距，目前发达国家经济增长50%~70%是靠技术进步取得的，比较好的发展中国家的经济增长平均30%也是靠技术进步取得的。

2. 我们过去长期的经验证明，外延、粗放的发展必然要反复引起经济过热和通货膨胀，反复引起经济大波动。我们改革开放以来，经济的反复已经四次了，每一次的反复都要带来损失，使经济的持续健康发展受到影响，而且经济规模越大损失越大。我们现在经济又上了新的台阶，经济规模更大了，将来还要大，所以总这样波动不行。小波动不可避免，但应当避免大的波动。反复的大起大落、反复通胀是外延式发展、追求数量造成的。此外，我们现在面临发展的新阶段，人们的收入水平从低收入向中等收入迈进，消费档次提高了，消费结构发生变化，比如，吃和穿的消费比重将降低，住和行的消费比重将提高，一般轻工业不能满足，需要大量的基础设施建设和大量的重化学工业，需要消耗大量的能源和原材料。如果按过去的消耗，我们的资源根本承受不了。按国民生产总值与消耗的能源来比较，我们大约要比日本多四倍。中国人口那么多，市场那么大，在人均资源这么低的情况下，根本就难以为继，所以必须要强调集约，强调技术进步，强调能源和原材料节约，不然经济很难上新台阶。

3. 世界经济发展到今天，国家间的国力竞争并不仅仅表现在总量上，更多的是在质量上，在人均劳动生产率上，在这些方面我们与世界发达国家的差距很大。即使在总量进入世界前位后，我们的人均水平仍然差别很大，到21世纪末能不能赶上发达国家也是问题。与此同时，发达国家的某些人士因为看到我们的总量发展很快，担忧所谓"中国威胁"，造成一种形势扼制我们发展。所以，我们应当强调人均差距，应把主要的注意力放在提高质量、效益和人均水平上来，把我们自己和世人的注意力引到这方面来。这还有益于我们与国外更好地做生意，实现经济互补，对于中国妥善处理国际关系也是有利的。

4. 改革开放十几年来，我们国家对发展方式的转换一直比较重视，但进展不大，主要有四个原因。一是各级政府和官员的政绩考核，事实上是与各地的经济发展速度、规模有关系。二是政企不分的旧体制还没有完全退出历史舞台，企业投资预算软约束。三是企业素质较低，没有力量也没有兴趣进行技术改造和创新。四是城乡劳动力较多，需要解决庞大的就业问题。单纯地提高劳动生产率，提高劳动效率，在中国还是不行的。这么多劳动力就业如何解决？

5. 经济增长方式的转换与体制转换是密不可分的，必须互相促进，同步前进。经济增长方式的转变要以体制转变为前提，没有体制转变，经济增长方式就转变不过去。体制上障碍不解除，技术进步也不可能。在中国，主要是整个经济中最重的一部分——国有部分还是老体制，没有转过来，拖了整个经济的后腿。所以，增长方式转换的任务也是主要在国有体制内部。当然，增长方式转换本身还要在发展规划方面体现，在产业结构、科教规划、投资规划、地区布局上都要体现出来。总之，这是两个密不可分的、具有全局意义的转变。

6. 在中国非投入型增长的潜力中，制度带来的增长更重要。当然，技术也很重要，不过二者的关系，和我讲的两个转换的关系是一样的。体制上的障碍不解除，技术进步是很困难的。企业搞技术开发的积极性和压力都要从制度中来。所以二者都很重要，但当前更为迫切的是深化改革，特别是国有部分的改革，要加快体制转换的步骤。

7. 改进技术、改进管理、提高效益当然是一个长过程，经济发展最初要更多地靠投入，也是符合经济规律的。中国人口多，有加大劳动力的投入的条件；另外中国的储蓄率很高，外资环境也比较好，应当说也有资金投入的条件。这些条件，加上世界产业重组，加上政策上的因素，促使我们在一定时期以投入为主，是一个客观上不可避免的过程。而效率的提高、内涵的发展也要有个过程。

在中国现阶段的实际条件下，根据我们的国情，内涵集约型经济增长应当占什么样的比重，要看我们的人口控制情况、劳动力资源的增长情况。因为中国和西方不一样，西方现在劳动力短缺，我们是劳动力过剩，所以不能把内涵和集约的因素一下子提得太高。这里还有个比较优势问题。我们从劳动密集到资本密集、技术密集，到底是什么样的搭配合适，通过什么样的步骤来改变这种搭配，是个目前并没有答案、需要在实践中认真摸索、认真研究的问题。这是中国国情决定的。当然，我们至少不应当低于发展中国家平均水平。另外还有一个时间问题，到2050年集约的比重就要高一些了，但到2000年，恐怕高不了多少。具体的比例要由搞计量经济学的专家来计量和回答。

8. 增长方式的转变不能搞"一刀切"。不能所有的部门、地方、产业、场合，在任何时候都一拥而上，大家都去搞技术更新改造。新建扩建也还要，既然有那么多劳动力，就要上新项目，提供就业机会。另外，该建的基础设施摊子还要铺开。此外还有地区布局的问题，还有新兴产业的发展问题。这些都需要一定的新的投资。

可持续发展战略与生态经济学

——在中国生态经济学会第四届年会暨学术讨论会上的讲话*
（1996年9月6日）

党的十四届五中全会和八届全国人大四次会议确立了我国社会主义建设的科教兴国和可持续发展两大战略，江泽民同志在论述经济建设和人口、资源、环境的关系时指出："在现代化建设中，必须把实现可持续发展作为一个重大战略。要把控制人口、节约资源、保护环境放到重要位置，使人口增长与社会生产力的发展相适应，使经济建设与资源、环境相协调，实现良性循环。"我们生态经济科学的研究者和工作人员要进一步提高研究水平，发挥在实现可持续发展中的作用，为社会主义现代化建设做出更大的贡献。

一、可持续发展战略的内涵

可持续发展战略的概念和内涵是什么？可持续发展战略是人类社会和生态环境同时具有持续性增长的发展。所以从广义来说，可持续发展战略旨在促进人类之间以及人类与自然之间的和谐，寻求建立利于持续发展的社会、政治、经济、生产、技术、管理及国际关系的新体系。可持续发展是一个全球目标。

300　　* 中国社会科学院农村发展所何乃维教授协助起草，经笔者修改定稿。

国务院通过并公布的《中国21世纪议程》中指出："走可持续发展之路，是中国在未来和下一世纪发展的自身需要和必然选择。""可持续发展对于发达国家和发展中国家同样是必要的战略选择，但是对于像中国这样的发展中国家，可持续发展的前提是发展。""在经济快速发展的同时，必须做到自然资源的合理开发利用与保护和环境保护相协调，即逐步走上可持续发展的轨道上来。"

我体会可持续发展战略的内涵包括以下六个方面：

（一）目标

目标是保证经济快速发展，又保护生态环境，使社会经济同资源环境实现良性循环。不仅要安排好当前的发展，还要为子孙后代着想，为未来的发展创造更好的条件。

（二）体系

可持续发展是社会与自然的关系的变革，是以保护资源与环境为前提对社会进行革新，需要建立可持续发展的社会体系。正如《中国21世纪议程》指出的："建立可持续发展的经济体系、社会体系和保持与之相适应的可持续利用的资源和环境基础。"其主要内容是在保持经济快速增长的同时，依靠科技进步和提高劳动者素质，不断改善发展的质量，促进社会的全面发展与进步，建立可持续发展的社会基础；控制环境污染，改善生态环境，保护可持续利用的资源基础；逐步建立国家可持续发展的政策体系、法律体系，建立促进可持续发展的综合决策机制和协调管理机制。

（三）过程

可持续发展是从当前开始，直到实现目标的全过程。在全过程中协调人口、资源、环境与社会经济发展之间的相互关系。

（四）思想

可持续发展是一个理想，实现这个理想目标，首先要从人的思想观念上有所转变。要在全体干部和人民群众中树立环境意识和生态观念。提倡节约，反对浪费。特别要克服"发展"中的片面经济思想，防止以牺牲资源与环境为代价换取暂时的经济增长。

（五）原理

可持续发展的基本理论是什么？我认为主要体现在以下三方面：

第一，可持续发展强调社会公平。《我们共同的未来》指出："贫穷是全球环境问题主要原因和后果。因此，没有一个包括造成世界贫困和国际不平等的因素的更为广阔的观点，处理环境问题是徒劳的。""持续发展则是要满足所有人的基本需求，向所有的人提供实现美好生活愿望的机会。一个以贫穷为特点的世界将永远摆脱不了生态的和其他的灾难。""可以认为社会中权利和影响的分配是大多数环境和发展问题的关键。""持续发展要求：社会从两方面满足人民需要，一是提高生产潜力，二是确保每人都有平等的机会。""在各国内部，土地和其他财产分配的不平等加剧了贫困"，应"向全体人民提供充分的生活基础和使他们平等地取得资源"。

《我们共同的未来》主张建立公平的社会，认为全体人民都有充分的较好生活的权利，持续发展要满足全体人民的基本需要和过上较好生活的愿望；因此要将反贫困作为可持续发展的关键问题。主张土地等生产资料和资源分配要平等，认为如经济增长不包含对他人的剥削，那么持续发展就能与经济增长相一致。

反之，土地、资源占有和分配不平等，经济增长中含有严重的剥削，消除贫困就不可能，可持续发展也就不能实现。因此，可持续发展战略本身就含有社会主义因素。中国是一个社会主义国家，有着施行可持续发展战略优越的社会制度。

第二，可持续发展的原理是环境与发展的统一，认为经济发展问题和环境问题是不可分割的。挪威首相布伦特兰说："环境不能与人类活动、愿望和需要相割裂而独立存在，将其解释为孤立于人类活动之外的企图，使'环境'一词在某些政治场合具有了幼稚的内涵。一些人把'发展'一词也局限于非常狭窄的范围，变成了'穷国变富'应采取什么措施。然而'环境'是我们大家生活的地方；'发展'是在这个环境中为改善我们的命运，我们大家应做的事情，两者不可分割。"江泽民同志在第四次全国环保会议上的讲话说得清楚："在社会主义现代化建设中，必须把贯彻实施可持续发展战略始终作为一件大事来抓。可持续发展的思想最早源于环境保护，现在已成为世界许多国家指导经济社会发展的总体战略。经济的发展，必须与人口、环境、资源统筹考虑。不仅要安排好当前的发展，还要为子孙后代着想，为未来的发展创造更好的条件，决不能走浪费资源、走先污染后治理的路子，更不能吃祖宗饭、断子孙路。"社会经济发展同资源环境统筹安排是可持续发展的基本原则。

第三，生态与经济协调，是可持续发展的核心。经济是社会发展的基础，所以要以经济工作为中心，生态是人类社会和生命系统同自然环境的关系。人类社会和农田、森林、草原、水产的生存与发展都脱离不了资源与环境。解决环境与发展的统一问题就必然首先要解决好生态与经济的协调发展问题。

《我们共同的未来》指出当今世界发生的各种问题、危机和相关的变化将全球的经济和全球的生态以新的形式联结在一起。生态和经济越来越紧密地交织在一起，成为一张无缝的因果网。

经济学和生态学将我们结合在日益紧密的网络之内。实现可持续发展，经济学与生态学必须完全统一到决策和立法过程中，不仅要保护环境，也要保护和促进发展。经济学不仅仅在于生产财富，生态学也不仅仅在于保护自然，他们两者同样都是为了改进人类的命运。以持续发展思想作为指导的政策，要求决策者必须在制定政策时确保经济增长绝对建立在它的生态基础上，确保这些基础受到保护和发展，以使它可以支持长期的增长。贯穿持续发展战略的共同的主题是需要在决策中将经济和生态结合起来。

生态学与经济学相结合，中国早在20世纪80年代初期就产生了生态经济学；生态经济学研究解决的核心问题就是经济与生态协调发展，这是当今可持续发展战略的基本理论原则问题。中国生态经济学会的全体会员过去为此做了贡献，今后的任务和责任就更重了。

（六）方法

可持续发展的方法，就是实施社会经济同资源、环境相兼顾、相统一的发展方法、对策和模式。

1. 要保障经济快速增长，要保证至今尚有6500万贫困地区人口按期脱贫。要合理利用、永续利用自然资源以促进经济增长和脱贫，同时要保护好生态环境，实现生态经济良性循环。

2. 从国家到地区的经济社会发展规划、计划、产业政策、建设项目、城乡发展等宏观与重大的决策，均应统筹安排社会经济与资源环境，建立环境与发展综合决策的机制。

3. 切实地进行经济体制和经济增长方式的转变。工农业生产都要逐步集约经营，达到低耗、高效。

4. 加强治理环境污染，改善生态环境同优化调整产业结构相结合，以提高社会发展水平。

5. 消费结构要合理，消费方式要适应生产力发展水平。制止浪费行为。

6. 要切实加强淡水、土地、森林、草原、矿产、海洋、动植物等自然资源和国土生态环境的保护，在维护生态平衡的前提下对资源合理进行开发利用。生产与生活中都应促进节约资源，提高资源利用的效率。

7. 落实资源经济核算办法，对资源实行有偿利用；对破坏生态环境者应要求其进行经济补偿；对排污费的征收应高于治理成本；市场价格要反映环境与资源的成本。

8. 严格控制人口增长，大力提高人民素质，使广大干部和劳动者都能成为实行和监督持续发展的力量。

二、两个转变中的环境与发展

这次学术讨论的主题是两个转变中的环境与发展问题。这个问题也是生态经济学应该研究讨论清楚的问题。

党中央国务院批准发布的我国环境与发展的十大对策中首先指出："我国经济发展基本上仍然沿用着以大量消耗资源和粗放经营为特征的传统发展模式，这种模式不仅会造成对环境的极大损害，而且使发展本身难以持久。因此，转变发展战略，走持续发展道路，是加速我国经济发展、解决环境问题的正确选择。"

（一）传统发展模式造成环境损害已经非常严重

目前工农业生产传统的粗放经营的发展模式仍然占主导地位。盲目扩建城市和兴办开发区，侵占荒废很多耕地。1995年统计全国征而未用的撂荒闲置土地105万亩以上，珠江三角洲土地面积1.1万平方公里，而城镇规划面积已达9560平方公里，占土地总面积的86.4%。据24省区市1992年的统计，开发区规划面积达2298万亩，相当于全国当年城镇的建成面积。1995年就净减少耕地582万亩。加上耕地施肥不当，仍然注重增加氮肥数量，化肥施用量超过1亿吨，每亩施用量已经高于发达国家平均水平，但是施用方法粗放，有效利用率不足40%，耕地土壤板结，农家有机肥减少，土壤肥力反而下降。近年来全国农药中毒人数年均超过10万人。中国是一个多山的国家，山地丘陵高原占近70%。坡耕地约占耕地总面积的45%，修梯田不足20%，80%以上是坡耕地，水土流失严重。中国草原面积达47.9亿亩，仅次于澳大利亚，居世界第二位，但是至今仍然主要依靠天然草原放牧，由于超载过牧，草原退化严重，每年增加退化面积达2000万亩左右，退化草原占草原总面积近30%。更为严重的是滥垦草原，滥伐胡杨林，造成沙化。从1993年起年年发生沙尘暴，1993年5月的一场沙尘暴就造成80多人死亡，损失数十万只羊，直接经济损失达10亿元以上。据国家环境保护局发布的1995年中国环境状况公报，当前我国资源浪费、环境污染和生态破坏相当严重，1995年的环境状况与上年相比，以城市为中心的环境污染仍在发展，并向农村蔓延；生态破坏的范围仍在扩大。

我国大气污染属煤烟型污染，污染程度在加重，以降尘和酸雨危害最大。酸雨最严重的华中地区，其中心区域酸雨年均pH值低于4，酸雨频率高达80%以上；其次是西南地区，南充、宜宾、重庆和遵义中心区年均pH值低于5，酸雨频率高于80%；不仅南方酸雨普降，就是北方城市青岛、图们、太原和石家庄也降年平均pH值低于5.6的酸雨。

水环境污染呈加重趋势，辽河、黄河、淮河遭受污染，属于受污染的4类、5类标准的河段占半数以上，海河占41%，长江占24%，珠江占22%。1995年6月万县港发生一起罕见的漏油事故，致使长江三峡江段和葛洲坝库区水质受到严重污染。湖泊富营养化严重。巢湖污染最重，6项指标严重超标；滇池8项指标超标；各大型水库污染程度都有所加重。近海水域水质恶化日趋明显。

渔业水域生态恶化呈加重趋势。

工业污染呈加重趋势。1995年工业废气中污染物排放量上升，烟尘比上年增加4.7%，粉尘增加8.1%，二氧化硫增加4.1%。工业废水排放量比上年增长3.2%，其中含化学需氧量增加13.1%，重金属增加7.4%，砷增加4.4%，挥发酚增加17%，石油类增加15.4%。工业固体废物虽然总量增加不多，但是直接排入江河的工业固体废物达636万吨，累计堆存量达66.4亿吨，占地82.6万亩。

农村随着乡镇工业的迅猛发展，产业结构和产业布局缺乏管理，一大部分是重污染的又缺乏"三废"治理的小企业，农村环境污染呈现急剧蔓延的趋势，全国有2/3的河流和1.5亿亩农田被污染，加剧了农村生态环境的破坏。

这种仍然沿用以大量消耗资源和粗放经营为特征、以破坏生态环境为代价的传统发展模式，其恶果已经显明，是不能再继续下去了，必须加强力度、加快速度落实两个转变。

（二）保护环境，实施可持续发展战略，两个转变是最根本的依靠

江泽民同志在第四次全国环保会议上，谈到为了确保环境安全，实现到2000年我国环境与发展的目标时说："这是一项艰巨的任务，我们必须努力完成。为此，必须要首先加强城乡环境的管理，但最根本的是依靠经济体制和经济增长方式的转变，通过速度与效益的有机结合，将单位国民生产总值的污染排放量和资源生态损耗量降下来。经济决策对环境的影响极大。要从宏观管理入手，建立环境与发展综合决策的机制。""我们的经济社会发展，应该是建立在产业结构优化和经济、社会、环境相协调基础上的发展。""在加快发展中决不能以浪费资源和牺牲环境为代价。任何地方的经济发展都要注重提高质量和效益，注重优化

结构，都要坚持以生态环境良性循环为基础，这样的发展才是健康的和可持续的。"

环境与发展、生态与经济的协调发展同两个转变是互为因果的，实现经济体制和经济增长方式的根本性转变，实施科教兴国和可持续发展战略，为我国社会经济在快速发展中保护好生态环境，提供了可靠的保障。

实现经济增长方式从粗放型向集约型的转变，是保障社会经济与资源环境协调发展，实现可持续发展战略目标的关键。集约经营是粗放经营的对称，首先是古典政治经济学家在农业范畴中提出来的。据许涤新主编的《简明政治经济学辞典》：粗放经营是一定量的生产资料和劳动，投在较多的土地上，进行粗耕简作的经营方式。这也就是广种薄收。集约经营是在一定量的土地面积上，集中投入较多的生产资料和劳动，采用新的科学技术措施进行精耕细作的经营方式。这也就是要提高农业生产要素的生产率。可见，粗放经营是外延性的经营，集约经营是内涵性的经营。集约经营按生产要素构成成分分为劳动集约型、资金集约型和知识集约型（或称技术集约型）。现代的集约经营表现为资金集约经营与知识集约经营，马克思曾说："资本集中在同一土地上，而不是分散在若干毗连的土地上"（《马克思恩格斯全集》第25卷，第760页），就是指现代资金集约经营。我国当前社会主义现代化建设全面进行，国家资金紧张，农村又是以家庭经营为基础，资金有限，广泛进行资金集约经营在农村尚有一定困难，就应当充分发挥我国劳动力多的优势，以劳动集约经营向知识集约经营推进，再通过资金积累进行资金集约经营。工业生产一般比农业生产资金集约水平高，但是工业也要改变以外延扩大再生产为主，靠设新项目、铺摊子、追求数量，转变到依靠科技进步和提高劳动者素质上来，以内涵扩大再生产为主，进行技术改革，提高经济效益。所以，我国现时知识集约经营是很主要的。知识集约经营就必须提高劳动者素质，将科技兴国战略落在实处，使广大干部和劳动者素质都能有所提高。对广大干部和劳动者就需要进行敬业精神、生态观念和科学技术三方面再教育。

当前我国生态恶化到十分严重的状况，水旱灾害也达到历史上的最高峰，枯水季节黄河断流，今年（1996年）从2月14日起到7月10日共断流147天达到历史上最长，旱灾严重。然而到8月雨季，黄河流域又遭受了严重洪灾，第一次洪峰花园口站7000多立方米·秒，入山东6000多立方米·秒，因河道泥沙淤积，洪水位超过过去1万立方米·秒时的洪水位，山东沿黄滩区洪灾严重。河北省滹沱河、滏阳河、大清河也发生大洪灾，威胁北京、天津安全。两湖、贵州、广西洪灾也非常严重，就是我国干旱地区的新疆今年也发生了洪灾。我举一个很有意义的例子，河北省邢台县前南峪村当太行山今年普受洪水灾害时，仍然山清水秀、五谷兴旺、林果飘香，一派繁荣景象，大灾之年不受灾。其原因就是前南峪村从1979年以来，开展了生态经济沟建设，经过17年全面治理开发，对全村10条大沟、72条小沟进行了全部治理，据1989年测定，全村植被覆盖率达到93%，其中森林覆盖率达84%，山上植树已经成林，缓坡兴修了水平梯田，控制了水土流失，人均收入从1988年起就超过2000元，收入逐年提高，已经达到小康水平。前南峪村在林间间种高价值的西洋参等药材，在成林中发展畜牧业，缓坡地发展经济林、水果，兴办了林果加工厂，进行"四结合""五化"的集约经营，"四结合"是低级和高级开发相结合、低层次和高层次开发相结合、大农业和乡镇企业发展相结合、工程措施和生物措施相结合；"五化"是生产开发立体化、经营管理科学化、产品加工系列化、产品质量优质化、产销一体化和服务社会化。其将劳动集约、知识集约和资金集约结合起来，使山区的生产要素得到科学合理的配置，创造出很高的经济效益和良好的生态环境。我相信这样的例子不止前南峪村一

可持续发展战略与生态经济学

个，我们生态经济工作者都应多发现这样的案例，进行总结、宣传。十余年来，我国在生态经济相结合协调发展方面有很多成功的事物：如生态农业、农业综合治理开发、小流域综合治理和生态经济沟、生态经济型的防护林体系等，都是目前我国生态经济协调发展，进行集约经营，收到生态与经济高效益的事物。然而开展力度尚不够，必须加大力度进行推广。

经济体制的转变是经济增长方式转变的保障。在计划经济体制向市场经济体制转变中，不仅要建立健全市场经济体制，而且要按照可持续发展战略，进行制度创新，以促进发展与环境协调、生态与经济协调，避免资本主义社会市场经济体制只顾资本家获取利润而将污染公害转嫁给社会的弊病。

制度创新笔者想到如下几方面：

1. 在创建社会主义精神文明和物质文明的同时，还要创建生态文明；

2. 建立节约的社会制度，反对破坏生态和浪费资源，要保护好自然资源和生态环境；

3. 要以可持续发展战略，加强经济宏观指导，避免放任自流，进行社会经济发展生态与经济的全面规划，制定产业政策，控制重污染产业的发展，促进无污染和轻污染产业的发展。

4. 要进行资源资产化，对生态环境进行评价，将资源与环境成本，反映到市场价格之中。国家也应当将资源与环境纳入经济核算。

5. 最重要的是各级政府和经济管理部门要建立生态与经济、环境与发展综合决策的机制。

我再举一个例子，地处珠江三角洲的广东省横门镇。直到1989年，珠江三角洲全都富裕起来，横门镇仍然穷得出名，当时有一些电镀、砖瓦、水泥、炼铜、皮革等污染重的企业看上了这个珠江八大出海口之一的横门镇，纷纷找上门来投高价要求办厂，上这些项目在当时是致富的捷径，但是横门镇的决策者有眼光、有理想，对这些污染项目一一谢绝，提出走资金、技术密集型的工业和旅游业为主，带动第三产业发展的路子，全力进行修公路、建供水系统等基础设施建设，同时保护生态环境，搞绿化、禁止打鸟、禁止建污染项目。他们坚信总会有好的企业会钟情好的环境的。终于横门镇以每平方米面积24小时之内降尘量不到50毫克的优良环境被电力部选中投资1.5亿元建设生产22万伏高压变压电器厂。新兴电子有限公司、仙力电子有限公司、讯达电子有限公司纷纷慕名而来办厂。同时，国际海上俱乐部、中山海上庄园、出海捕鱼游等海上旅游项目也应运而生，1995年就吸引港澳、中山、广州的游客5万多人，仅旅游收入就达1000万元，没有污染的优美环境今天成为横门镇社会经济发展的优势，保障了横门镇社会经济的持续发展。横门镇证明了，保护环境的实质就是保护生产力，也就保证了可持续发展战略的落实。横门镇为现今尚处在经济落后甚至穷困的地区树立了一个可持续发展的光辉榜样。

我们这次在这里开会的山东省五莲县过去是一个水土流失严重、生态环境差、经济贫困落后的山区县，经过一二十年的努力，造林绿化改善了生态面貌，进一步综合整治开发山区，施行生态林业、农业等集约经营的生产方式，经济面貌也日益繁荣，全县社会经济与生态环境协调发展，应该将这些经验总结提高并在全国推广。这样不仅可以改变山区面貌，也必然会促进中国可持续发展战略目标的实现。

中国经济实力迅速增长对
世界经济政治的影响

——2000年中国经济前景分析与预测*
（1996年9月）

　　10多年来，中国经济在改革开放政策的推动下，取得了较高的增长速度。1979年到1993年，GDP增长近2.8倍，年均增长率为9.3%。中国经济的迅速成长举世瞩目，引起人们对中国经济实力的种种议论。国际货币基金组织（IMF）1993年公布了用实际汇率和购买力平价两种折算方法估算的各国1991年的GDP。其中，中国的GDP按照实际汇率（1美元=4.7元人民币）折算为4300亿美元，在世界各国排位第10名；而按购买力平价（1美元=1.2元人民币）折算，则为16 600亿美元，排位一下子升到第3位。这件事曾引起一些人士的震惊。其实，这两种折算方法各有其自身的含义、用途与缺陷，这里不去详论。中国社会科学院课题组也按这两种折算方法初步测算了未来二三十年内中国GDP的成长及其国际位次：

　　根据实际汇率折算法，到2000年，中国GDP为9300亿美元，由1991年占世界第10位上升到第7位；2010年为19 200亿美元，上升到第4位；2020年为36 000亿美元，上升到第3位，但仍远远落后于美国和日本（美国将为118 000亿美元，日本为110 700亿美

312　　* 　原载《大国方略——著名学者访谈录》，红旗出版社1996年版。

元）。而按照购买力平价折算法，到2000年，中国GDP为36 000亿美元，将略微超过日本（34 300亿美元），由世界第3位上升到第2位；到2020年，将达139 400亿美元，略微超过美国（118 000亿美元）。

由此我们看到，对各国GDP的估算和预测，采用不同的方法，会得出不同的结果。一般说来，用实际汇率折算法，发展中国家的相对经济实力往往被低估；而用购买力平价折算法，则发展中国家的相对经济实力往往被高估。但是，无论采用哪种折算法，都表明了中国经济总规模的迅速增长，在未来的二三十年将走向世界前列。

一、对中国经济迅速增长的评价

20世纪80年代以来中国经济进入一个高速增长的时代，是从一个很低的基础上起步的。近一个半世纪以来，西欧、北美、日本以及后来亚洲一些国家和地区，先后完成了工业化，实现了经济的高速增长。而与此同时，由于外部、内部种种原因，中国的经济却大大落后了。80年代以后，世界和中国的政治经济形势给中国经济的快速发展提供了机遇。但是中国经济的迅速发展，只是后进者的加快发展。后进者需要补发展的课。现在，中国仍然是一个发展中国家，1994年6月1日联合国《1994年人类发展报告》再次肯定了这一点。无论从全球角度还是从新近加快发展的亚洲来看，中国的发展水平还落后很多，补发展的课还是一项极艰巨的任务。

众所周知，估量一个国家的经济实力和发展水平，不能光看经济总量（以GDP或GNP为代表），还要看人均水平和经济发展的结构、质量。中国经济总量增长尽管很快，但是人均水平还很低，发展质量也还很差。

首先，从人均GDP来考察。根据中国社会科学院课题组的初步测算，在未来的二三十年内，中国不可能进入高收入国家的行列。

即使不用汇率折算法，而用估算结果往往夸大发展中国家相对地位的购买力平价折算法，中国人均GDP 2020年将达到10 570美元，属上中等收入国家范围。而2020年美国人均GDP将是35 410美元，为中国的3.4倍；日本人均GDP是56 580美元，为中国的5.4倍。中国与美国、日本的差距依然很大。

中国不仅人均收入水平较低，而且地区之间收入差距相当大。1991年全国人均国民收入为1429元人民币，收入最高的上海市为5423元，为收入最低省份（贵州、安徽两省人均国民收入只有888元）的6.22倍。地区差距的扩大，是20世纪80年代以来推行的"让一部分人和一部分地区先富起来"政策的结果，这无疑是中国通向高效增长和共同富裕的必由之路，但是它带来目前地区间的不平衡是一个事实。海外一些人士在评估中国经济发展水平时，往往容易以某些经济较发达地区，特别是上海、北京、广州等地的观感为依据，结果形成整体高估的结论。现实的情况是，在中国还有不少地方尚未真正实现温饱。少数民族地区和一些边远农村还相当落后，有8000万人还处于贫困之中，中国的脱贫压力还相当大。这是在评估中国经济实力时不能不看到的事实。

再从产业结构来看，尽管中国经济总量迅速增长，但其产业结构的现代化程度还很低。1992年各类产业从业人员占总从业人员的比重，第一产业高达58%，第二产业为22%，第三产业仅为20%。而在经济发达国家，第一产业一般在5%以下，第三产业一般在60%以上。中国目前发展较快的还是劳动密集型产业，而高科技和高附加值产业的发展还刚刚起步，中国面临着产业结构优化和升级的艰巨任务。

再从城乡结构来看，中国都市化程度很低，与经济发达国家形成强烈的反差。1993年，中国城镇人口的比重为28%，乡村为72%。而在经济发达国家，二者的比重正相反，城市人口比重一般在75%以上，乡村一般在25%以下。中国要把巨量农业就业人口转移到非农产业，看来也不是二三十年就能解决的。

以上我以人均水平、地区差距、产业结构、城乡结构为例，简要说明了尽管中国GDP总量增长令人注目，但实现现代化的任务仍然很艰巨。这方面的例子还可以举出很多，诸如管理水平、技术水平、基础设施、环境质量等。从全国范围来说，离现代发达国家的差距仍然很远。中国提出到2050年初步实现现代化的任务，接近发达国家的水平，这并不是为了谦虚，说说而已，而是从国情出发的战略估计。所以，我们在评价和认识中国经济实力增长这一事实时，必须实事求是、全面考虑，这样才能得到正确的结论。

二、中国经济的快速增长对世界经济的影响

当前，世界上带全球性的有两大问题，一是和平问题，二是发展问题。就发展问题来说，中国拥有世界1/5的人口，10多亿人口的中国如果今后仍然长期停留在贫困落后的不发达状态，不仅对于中国，而且对于世界也是一个大包袱。从这一角度来看，中国经济发展的本身就是对全球人类发展做出的重大贡献。现在世界上有不少人说，21世纪是"亚洲太平洋世纪"，但是目前亚太地区只有日本、"四小龙"、澳大利亚、新西兰比较发达，加上美国、加拿大西部地区，总共人口不过3亿。而亚洲30亿人口中，中国就占1/3。没有中国的发展，没有印度的发展，没有亚洲其他国家的发展，就谈不上什么"亚洲太平洋世纪"。所以，中国经济的发展是亚太地区和整个世界经济发展的不可忽视的组成部分。我想，对这一点，大家是有共识的。

更重要的一点是，中国经济的发展和经济实力的增强，为亚太地区和世界经济发达国家扩大商品出口与对外投资提供了良好的机遇和宽阔的场所。大家知道，中国自改革开放以来，进出口贸易增长势头强劲，1979—1993年15年间，每年平均以16%的增长率上升。其占世界贸易总额的位次，1979年为第32位，1993年提升到第11位。中国利用外资的规模也一直呈增长趋势，1979年到1993年间，外商在华投资项目累计已达17万个，中国实际利用外资金额达639亿美元。其中，仅1993年中国就批准了外资项目8.3万个，实际利用外资金额257亿美元。中国已成为全世界仅次于美国的第二大吸收外国直接投资的国家。现在全世界都在看好中国市场。根据预测，2000年中国的年进出口贸易总额将达4000亿美元，从现在到2000年进口订货累计将达1万亿美元。这个大市场的吸引力是显而易见的。中国经济规模的扩大、收入水平的提高和投资环境的改善，将为从亚太地区和世界经济发达国家吸纳更多的商品和投资，提供更广阔的市场，从而有利于亚太地区的繁荣，有利于经济发达国家景气的上升和就业的增长。

有人对中国出口能力的相应增长表示担心。但是中国如果不增加出口能力，又如何能够对外扩大开放中国的市场？1985年3月4日邓小平在接见日本商工会议所访华团时说过："一些发达国家担心，如果中国发展起来，货物出口多了，会不会影响发达国家的商品输出？这里是存在一个竞争问题，但是，发达国家技术领先，高档的东西多，怕什么？"发达国家与中国处于不同发展水平，在世界各国商业结构重组和国际分工发展过程中，中国与各国经济的互补余地很大，这将是今后相当长时期中国与各国经济关系发展的一个深厚的基础。有些人士担心，中国经济规模的扩大，将会对世界能源、原材料的需求和价格产生巨大的压力；给周边国家地区增加大气污染；制成品的出口竞争力也会增强，特别是一些劳动密集型产品会对一些国家的就业和出口发生某些矛盾。这些问题也是中国自己要关心的问题，如加强环境保护、开拓自己巨大的国内市场等；同时也需要通过双边、多边的国际协调和协作，共同探索解决这些问题的有效途径。对于中国同一些国家形成某种新的竞争关系，也要积极看待。通过竞争，可以促进竞争各方努力改善自身条件，逐渐明确各方在哪些方面有真正的比较优势，从而确定产业结构和出口产品结构调整的方向，以获得更大的产业优势。这样，地区各国间的经济互补性将更明显，这将促进国际分工与合作发展，使地区经济和世界经济更加繁荣。

三、中国经济发展对世界政治的影响

由于中国经济发展有利于亚太经济和世界经济的发展，所以世界上绝大多数人欢迎中国经济的迅速成长，或者不得不根据中国经济迅速成长的前景调整对中国的政策。但毕竟还有很少数人对这一事实和前景有另一种看法，他们把中国经济实力的增长看成是对别国的"威胁"；把包括台湾和香港地区在内的所谓"中华经济圈"的出现看作是新的划分国际势力范围的挑战，而心存戒惧或用种种借口和方式来策划遏制中国的发展。我以为这些戒心和策划都是脱离实际的。

中国要发展经济，就需要一个和平与稳定的国际环境。中国实行的独立自主的和平外交政策中，很重要的一条就是中国永不称霸，中国也永远不当头。邓小平说这是一个根本国策。即使中国将来发展起来了，仍将坚定奉行永远不称霸、永远不当头的方针。那么，至于形成以中国为中心的势力范围的戒心，是完全没有必要的。至于香港、台湾地区回归中国后，与大陆的关系，是按照"一国两制"的原则来处理，这是中国内部和平统一的问题，与其他人为创造出来的区域组织的划分势力范围也是完全不同性质的问题。

　　现在，中国是世界政治中一个重要的和平力量、稳定的力量。目前，我们这个力量还小。中国经济的发展，意味着世界和平力量的增强。随着中国经济的发展壮大，中国对于世界和平和国际局势的稳定将会做出更大的贡献。

当前我国经济形势的特点与问题[*]

——在中国社会科学院经济形势分析与预测 1996年秋季座谈会上的开幕词 （1996年10月）

自1990年召开经济形势分析与预测会以来，今天的会议是每年召开春季、秋季会的第13次座谈会了。利用这个机会，我想就当前经济形势谈谈个人的一点看法，仅供大家参考。我想简要地谈两个问题：一、1996年经济形势的两个突出特点和一个突出问题；二、适度从紧的基本方针和抑制通货膨胀的首要任务是否需要改变。

一、1996年经济形势的两个突出特点和一个突出问题

1996年的经济形势有两个突出的特点，这就是：经济增长率和物价涨幅继续双回落。

从经济增长率的情况来看，自1993年年中开始实行加强宏观调控和适度从紧的方针以来，我国的经济运行由"过热"和秩序混乱的状态，逐步走向平稳，并在平稳的回落中，保持了适度的、较高的增长速度。以GDP增长率看，1993年与1992年相比，平稳回落了0.7个百分点；1994年与1993年相比，平稳回落了0.9

---

* 原载《环球市场》1996年第11期、《市场经济导报》1997年第1期等。

个百分点；1995年与1994年相比，平稳回落了2.1个百分点；1996年上半年，GDP增长率为9.8%，继续呈回落之势，如果全年为10%左右的话，那么与1995年的10.5%相比，又将平稳回落0.5个百分点左右。这样，4年来，共平稳回落了4个百分点左右。这是新中国成立以来历次经济周期波动中，经济增长率回落的振幅最小的一次。可以说，自1993年年中以来的加强和改善宏观调控，取得了重大成绩。这表明，我们党和政府驾驭经济发展的能力有了增强。加强宏观调控，抑制通货膨胀，实行适度从紧方针，并没有以牺牲经济的持续、快速发展为代价，相反，还促进了经济的持续、稳定、快速、健康的发展。

再从物价涨幅的情况来看，随着经济增长率的回落，物价涨幅滞后地明显回落。以全国商品零售价格上涨率看，1995年与1994年相比，回落了6.9个百分点；1996年1—8月与上年同期比，物价涨幅为6.8%，如果全年为7%左右，那么与1995年相比，又将回落7.8个百分点左右。两年共回落14.7个百分点。这是一个显著的成绩。

上述两个特点，说明我国当前宏观经济运行基本正常。有人说，是1993年以来最好的一年。相对来说，也不为过。但是，对宏观经济形势不可盲目乐观。一些国民经济综合性指标，如产业结构、产品结构、经济效率、经济效益、失业率、收入分配等情况，都不太好；财政、金融、外贸等情况，也存在一些问题，潜伏着一些隐患；物价涨幅的回落，在相当程度上是用行政手段、用财政补贴、用金融抑制来限价压价的结果，不很牢靠。总之，经济总量关系很难说已经协调。这些都内在地、严重地制约着经济的持续与健康发展。

除了这些宏观总量问题之处，最为突出的一个问题是，在以企业特别是国有企业的生产经营状况为主的微观方面所存在的问题。相当一部分工业企业的生产经营情况不太好，特别是部分国有企业面临很多困难。据对全国38万户乡级以上独立核算工业企业的统计，1996年上半年，实现利润总额比上年同期下降了36.3%；企业亏损额比上年同期上升了50.5%。企业占压资金多，使用效率差，相互间拖欠继续增加，也增大了银行的金融风险。停产半停产企业和下岗待业人员增多，再加上一部分收入偏低的离退休人员、其他城镇优抚救济对象以及城镇流动人口，他们的生活都比较困难。由此引发的一些社会不安定问题比过去增多，需要引起高度重视。

二、适度从紧的基本方针和抑制通货膨胀的首要任务是否需要改变

目前，有关"回升"的议论越来越多。1997年经济增长率的实际运行结果有可能比1996年略有一点上升。问题不在于是不是可以回升，而在于怎样回升，以及对回升力度的把握。有的同志提出主张，当前是总需求严重不足，因此要求改变适度从紧的基本方针和政策，转而采取全面放松银根的政策；要求不再把抑制通货膨胀作为宏观调控的首要任务，转而把解决失业和刺激经济增长作为首要任务。我的看法是：当前并不是出现了总需求严重不足的问题，而是需要改善与提高供给面的问题。因此，适度从紧的基本方针和抑制通货膨胀的首要任务不应改变。在此前提下，宏观调控的着力点应该是：（1）改善与提高供给面，这包括调整供给结构（如产业结构、产品结构、企业结构等），提高供给质量，降低供给成本，提高供给效率；（2）防止出现盲目的"强回升"与"强扩张"，避免经济的大起大落，熨平经济的周期波动，实现经济的持续与稳定增长。之所以这样认识，是因为：

第一，从投资需求看。

1996年上半年，固定资产投资增幅虽然继续回落，但这是在前些年投资增长过猛基础上的回落。上半年，投资增加幅度达到18.6%，扣除物价因素也有12%左右，比上半年GDP增长率9.8%高出2.2个百分点。可以说，固定资产投资的增长比较适度，保持了对经济增长的适当拉力，不能说投资严重不足。

从今后一段时间看，投资扩张的冲力仍很大。光是"八五"时期结存到"九五"时期的国家计划内在建大中型项目的规模就不小，加上计划外和非国有投资的在建项目，建设摊子就已经过大。同时，各种工程项目普遍大幅度地超预算，不少在建工程资金缺口很大，要消化这些缺口至少还需要两三年时间。建设摊子大，资金缺口大。所以，对投资需求绝不是需要进一步去刺激扩张的问题，而是要继续防止扩张过度而失控的问题。

第二，从消费需求看。

1996年上半年，社会商品零售总额比上年同期增长21.2%，扣除物价因素，实际增长13.2%，大大高于9.8%的GDP增长速度。

从城乡居民收入增长和消费品市场发展趋势看，今后一段时间也不存在消费需求不足问题。但是，随着居民收入水平的提高，消费档次的提高，消费结构的变化，消费需求的多样化、个性化和高质量化，如果供给结构和供给质量不能适应，不仅会影响结构平衡，而且将可能影响总量平衡。

第三，从国外需求看。

1996年上半年，进出口贸易顺差由上年同期的131.7亿美元，降为8.8亿美元，减少了120多亿美元。从这一点来看，出口对经济增长的拉力确实大大减弱。这主要与国家下调出口退税率和出口退税滞缓等政策因素有关。近来，随着企业逐步适应税收政策的调整以及出口退税的加快，出口在逐月增加。上半年已实现扭逆为顺。另据国际货币基金组织的预测，1996年全球经济增长

刘国光

经济论著全集

第
12
卷

4%，国际贸易总量增长7%。所以，国际市场也不存在需求不足的问题。关键在于，我国的产品是否具有高质量，是否具有竞争力，是否能够打得出去。

第四，从资金供应看。

我国实行适度从紧的财政政策和货币政策已经三年了，但是，随着宏观经济形势的好转，从1995年第四季度起，在总体上继续适度从紧的前提下，以微调方法开始放松调控力度。1996年上半年，在总体从紧的情况下，更加大了对有市场、有效益的生产企业与国家重点建设项目的支持力度。1—6月，新增贷款比上年同期增长36%，其中国家银行新增贷款比上年同期多增1007亿元，增幅达62.5%；同时，广义货币M_2比上年同期增长28.2%。这表明，货币供应总量仍然偏高。但为何仍呼紧之声不断？其原因在于，资金被不合理地占用，以及资金使用效率低下。不着眼于这些问题的解决，资金供应再放松多少也不行。

第五，从经济波动与物价波动的态势看。

1996年GDP增长率预计为10%左右。从如此高的基点上回升，经济增长率上升的回旋余地很小，稍有不慎，就会冲向"过热"局面。过去，在我国的经济周期波动中，急升急降的情况很多。今后，应向缓升缓降发展，缩小经济波动的振幅，保持持续、稳定增长的态势。

1996年物价涨幅有望降至7%左右。由于遗留给1997年的"翘尾巴"因素不太大，如果经济增长保持平稳，1997年物价涨幅也好控制在适度的范围内。但如果经济回升过猛，1997年，乃至1998年，物价涨幅又会强烈地反弹上去，这是需要努力避免的。

第六，从重大政治事件的影响看。

过去，我国经济的运行总是在大起大落中进行，这其中在很大程度上受到重大政治事件的影响。1997年，我们党将召开十五大，我国将恢复对香港行使主权。这两件重大政治事件，应成为进一步改善宏观调控的契机与动力，而不能成为推动经济盲目扩张的冲力。香港工商界的大多数人士，都希望大陆出现经济稳定、物价稳定的局面，而并不希望出现"大起大落"和"泡沫经济"那样的剧烈波动的局面。

第七，从实现经济体制和经济增长方式这两个根本转变，以及解决企业的根本困难看。

目前企业所遇到的困难，从根本上说，并不是总需求不足，而是企业改革的迟步缓进，不适应建立社会主义市场经济体制，特别是不适应加强与完善宏观调控体系的要求，不适应市场变化和经济增长方式转变的要求。这是长期积累下来的深层次矛盾在经济增长率波动的收缩期的进一步突出反映。这不能靠放松银根来根本解决。根本的解决办法是推进和加快企业改革的步伐。

总之，当前的主要问题不在于推动总需求的扩张和推动经济总量的扩张，而在于改善与提高供给面，包括调整供给结构（如产业结构、产品结构、企业结构等），提高供给质量，降低供给成本，提高供给效率。在继续执行适度从紧的基本方针和把抑制通货膨胀作为首要目标的前提下，以改善和提高供给面来对1997年的经济走势进行导向，这完全符合实现经济体制和经济增长方式这两个根本转变的要求，符合迎接党的十五大召开和迎接对香港恢复行使主权的要求，符合国内外两个大市场的要求。

中国中小企业改革若干问题*

（1996年11月）

　　中国共产党十四届三中全会提出了建立现代企业制度，预示着中国经济体制改革进入了以产权制度改革为标志的新阶段。在具体的改革形式上，国有大中型企业基本上是实行以股份制为主要形式的改革。由于国有大中型企业本身的问题比较多，改革所涉及的面比较广，因而改革进展比较缓慢。和国有大中型企业相比，中小企业由于规模小，产权易于调整；企业办社会的负担相对较轻，改革的震动面较小；产品结构和技术结构的调整灵活性更强，产权流动和重组的技术障碍较少；多属一般性行业，并非国民经济的命脉之所在；都是地方企业，各地可以营造改革小气候，推动中小企业改革更快发展，加之中央对中小企业改革的方针政策比较明确，改革的方式比较多，可以"区别不同情况，采取改组、联合、兼并、股份合作制、租赁、承包经营和出售等形式"[1]，从而加快了中小企业改革改组的步伐。

---

* 1996年11月完稿于斯坦福大学亚太研究中心，主要内容摘要发表于《中国工业经济》1997年第3、第4期。

[1] 《中国共产党第十四届中央委员会第五次全体会议文件》，人民出版社1995年版，第51页。

目前，以产权制度改革为核心的中小企业改革正在中国内地深入展开，但存在的问题也不少，需要在深入研究的基础上，妥善解决。

一、中国中小企业的发展、现状和特征

中小企业是一个世界性的课题，也是一个长久性的课题。说它是一个世界性的课题，是因为不论是发达国家和新兴工业化国家，还是发展中国家，都存在着大量的中小企业。说它是一个长久的课题，是因为不论过去、现在，还是将来，都存在着中小企业问题。只不过在不同的国家，在各国经济发展的不同阶段上，中小企业所表现的形式和所处的地位有所不同。但是纵观世界各国，无论其经济发展处于哪一阶段上，就企业的规模而言，大、中、小企业都构成了一个宝塔形，即少数大企业处于宝塔的顶尖，大量的小企业构成了宝塔的底座。

对于中小企业的界定，目前世界各国所用的参照系不外乎三个方面：一是从业人数；二是实收资本；三是在一定时期（通常为一年）的经营额。在这三个参照系中，有的国家采用其中的一项或两项，个别国家三项都用。需要说明的是，即使是采用相同参照系的国家，不同的国家所采用的界定标准也是不相同的，这表明了各国经济发展水平的差异；就是同一个国家在不同的经济发展阶段，对于中小企业的界定标准也是不相同的，这反映了一个国家在不同经济发展阶段上对经济规模的不同要求。所以，对

中小企业的界定并不是绝对的，各国的实践有很大的差异。[①]

在中国，1962年曾规定，3000人以上的为大型企业，500~3000人的为中型企业，500人以下的为小型企业。1978年国家计委下发的《关于基本建设项目和大中型企业划分标准的规定》，把企业规模划分的标准改为企业的年综合生产能力。1988年，又对1978年的标准进行了修改和补充，颁布了《大中小型企业划分标准》。现行标准按企业生产规模把企业划分为特大型、大型（分为大一、大二两类）、中型（分为中一、中二两类）和小型。虽然现行标准对企业规模的界定比较复杂，但归结起来，大致有如下三方面的特征。[②]

1. 以生产能力为参照系进行界定。凡生产产品比较单一的企业，一般以生产能力为参照系进行界定。例如，钢铁联合企业，年产钢在60万~100万吨的为大型企业，10万~60万吨的为中型企业，10万吨以下的为小型企业；煤炭开采企业，300万~500万吨为大型企业，90万~300万吨为中型企业，90万吨以下为小型企业；还有一些产品单一的企业，如炼油厂、手表厂、水泥厂等企业，都是以年生产产品产量为标准进行企业规模界定的。

---

① 比如，仅拿从业人数来衡量，目前一些国家界定中小企业的标准是：

美 国：	制造业	1500人以下为中小企业
加拿大：		300人以下为中小企业
英 国：		25人以下为小企业
		25~100人为中型企业
德 国：		300人以下为中小企业
日 本：	制造业	300人以下
	批发商业	100人以下
	零售商业	50人以下
新加坡：	制造业	50人以下

参见《迈向21世纪台湾中小企业经营策略》，杨智文化出版社1995年版。

② 《大中小型工业企业划分标准》，《中国中小企业发展与展望》，第48—63页。

2. 以生产设备数量为参照系进行界定。有一些企业，习惯上以生产设备数量的多少确定企业规模。例如，发电厂，装机容量在30万~60万千瓦的为大型企业，5万~30万千瓦的为中型企业，5万千瓦以下的为小型企业；棉纺织企业（单纺），绵纱锭在10万~18万锭的为大型企业，5万~10万锭的为中型企业，5万锭以下的为小型企业。

3. 以固定资产原值数量为参照系进行界定。在一些产品和设备比较复杂的企业，一般以固定资产数量为参照系进行界定。例如，通用设备制造厂就是这样界定的，5000万~10000万元的为大型企业，1500万~5000万元的为中型企业，1500万元以下的为小型企业。机械行业的大多数企业，是以固定资产原值数量为参照系进行企业规模界定的，还有一些化工、森林工业、电子工业等，都是这样界定的。

以上划分标准也不是一成不变的，是随着国民经济的发展而不断变化的。在新中国成立初期，建设一个5万千瓦的发电厂，就是大企业了。由于经济实力的壮大和技术水平的提高，现在建设一个5万千瓦的发电厂则是小企业。又如棉纺织厂，在20世纪60年代规定6万锭以上的为大型企业，现在规定10万锭以上的为大型企业。

在中国，还有"大中型企业"和"中小型企业"的说法。那么，如何区分二者所包含的"中"呢？方便的办法，是把中型企业的上半部分，即中（一）划到"大中型企业"之中，而中型企业的下半部分，即中（二）划到"中小企业"之中，这就是"中型企业两分法"。

中国的中小企业是伴随着整个国民经济的发展而发展的。新中国成立以前，中国属于半殖民地半封建社会，工业不发达。因此，新中国成立初期，当时的中小企业实际上就是手工业作坊。1949年，除了一些农民家庭手工业以外，全国专门从事个体手工业生产者约1000万人，产值32.4亿元。到经济恢复时期的1952年，产值增加到73.1亿元，实际增长了1.3倍。从1953年开始第一个五年计划，中小企业有了很大发展。一方面，私营企业实行公私合营，个体手工业企业实行合作化，并进行了专业化改组；另一方面，地方政府投资建设了一批国有中小企业。1956年上半年，全国实行公私合营的工业企业占原来私营企业的97.3%，职工人数占97.7%，产值占99.1%。同年年底，全国手工业组织发展到10.44万个，从业人员603.9万人，占全国手工业总人数的91.7%；全年产值达108.76亿元，约占全国手工业总产值的92.90%。"一五"期间，国家共投资新上工矿建设项目10 000个左右，其中大中型项目921个，其余为小型项目。这些新项目的投产，提高了中国的工业生产能力。

1958年开始的"大跃进"，使中小企业急剧膨胀。1958—1960年，全国共投资工业项目总额为611.5亿元，几乎相当于第一个五年计划投资总和的近2.5倍，施工的大中型项目2200个，小型项目90 000多个。此外，农村社办企业达11.7万个。由于建设速度超越了经济所能承受的能力，加之自然灾害严重，以及取缔个体经济、集体经济急于向国有过渡等，国民经济陷入困境，不得不进行调整。经过调整，1965年工业企业总数16.1万个，比1964年减少了9.3万个；工业劳动者为1695万人，减少了1284万人。①

"文化大革命"期间，由于大中型企业处于停产半停产状态，促使中小企业有了较大发展。各地在大办"五小"②的同时，街道集体和农村社队小企业也蓬勃发展起来。1970—1976年，全国工业企业增加了9.9万个，其中小企业增加了7.9万个。到

---

① 世界华商经济年鉴编委会：《世界华商经济年鉴》，企业管理出版社1995年版，第115页。
② 是人民公社（乡）举办的小型厂矿的通称，一般指小钢铁厂、小化肥厂、小机械厂、小水泥厂和小煤矿。

改革开放的1978年，全国工业企业总数达到34.8万个，其中34.7万个为中小企业；乡镇企业152.42万个，从业人员为2826.2万人。[①]

改革开放以来，中国经济全面发展，中小企业也得到相应的发展。十多年来，以中小企业为主的城镇集体企业迅速增长，广大农村乡镇企业异军突起，"三资"、私营、个体以及股份合作企业也得到较快的发展，初步形成了以公有制为主体、多种经济成分共同发展的格局。据统计，到1994年年底，全国在工商管理部门注册登记的企业共计857万户，其中大中型企业不到2万户，99%以上为小企业。就是在20多万户"三资"企业中，中小企业也占到99%。就工业企业来说，1994年年底，在531 848个全国乡及乡以上工业企业单位中和在465 239个全国独立核算工业企业单位中，大、中、小型企业各占比重如下表[②]。

| | 乡及乡以上工业企业 | | 独立核算工业企业 | |
	个数（个）	百分比（%）	个数（个）	百分比（%）
大型	5193	0.98	5187	1.11
中型	15 211	2.86	15 191	3.27
小型	511 444	96.16	444 861	95.62
全国	531 848	100	465 239	100

中小企业不仅在企业单位数上占绝对多数，而且已成为推动我国经济高速发展的一支重要力量，在扩大就业、活跃市场、改善人民生活和稳定社会等方面，有着独特的功能，可以说，中小企业对中国经济的发展，已起到举足轻重、难以替代的作用，主要如下：

1. 中小企业是中国经济新的增长点。据统计，1986—1994年年末，中国工业企业生产总值增长率为18%，其中大型企业增

---

① 世界华商经济年鉴编委会：《世界华商经济年鉴》，企业管理出版社1995年版，第115页。

② 世界华商经济年鉴编委会：《世界华商经济年鉴》，企业管理出版社，第378、第380、第388页。

刘国光
经济论著全集

第
12
卷

长率为5%~8%，而同期中小企业增长率超过30%。1995年，工业增加值增长14%，其中大中型企业增长10.2%，显然小型企业的贡献更多一些。近几年中国出口增长较快，其中大宗出口产品如服装、工艺品、五金工具、轻工纺织等，主要靠中小企业提供。

2. 中小企业是增加就业的基本场所。在城镇，工业劳动力75%是由中小企业安排的，在农村，以中小工业企业为主的乡镇企业安排了1亿左右富余农村劳动力就业，约等于农村富余劳动力的50%。目前，大企业已很难再提供新的就业岗位，而且随着技术和管理水平的提高，富余人员会更多。据悉，目前全国国有工业企业职工7600万人，如果按30%富余职工计，则将有2500万人。这2500万个工作岗位，主要只能靠中小企业来安排。

3. 中小企业是活跃市场的基本力量。中小企业大多是制造业、轻工、纺织、家用电器、手工艺品和劳动服务等行业，它们贴近市场用户，和广大人民生活息息相关。同时中小企业在出口方面也占重要地位，1995年，仅乡镇企业（不包括城镇中小企业）出口产品交货值就达4400亿元，占全国出口总额的32%。

中小企业本钱小、风险大，但机制灵活、富于创新，它们利用自己的优势，活跃在竞争变化十分剧烈的领域，参与那些大企业不愿涉足的"多品种""小批量"、微利多销和维修服务领域，踏足于大企业尚未涉及的新兴领域，从而使整个市场活跃起来。改革以来的实践表明，哪些地区中小企业发展较快，那些地区的市场也相对活跃（如广东、江浙一带）；哪些地区的中小企业少，那里的市场也相对呆滞。

4. 中小企业是支援农业发展和县域财政的重要财源。我国农业基础尚不稳固将是一个相当长时期的重要问题。目前、各方面支援农业的资金力量有限，农村经济的发展，除农业自身外，主要还得靠以中小企业为主的乡镇企业。农村中小企业的发展，增加了农民和地方财政的收入。1994年，农村企业仅支付从业人员的工资就达3002.5亿元，按当年8.5亿农业人口计算，农民人均收入351.45元，约占当年农民人均全部纯收入的29%。县以下地方政府财政收入主要来自中小企业上交的税、利。1994年全国农村企业上交税金1591亿元，占当年全国各种税收额的31.03%。

总之，目前中小企业在中国经济中占有重要地位，当前国民经济发展和改革中许多问题，如就业问题、农业问题、市场问题等，在相当大程度上要靠中小企业的发展和改革来解决。

中国中小企业是在中国工业化初始阶段和经济转轨的过程中崛起的，因而带有这个特定条件下的明显特征。

第一，数量多，比重大。根据我们的推算，1994年年底，中国全部工业企业总数1001.71万户中，中小企业数达1000.43万个，占全部工业企业总数的99.87%，绝对数无与伦比，其比重比以中小企业比重大著称的意大利（1991年）的中小企业在工业企业总数中的比重还高0.15个百分点，实可谓中小企业的海洋。这与中国人口多、农村工业刚启动的现实是相一致的。

第二，产出规模小，技术装备率低。中国的中小企业特别是小企业，还不能像发达国家一样，在现代化过程中，实现小型企业"巨人化"，由于技术装备率低，产出规模较小，产品多为劳动密集型。1993年，全国独立核算的小型企业平均每个企业资本金只有23万元，约为同期中型企业的1/11，为大型企业的1/65；平均每个企业的全年产值为405万元，约为同期中型企业的1/9，为大型企业的1/80。所以，中小型企业一般一次性投资量较小，进入的限制条件较少，使用的多为传统技术，产品的技术含量低，附加值低。这和中国的整个经济水平较低是相称的。

第三，投资主体多元化。在中国，中小企业既不像大中型企业那样，多为国家投资兴建，因而多为国有企业，也不像资本主义国家那样，多为私人投资兴建，因而多为私有企业，而是既有国家投资兴建的国有企业，也有大量属于劳动人民集体所有的集体所有制企业，还有相当一部分为个体（私营）企业。一般来说，大型企业多为国有企业，小型企业多为非国有企业。如，1994年在独立核算工业企业的大型企业中，国有企业占77%，非国有企业占23%；中型企业中，国有企业占69%，非国有企业占31%；小型企业中，国有企业仅占14.5%，非国有企业占84.5%。乡镇企业除少数已发展成大型企业外，绝大部分都是非国有的中小企业，其中，集体和个体企业单位数分别占18%和82%，从业人员分别占66.42%和33.58%，产值分别占79.02%和20.98%。[①]

第四，组织程度差。中国的企业，大企业是大而全，小企业是小而全，在生产领域专业化协作程度差，在销售方面缺少固定的渠道。特别是在政府对中小企业的管理方面，没有专门的法律，也缺少扶持政策；也没有发达国家那样的社会服务体系。

第五，在生产经营的外部条件方面，过去在计划经济时期，尽管提过大、中、小型企业"并举"的口号，但国家计划实际上偏重大型企业的投资建设和生产经营，比较忽视中小企业在经济发展中的重要作用，因而中小企业得不到政府计划的保障。改革开放以前，中国的中小企业如同市场机制一样，只能在计划的缝隙中产生、存在。随着改革开放的进展和市场机制作用的扩大，经受市场风险锻炼的中小企业，才如鱼得水，迅速发展。

二、中小企业体制改革

中国中小企业体制改革是中国整个企业体制改革的一部分。增强国有企业活力几乎从中国经济改革一开始就提上议事日程。1984年党的十二届三中全会的决定，把增强企业特别是国有大中型企业的活力，摆到整个经济体制改革中心环节的地位。这一改

---

① 根据《中国乡镇企业年鉴》有关数字计算。

革主要沿着扩大企业自主权的方向，取得了一些进展。但由于改革措施基本上走的是从行政上"扩权让利"的路子，没有触及计划经济体制下传统企业制度本身的改造，因此，长期困扰国有企业的政企不分、产权不清、自主经营的权利得不到制度的保障、自我约束的机制建立不起来等问题，始终未得到根本的解决。针对这种情况，1993年党的十四届三中全会《关于建立社会主义市场经济体制若干问题的决定》，进一步提出"转换企业经营机制，建立现代企业制度"，把国有企业改革从过去的以扩权让利为主要内容的政策调整，转到以明晰产权关系为主要内容的企业制度创新上来；通过理顺产权关系和创新企业制度，探索并走出一条国有经济与市场经济相结合的有效途径。

企业改革的重点，过去一直放在国有企业特别是大中型企业。这是由于尽管在改革过程中，国有经济的比重有所下降，但其绝对量和实力仍在增长，在国民经济中一直居于主要地位，其中大中型企业则构成国民经济的支柱。1994年，在全国工业企业中，国有工业的户数虽然只占17.1%，但资产总额、销售收入、实现利润和税收总额，则分别占全国工业企业的60.6%、52.1%、59.8%。其中独立核算的国有大中型企业1.4万户，占国有工业企业总数的18.2%，而其上交国家的利润和税收却占60%。由于国有企业数量众多，问题积重难返，解决难度很大，虽然必须加以改革，但也只能逐步前进。特别是大中型国有企业的问题，更为复杂，它们受计划经济思维方式的影响和传统机制的约束更深，改革中一旦发生重要的失误或者偏差，不但经济上承受不了，在社会政治上的风险也很大。因此，尽管近几年我们把国有大中型企业改革作为改革的"重中之重"来抓，但由于它又是改革的"难中之难"，改革的实际步伐并不理想。提出建立现代企业制度的改革任务已将近三年了，"百家建立现代企业制度"的试点工作进展比较缓慢，尚未取得实质性的成果。"百家试点"工作的期限，将从1996年年底延长到1997年年底。

　　鉴于国有企业目前存在的问题，和"九五"期间加快改革步伐的要求，我们不能满足于目前国有经济改革的步伐，企业改革也不能限于少数大企业和大城市的试点，而要把大型企业的改革试点与面上广大中小企业特别是小企业的改革结合起来。事实上，我国各地区国有小企业改革在1992—1994年期间已经发生，并大面积推进，这与当时国有企业改革实行的第二轮承包一般于1993年年底结束有关。国有企业承包制的改革基本上是不成功的，不但没有使国有企业的经营状况好转，反而继续恶化，亏损面不断扩大，亏损额持续上升，其中尤以国有小企业情况更为严重。1994年亏损的24万户国有企业中，95%以上是中小企业。国有资产流失严重，相当一部分企业资不抵债，有些县级国有企业资产负债率甚至高达300%~500%。这些情况严重影响到地方财政收入，危及各地的社会稳定，迫使许多地方政府开始思考国有企业进一步如何改革的问题。1992年邓小平视察南方，要求加快发展和改革；1993年党的十四届三中全会在提出建立现代企业制度目标的同时，对国有小企业和集体企业改革提出了具体要求[①]，更促进了中小企业改革的步伐。1995年以来，党中央与国务院根据企业改革进展的实际情况，又提出了一个"抓大放小"或者叫作"抓好大的，放开小的"方针和政策，把国有企业的改革推进到一个新阶段。

　　"抓大放小"是一个高度概括的提法，对其含义有不同的理解。一种是从企业规模上理解，所谓"抓大"，就是近期国家要

————————

[①]　党的十四届三中全会《决定》指出："一般小型国有企业，有的可以实行承包经营、租赁经营，有的可以改组为股份合作制，也可以出售给集体或个人。""现有城镇集体企业，也要理顺产权关系，区别不同情况，可改组为股份合作制企业。有条件的，也可以组建有限责任公司。少数规模大、效益好的，也可以组建股份有限公司或企业集团。"

集中力量抓好关键的少数企业，即1000户国有大型企业和企业集团的改革和发展；所谓"放小"，就是放开数以万计的中小型企业，将它们放开搞活。另一种理解认为，"抓大放小"不仅涉及企业规模标准，而且应同国有经济结构调整的长远目标结合起来考虑。比如，有些城镇公用事业，虽然规模不大，但仍属国有资本进入领域，今后仍需政府来抓；而属于一般竞争性行业的大型企业，虽然符合规模标准，但今后国有资本"全面进入"的必要性并不大。上述两种理解可以统一考虑。应该看到，放开放活小企业是对国有经济进行战略性结构调整的一个重要手段，存量资产的流动和重组是实现这一调整的关键。小企业产权流动和重组的震动小，易操作，见效快，有利于在短时间内取得突破。选择小企业对改革的重点和难点问题进行突破，也符合先易后难、循序渐进的改革策略。小型企业真正放开搞活了，既有利于为整体上突破改革难点积累经验，又可以为国有大型企业改革的深化创造更为有利的条件。

中小企业特别是县（县级市）属国有企业目前存在的困难和问题，除了源于国有企业普遍具有的政企不分、产权不清和债务包袱重、富余人员多、"企业办社会"三大包袱外，还由于小企业具有国有大型企业所没有或者不突出的一些劣势，如：（1）小企业难以得到政策优惠；（2）小企业小而不专，区域结构雷同；（3）小企业科技利用水平低，劳动者和经营者素质低等。国有企业的通病和县（市）属国有中小企业特殊的劣势，在不同程度上以不同方式也存在于城镇"集体所有制"企业中。这是由于改革开放前"左"的思想影响，片面追求"一大二公"，急于向全民所有制过渡。不少集体企业向国有企业的体制看齐，办成了实际上与国有企业差不多的所谓"二全民"企业，成为政府行政机构的附庸。尽管国有中小企业和城乡集体所有制企业的改革与国有大型企业相比，前者问题不若后者复杂，阻力不若后者之大，但是池广水深，仍然需要一番大的动作。

关于如何放开放活中小企业特别是县（市）以下国有小企业和集体企业，在党的十四届三中全会、五中全会和今年（1996年）全国人大八届四次会议的文件中均有原则的规定，要求各地因地制宜，区别不同情况，采取不同方式，不搞一个模式。近几年，各地中小企业改革力度加大，一些省市，如山东省诸城市、广东省顺德市、黑龙江省宾县、四川省宜宾县、山西省榆次市等地，大胆探索，创造了不少好的做法。总结各地放开放活国有中小企业的经验，主要有以下几种改革方式：

1. 联合。采取不同形式的联合，组建企业集团，带动一批小企业的发展，既鼓励小企业以多种方式参加大企业集团，也支持地方小企业的联合，组成新的企业集团。实现优势互补，形成规模经济。

2. 兼并。通过优势企业兼并困难企业，达到壮大优势企业、盘活困难企业存量资产的目的。鼓励优势企业跨地区、跨所有制地对国有小企业进行兼并。

3. 公司制。对重要的基础产业中符合条件的企业，按《公司法》进行改制，组建规范的国有独资公司、国家控股的有限责任公司或股份有限公司。

4. 股份合作制。通过企业净资产全部或大部售予本企业职工，实行全体职工出资入股，把原企业改造成为企业内部职工全员持股的股份合作制企业。

5. 租赁。租赁的资产可以是企业的全部资产，也可以是部分资产，承租者可以是法人，也可以是自然人。承租者的选定，应是有一定的社会性，但本企业职工可以优先。

6. 承包。通过招标的办法产生承包者，承包者要有一定的财产作为抵押。

7. 委托代管。经济效益差、管理水平不高的企业，全面委托给大企业或效益好、善于经营管理的企业，实行托管经营。

8. 出售转让。国有企业产权可以出售给私人企业或个人，也可以出让部分产权给外商，引资改造。但出售转让企业产权需由国有资产出资人决定，按照国家有关规定办理。

9. 破产。对长期亏损、资不抵债且扭亏无望的企业，依据《破产法》实施破产处理，破产时要妥善安排好原企业职工和离退休人员。

10. 其他。[①]

1996年上半年，根据对一些省份的综合改革试点县（市）小型企业的调查，这些县（市）已经改制的企业，放开放活的不同方式所占比重大体如下[②]：

组建集团——1.69%

企业兼并——5.47%

---

① 对照一下苏联东欧范围内各国中小企业"转型"方式，是饶有意思的。这些国家中小企业"改革"所采取的主要方式有：

1. 自发私有化 spontantuous privatization；

2. 退还原主 restitution；

3. 拍卖 Auctioning to the public；

4. 企业经理员工买断 management and employee buyout；

5. 出售企业 tade sales；

6. 出售企业资产（包括破产清算后的财产）；

7. 租赁 leasing；

8. 承包 management contract；

等等。

（参见Frydman主编：Privatization in Eastern Europe 1994；Dennis A.Rondinelli等主编，Privatization and Enterprise Reform in Central Europe 1994；John Logue等主编，Transforming Russian Enterprises 1995；等处）

这些转型方式的共通实质都是将国有企业转变为私有企业（其中的租赁和承包，在俄罗斯和波兰都是企业私有化的过渡步骤）。他们用"小型私有化"（small scale privation）来概括，是名副其实的。这与中国中小企业改革有很大的不同。中国中小企业改革尽管有一小部分出售转让给私人所有，但大部分改革方式并没有越出或完全脱离公有制范围。见本文第4部分的讨论。

② 《中华工商时报》1996年7月。

组建公司——7.80%

股份合作制——35.13%

承包租赁——15.7%

委托经营——14.42%

出售转让——11.02%

破产——1.31%

合资——3.42%

其他——3.81%

从各地实践情况看，以上各种放开放活小型企业方式中，组建集团是与大型企业实行专业化协作和促进规模经营的较好形式，但要与龙头企业有关联，能实行专业化协作的企业，目前能实行的范围很有限。承包经营方式一般还属于原有体制基本不变下实行的一种变通办法，很容易带来短期行为和包盈不包亏，不宜长期普遍推广。租赁和委托经营方式的所有者权利比承包制明确，租赁者和委托代管者的风险的压力相对较大，有较大的发展前途，但在政府行政体制基本未变的条件下，出租与承租双方的权责难以做到规范化、法制化，具体操作难度较大，很容易滑向变相承包。兼并，从被兼并企业法人角度看，与破产如出一辙，即便是一个出路，但在企业效益不佳、地区结构趋同的情况下，欲被兼并也不是很容易找到兼并对象的。出售给私人企业和外商，虽然效果还可以，但遇到的传统观念的阻力比较大，需要积极稳妥地进行。在改制企业中，股份合作制方式的比重比较大，是一个比较好的改制形式。它实现了产权制度创新，比之承包租赁，有了质的飞跃，可以防止承包者、租赁者与职工之间的两极分化；比之兼并，能够维持原有企业的独立自主、自力更生；比之出售给私人，在所有权、分配权和人际关系等方面，易于为广大群众和干部所接受，符合我国国情。因此，股份合作制这一改制方式，越来越引人注目，成为目前中小企业改革的一个热点。

下面一节将概略地研究一下股份合作制这一热点问题。

三、股份合作制——中国中小企业改制的一个重要形式

股份合作制是中国企业改革中出现的一种新事物。20世纪80年代初，我国农村和城市中开始出现了一批合股经营、股金分红的合作性质的组织。1985年1月，中共中央和国务院发布指示，把"合股经营、股金分红"的"股份式合作"的办法，作为发展和完善农村合作制的措施之一，加以提倡。[①]这个指示下达后，出现了许多被称为"股份合作制"的企业。其中多数本质上是合作制企业，但在合作制基础上局部引入了股份制的一些做法，同传统合作社相比，发生了某些变异。随着股份合作制企业如雨后春笋般地在中国大地茁生，不少干部群众误以为"股份合作制"的最基本特征就是"共同出资、合股经营"，因而把各色各样的"共同出资、合股经营"的企业，都往"股份合作制企业"这个"筐筐"里面装。这里面既有各种集体企业、不够规范的有限责任公司和小型股份有限公司，挂上"股份合作制"的招牌；也有一些个体私营合伙企业为了取得较好的名分和有利的外部环境，也纷纷戴上"股份合作制"这顶"红帽子"作为保护伞。与此同时，"股份合作制"自身的身份，是独立的企业制度还是过渡的企业制度，是姓"资"还是姓"社"，还一直是一个争论的问题。难怪我国有的学者首先认为，股份合作制企业不能成为一种规范的企业制度。[②]

股份合作制企业在中国的出现并非偶然。这一企业形式，20世纪80年代在集体企业中试行后，90年代在国有中小企业中推

---

① 《关于进一步活跃农村经济的十项政策》，1985年1月。
② 《管理世界》1994年第2期。

开，近几年发展很快。据国家工商行政管理部门统计，1995年年底，在工商行政管理部门注册的城市股份合作制企业14万户，注册资金783亿元。乡村股份合作制企业更多，据统计已达300万户。随着股份合作制企业日益增多，其内涵也在逐步规范起来，基本明确了：股份合作制只能是以本企业劳动者为主要入股者，同时允许在某些特殊条件下吸收外部股份的合作制企业。这样，股份合作制企业就同私营合伙企业和一些不规范的股份制企业划开，形成一种独立的企业组织形式。现在，否认股份合作制作为一种企业制度的论断已渐淡化，越来越多的论者确认在我国现阶段生产力发展水平条件下，股份合作制不失为一种企业组织形式，有其存在的必然性。实行股份合作制是中国国有小企业和集体企业改制的一种重要有效形式，有的经济学家甚至强调这是首选形式。①

各地国有小企业以股份合作制形式进行改制，尽管细节有很多差异，但其基本做法渐趋一致，用山东省诸城市的典型说法，就是"先出售，后改制，内部职工持股"。经过资产评估后原国有企业资产减去债务，扣除国家应该支付给离退休职工和优抚对象的医疗费和抚恤费等，剩余部分的净资产出售给本企业职工，一般根据职工职务及其承担责任的大小规定出金额的上下限。出售后，资产归新组建企业职工所有和共同使用，原企业债务的偿还也由他们承担。改革后的企业，以合作制为基础，吸收股份制因素，实行劳动合作与资本合作相结合，按劳分配与按资分配相结合，职工享有平等权利，实行民主管理。这是一种新型的劳动群众合作经济的组织形式。从各地实践来看，这一新型的股份合作制有以下几个特征和连带产生的问题，是值得注意研究的。

第一，实行职工全员入股。企业所有在册职工和新参加工作

中国中小企业改革若干问题

的职工，都要认购一定数额的股份。职工具有双重身份，既是企业的劳动者，又是企业的股东。劳动合作与资本合作有机地结合在一起。

国有企业改制为股份合作制企业时，职工全员入股可不可以采用企业原有资产无偿转让配给职工的办法？国有企业资产属于全民所有，无偿转让给本企业职工，显然是对全民利益的侵犯，所以职工入股只能采取有偿出售的办法。但是，国有资产售予企业职工时的"置换价格"要合理确定，既不能定得过低，致使国有资产流失；也不能定得过高，为企业职工和经营者所不能承受。如果经过合理评价确定的置换价格超过职工承受能力，不应任意降低价格，可以分步置换国有资产，尚未出售的国有资产可暂留企业作为国家股份参与分红；或者一次置换，分批归还资金，缓交的资金作为国家对职工的贷款，按银行存款利率支付利息；或者允许职工中的能人或经营者多购，适当解决认购资金不足的问题。如果原企业评估后净资产价值不高，而退离休职工比例又过大，导致在做出必要的扣减后的实际置换价格为负数时，也不能让职工吃亏。此时实行"零置换"（白给职工）或国家倒贴置换，都不太可行。目前一些地方采用让国有资产部门积极设法注入资金，这也不容易实行。看来可以用退还新企业运行后的税收来逐步解决，或者把退离休人员的部分人员逐步交由社会保障机构承担，使改革扣减费用减少，从而实际置换价格由负转正，使改革得以顺利进行。

至于原城镇集体企业改制为股份合作制企业时，为了重建职工个人全员入股制度，可不可以把原企业存量资产无偿量化到职工个人？原集体企业存量资产不属全民所有，但亦非全部是企业现有职工所创造的积累。由现有职工劳动积累所创造的资产，无偿量化给全体职工个人，不应该说是对全民利益和其他劳动者利益的侵犯，但这里存在着原集体企业存量资产产权划分界定的问题。

第二，股本结构和股权设置。就国有小企业来说，除职工持股外，可否容许其他主体持股，特别是容许设置外来法人股？一般的做法是国有净资产让企业职工买断，为清一色的职工个人股。这里不存在集体所有制企业改革时牵涉的劳动集体共同占有的集体资产问题。有些效益较好国有小企业主管部门不愿放弃对企业的控制，坚持留一部分国有资产不予置换，主管部门以法人股名义进入新企业。这种情况不多，如，上海铸造一厂改革后的总股本中，含有30%的国有法人股。从股份合作制的规范要求来看，在企业内部成员个人股以外设置外来的法人股或个人股，在改革初期或企业新建时是不适宜的，因为吸收外来的国家股、法人股或个人股，就会出现不是职工的股东，不符合股份合作制的职工即股东，劳动者和所有者一身二任这一最本质的特征。当然，如前所述置换价值过大，企业和职工无法一次买断时，剩余国有资产可以暂时以法人股（优先股）名义留在企业，但这只能是权宜之计，不可长存。此外，股份合作制企业由于经营上的需要，可以让其他法人用参股形式来进行技术、供销等方面的联合协作；但这类外来法人股也只宜采取优先股而非普通股方式，比例也不宜过大，时间不可太长。外来法人股如果比例过大，股份合作制企业就要变性为有限责任公司。比如上海市的做法，是把改革企业外来法人持股份额控制在30%以内[①]。

至于集体所有制企业改革为股份合作制时的股权设置，由于历史因素，投资主体较为复杂，产权不够明晰，改制时产生了国有企业改革中所没有的两种股权。第一是"联社股"，即合作社联合体的股份，在绝大部分老集体企业存量资产中，少则占10%~20%，多到占70%~80%。联社产权比例偏高，不利于企业改

---

① 姚铭尧：《中国股份合作的崛起》，上海远东出版社1996年版，第150页。

革，所以联社资产似宜逐步调整其在改革企业总股本中的比例，直至完全退出；或者如上海玩具十一厂的做法，由改制企业一次性买断联社资产，只设单一内部职工股。第二是"成员集体股"。其来源是集体积累所形成的资产，这块资产大多是几十年来几代职工的劳动成果，并非都是现有职工所创造，如何处置争议颇多，各地有三种做法。第一种是集体积累不能量化到个人，只能共同共有；第二种是集体积累可以部分量化到个人，按份共有；第三种是集体积累留作"职工集体股"，不量化到人，但由其派生的股利可分配给在册离退休职工和现有职工。从一些地方的发展趋势看，集体积累这部分共同共有的股份，正在按照现代企业制度明晰产权的要求，一分为二，实行"共同共有"和"按份共有"相结合的办法。新的"共同共有股"，其实是特指离退休职工的共同共有，其分红作为离退休职工的补充养老保险。"按份共有股"的股权记入在册职工个人名下，但不能分掉，只作为分红依据，离开企业时可内部转让。

第三，民主管理。股份合作制企业职工拥有管理企业的平等权利。企业内部的治理结构，不少企业参照《公司法》，建立股东大会、董事会、监事会和经理（厂长）。由于股份合作制是职工与股东合二为一，股东（代表）大会与职工（代表）大会也合而为一。有的小企业为简化机构，不设董事会或监事会，只设一名执行董事兼任总经理，或由股东（职工）大会直接选举厂长、经理。看来股份合作制企业的民主管理应更多以合作经济组织通常设立的理事会形式而不是股份制企业通常设立的董事会形式为宜。职工股东大会表决时，有关部门规定和一般实际做法，都是按合作社原则，采取一人一票制，而不是像股份制那样实行一股一票制。强调一人一票原则，是以股份合作制企业中，职工持股比较平均、差距不大为背景的。但是，亦有人主张拉开职工持股的差距，相应地，表决制度应兼顾股份利益，实行一人一票制和一股一票制相结合原则。为此对股东大会所能表决的事项作一合理的划分：直接事关资产运作方面的事宜可采取一股一票制表决方式，直接牵连成员人事方面的事宜则采取一人一票制。这还是一个有争议、尚未达成共识的问题。

第四，分配原则。合作制是按劳分配，股份制是按资分配；股份合作制则是以按劳分配为主，税后利润实行按劳分配与按资分配相结合的原则。实际执行中对于工资、奖金的分配实行按劳分配没有疑义，问题在税后利润的分配，在弥补上年度亏损，再按一定比例提取公积金和公益金后，剩余部分怎样分配。从国有小型企业改制以来，基本上多实行"按股分红"，尚未考虑按劳分红。在目前刚改制而来的股份合作制企业分红额不高，职工股东对投股报酬又非常关注的情况下，实行单一的按股分红有一定的道理，但这只能作为权宜手段，因为它不符合合作制之区别于股份制的基本特征（股份制税后红利分配只实行按股分红原则）。多数人的意见是，随着分红基金的扩大，除了工资奖金实行按劳分配外，红利分配也要更多考虑按劳分红，实行按劳分红和按股分红相结合的原则。[①] "劳"和"股"的比例多少，在国家尚无规定时，可以由股东（职工）大会自行决定，这是一个费斟酌的问题。

中国中小企业改革若干问题

---

① 传统的合作制以服务为宗旨，合作社经营所得盈利，在作一定扣除（公积金、公益金等）后，生产型企业合作按社员的劳动贡献，服务型企业合作按社员同合作社的业务交易量，返还给社员。所以，生产型合作社的红利分配，实际上是按劳分红，而不是按股分红。这与合作社社员投股数额基本均等相关。被称为当代合作社典范之一的西班牙蒙得拉贡合作社，其净利润的分配，在作各项扣除（不得低于30%）后，其余部分利润（不得高于70%）按工作评等（包括技术水平、责任大小、本领高低、年资长短），分配给社员。这里的红利分配完全是按劳分配（参见Kasmir：The Myth of Mondragon，纽约大学出版社1996年版）。我国的股份合作制企业是在合作制基础上引入了股份制因素，故红利分配应在按劳分配基础上，考虑按股份分配。

各地推行股份合作制的实践表明，让企业职工作为出资人，取代政府成为投资主体的做法，对于企业的改革和发展产生了多方面的积极效应，突出的是：明确了产权关系，实现了政企分开，企业真正成了市场主体，职工真正成了企业的主人，推动了政府职能的转变，保证了国有资产的保值增值，促进了生产要素的优化配置，并且使企业经营效率迅速提高。例如，山东省诸城市1992年对150家独立核算企业进行审计的结果，有103家明亏和暗亏，占68.7%。从后来32家实行股份合作制改造的国有企业资产评估情况看，明亏暗亏达11 564万元。企业债务沉重，仅市属国有改制企业负债就达10.4亿元，资产负债率达93.5%。改制后，所有改制企业1995年全部盈利，无一亏损；一贯资不抵债的企业，改制后弥补了多年的欠款。从利润、全市工商企业税、财政收入、职工工资（年）来看，1992年分别为2581万元、5680万元、1.09亿元、2147万元，1995年分别为13 663万元、1.88亿元、2.6亿元、4097万元（含股红5194万元），分别增长5.3倍、3.3倍、1.4倍、1.9倍。当然，应该看到，股份合作制的发展虽然取得了一定的成效，但由于时间不长，还存在不少问题，主要是企业运作不够规范完善，内部监督约束机制不够健全，经营机制转换尚未到位，政府职能转变、社会保障制度、生产要素市场等配套改革相对滞后，在一定程度上制约了企业改制和股份合作制的发展，这些问题都需要通过不断的实践、总结，逐步加以解决。

作为方兴未艾的新生事物，面对中国国有小企业和集体企业面广量多的汪洋大海，股份合作制在中国的经济改革和发展中将有一段相当长的路要走。目前股份合作制正在日益规范中，随着时间的推移，它将如何发展下去？人们之所以关心这个问题，其原因在于股份合作制企业是在合作制的基础上吸收了股份制的特点，后者（股份制的特点）不能不受前者（合作制的基础）的约束，因而与单一的股份制相比，其内部结构（如股权结构、治理

刘国光

经济论著全集

第

12

卷

346

结构）的稳定性不强；其资金和人员的流动受到限制（如对吸收外部法人股个人股的限制、对内部职工持股最高额的限制和对股权流动的限制等）。在市场经济条件下，这种企业组织形式如何实现资本流动，以适应资金重组优化配置的要求，这是在理论上和实践上都未解决的课题。一旦资金流动和人员流动突破各种限制，股份合作制企业的性质就要起变化。

对股份合作制的发展前途，目前有各种议论。看来，作为改革中出现的一种新型企业制度，一经问世，只要加以规范，是能够像其他企业一样，在相当长的时期中存在下去的，条件是企业领导和职工坚持股份合作制的基本原则，实行劳动合作与资本相结合，切实贯彻民主管理，吸收外来股份和外来劳动力都不超过许可范围。[①]与此同时，股份合作制具有相当大的开放性，在条件具备时，也可以根据不同企业的实际情况，允许向别的企业制度转化。可能性比较大的是向以资本联合为主的股份制企业转化，条件是企业为快速发展壮大有必要也有可能吸纳外来法人资金和外来劳动力（不一定要求他们入股），可以在集体积累量化到人之后，按《公司法》规定改组为有限责任公司或股份有限公司。其次，也不排除转为合伙制企业，其条件是企业全体职工持股差距拉大，渐渐形成事实上少数控股核心力量，并且少数控股核心有意进一步出资收购股权，其同合伙经营，对企业债务负完全责任。由于合伙人对企业债务负有连带无限责任，风险太大，而大多数职工也不甘沦为少数私人老板的雇佣，并且，股份合作制企业大量向以私有制为基础的合伙制企业甚至向个人业主制企业转换，也不符合中国坚持公有制为主体的改革原则，所以近期内股份合作制企业向完全私有制转变，是不会大量发生的。

---

① 如目前起草的《股份合作制条例》中，规定职工个人股和职工集体股的股本金总和最少不得低于注册资本的51%，未入股职工数量最多不得超过持股职工人数的20%。

四、若干观念问题和实际问题

总的看来，中国中小企业改革试点，发展是健康的，取得了一定的成绩。但是，改革中也存在一些问题，有观念上的问题，也有实际问题，其中有些问题前文已有所涉及，下面再作点补充阐述。

（一）思想认识问题

思想认识上的问题，往往成为深化改革的意识形态障碍。各地国有企业改革有两类，一类是不涉及国有产权变更的，如联合、租赁、托管、委托经营等，一般不会遇到意识形态性的争论。一类是涉及产权变更的，如收购、兼并、股份制、股份合作制、出售给私人企业等，往往会遇到姓"资"姓"社"的争论。思想认识上的偏差来自两个方面。从"左"的方面看，认为产权改革就是搞"私有化"或者"变相私有化"，事实上否定产权改革；而从"右"的方面看，则认为产权改革的内容只能是私有化，中国只能走私有化的道路。中国改革的方针是坚持公有制为主体、多种经济成分共同发展。这是由中国的历史和当前的国情决定的。但所有制与其实现形式是有区别的，公有制可以通过不同的企业组织形式来实现；相同的企业组织形式也可以容纳不同的所有制内涵。中国国有中小企业改革中所采取的各种产权转让的做法中，确有变更为私有制的成分，如出售给私人企业和非本企业的职工个人等。中国既然允许私有制在一定范围内存在和发展，承认私有经济是我国多元化经济结构中的组成部分，一部分国有资产通过出售转变为私有私营也是很自然的事情。中国现行方针是，国有小企业出售给私人的只能是少数，绝大部分仍然应是不同形式的公有经济。[①]中小企业改革涉及产权变更的除了小

---

① 李鹏于1996年3月5日在第八届全国人民代表大会第四次会议上的报告。

部分拍卖、出售给私人者外，主要是指股份制和股份合作制。股份制改革是否是私有化，这个问题若干年前就有争论。事实证明，我国这几年国有企业改革中发展起来的一批有限责任公司和股份有限公司，国家用少量资本控制和带动了更多的社会资本，有了比较强的竞争能力，这不但不是私有化，而且壮大了国有经济。当然，对有些公司国家只参股不控股，或者干脆退出，这属于国有资产的产业结构、企业结构的战略重组。国有小企业改制为股份合作制也属此类。那么，改制为股份合作制是不是"私有化"呢？

股份合作制尽管是改革中兴起的新生事物，但作为全员入股、合资合劳、财产共有、成果共享、风险共担和民主管理的企业，很接近新中国成立前夕党的七届二中全会提出的集体经济组织概念，作为公有制的一种形式，这种集体经济组织在新中国成立初期的农村和城市中以合作社的形式得到大量发展。当时参加合作社的劳动者带着土地和其他生产资料入社，在按劳取酬的同时也得到土地和其他生产资料投入的报偿。这种合作社对促进20世纪50年代初期中国经济发展起了很大的作用，但是由于"左"的思想政治路线的影响，这种合作社在农村被"高级社""人民公社"所代替，在城镇被所谓"大集体"实为"第二全民所有制"所代替。土地被没收，股金被追回，分红被取消，原合作社成员完全被割断了与企业的资产关系，严重损伤了原城乡合作社劳动者的积极性。目前正在进行的国有小企业与集体企业改革，在合作制基础上引入股份制因素，形成新型的股份合作制，是在原合作社基础上的一大进步。其作为新型集体经济的公有制性质，是不能否定的。这是因为，尽管股份合作制企业的资本最终属于职工个人，但作为出资者的职工又是本企业的劳动者，他们联合起来对社会化的生产资料共同占有，共同使用，共同管理，并共同占取和分配劳动成果，共享税后利润，这里没有不劳而获占取他人剩余劳动的情况，因而如果从生产关系总体而不是单纯从法权关系上来理解，股份合作制属于公有制的组成部分也是无疑的。当然，股份合作制的外来股份中可能会有私有因素的成分，因而应说它是社会主义初级阶段的一种公有制经济形态。

与国有产权改革会不会带来"私有化"问题相联系的是，出售国有资产是不是国有资产流失的问题。有人认为，国有资产出售了，国有企业减少了，当然国有资产就流失了。这种看法也是小企业改革中遇到的一个认识问题。问题在于，如何看待国有资产产权转让。

出售国有资产是国有产权流动的一种重要形式，也是国有资产重组和结构调整的一个重要手段。在我国走向市场经济的条件下，国有资本的出售、转让、收购、重组，今后将是经常发生的事情，国有资本也只有在流动中才能实现保值增值。中国经济界多数人士已经认识到，限制国有产权流动，非但不能真正保护国有资产，反而会使国有资产遭到损失。大量国有资产由于无法从经济效益差的企业和行业中抽出来，并投入到经济效益好的企业和行业中去，造成相当部分国有资产营运效益低下，企业长期虚盈实亏，长此下去，其结果只能是国有资产有增无减地大量"坐失"，国有资产不但很难实现保值增值，而且还要国家每年拿出数百亿元补贴以填补这个看不见底的黑洞。相反，放开国有资产产权流动，恰恰是国有资产保值增值的有效途径之一。中国的产权市场尚未形成，产权流动还是很有限的。就是这有限的流动，已经显示出了许多方面的经济效应。一是存量资产优化组合效应。中小企业特别是老企业设备陈旧，产品老化，不适应市场需求，又无力投资改造，因而形成许多"小老树"企业，既长不大又死不了。在产权流动中通过兼并等方式进行改组，优化了存量资产，救活了一大批企业。二是资产与经营者的结合效应。有些企业经济效益低下，主要是缺乏好的经营管理者，造成经营管理混乱。在产权改革中，通过出让产权，更换了企业负责人，企业经营状况往往在短时间内就得到改善。三是经营机制转换效应。国有和集体企业经济效益不高，很大原因是经营机制的问题。通过产权改革，在产权明晰的基础上，政企得以分开，机制得以转换，企业开始勃发生机。四是淘汰效应。一些多年亏损、资产又流不动的企业，实行了破产处理，使长时期解决不了的老、大、难问题得以解决。五是产业结构优化和升级换代效应。地方政府在产权改革中，通过出售产权换置出来一批资金，可用于迫切需要的企业和事业，如降低企业的资产负债率，或转投于高新技术产业和基础设施，使长期得不到调整的产业结构得以升级换代，促进地方经济登上新的台阶。

当然应当承认，在产权流动不符合等价交换原则和产权交易规范时，也会出现资产流失问题。但是当前主要问题是不流动造成的损失比流动造成的损失要严重得多，而且前者是一种看不见的"暗流"。我们通过产权流动转让，促进国有资本重组就是为了堵住这种"暗流"，问题是尽快地发展完善产权交易市场，本着公开、公平和公正的原则进行交易，并且对交易行为进行有效的规范和监督，防止非规范的做法，如不评估、乱评估、低评估、无偿量化等所造成的资产流失。根据山东省诸城市国有小企业改制经验，在国有资产转让过程中要把好三道关，一是把好资产评估关，二是把好产权界定关，三是把好产权转让收入的收缴和使用关。只要把好这几关，就可以把转让过程中的资产流失和改革过程中的成本代价降到最低程度。

（二）若干实际问题

1. 关于资产评估与作价问题。这是公有产权转让要把住的第一关。无论是国有资产，还是集体资产，在出售时，都应当进行资产评估。按照国家规定，评估工作须委托经国有资产管理部门批准取得资格的机构承担并依法进行，评估结果必须经国有资产管理部门确认。目前资产评估业的立法工作比较滞后，管理比较混乱，政出多门，有的按"社团法"在民政部门登记，有的在工商局注册，对专业评估人员的专业素质和专业水平缺乏必要的监控和管理。凡此种种，往往使资产评估偏离客观与科学的轨道，而成为某些人获取利益的手段，这种情况现正在进行整顿解决。企业资产评估的价值，只是出售价格计价的基础，能不能被买者接受，还要看市场需求状况和买者接受能力。在中国目前产权市场还没有发育起来，以及买主已经有了确定的对象（如股份合作制企业股权买主是内部职工）、不可能有充分竞价的条件下，只能以评估价值为作价依据。

2. 关于产权界定问题。产权转让出售之前，必须对企业产权归属进行界定。一般认为，产权界定最基本的原则是"谁投资，谁所有，谁受益"。国有企业由国家投资，产权归属应该是明确的，资产无论多少，都是国有资产。有不少地方国有企业，国家并无投资，靠由政府担保银行贷款来负债经营，这样形成的资产归谁？对此有些争议。照理亦应归属国家，由负担保责任的一级政府作为产权主体。有些企业上级行业主管部门曾经有些投资，当时是为发展地方经济对地方的无偿支援，现在企业改革，提出要拥有股权，看来是不合理的，产权应归属于企业所隶属的地方政府。集体企业投资主体较为复杂，产权界定也比较困难。有些集体所有制企业随着规模的不断扩大，主管部门也不断升级，同时管理体制也几经改变，在这个过程中，不同的主管部门都曾有过数量不等的投资；还有些集体企业，起初是由一些街道妇女自筹资金办起来的，现在几经周折发展起来了，甚至有的已经过渡为国有企业。像这样的企业，由于经历比较复杂，一时难以弄清其投资来源，而改革又不能坐等，有的地方就采取先挂起来的办法，指定一个部门代管产权出售收益，待国家有了明确的政策以后再作处理。还有，对于国家过去的优惠政策，比如免税、无息或低息贷款等，所形成的企业收益，有人认为应当作为国家股权，这也是不合理的。因为国家的优惠政策就是为了资助和鼓励企业的发展，国家不应当以此设股。对于正在改制的企业，国家不能因为过去的优惠政策而收取一定的产权出售收益，已经改制的企业，国家也不能因为现行的优惠政策而谋求国家股，优惠政策所形成的收益应当归企业集体或全体股民所有。假定非设国家股不可，那就等于没有优惠政策。

3. 产权出售收入的收缴和使用问题。目前，各地对出售产权回收资金的管理很不统一。对于国有产权出售回收的资金，有的由国有资产管理局管理，有的由财政部门管理，还有的专门为此新设立投资公司管理。对于集体所有制企业产权出售回收的资金，原则上应当是企业的原始投资是谁就由谁管理。由于有些集体所有制企业资产形成的资金来源比较复杂，一时难以分清，有的地方对这样的企业产权出售回收的资金，暂时由国有资产管理部门代管，待国家有新政策或经过调查分清企业原投资份额再做处理。这也不失为一种权宜办法。同时，要严格限制产权出售回收资金的使用范围。企业产权出售回收的资金，是一种生产资金，原则上还应当用在生产上，并且一律有偿使用，不能用这部分资金弥补财政亏空，更不能用于造办公楼、购买小轿车等；或由国家收回，集中使用于国有经济应该加强的领域（投资于本地区的基础设施或投资到效益好的企业），或返回改制企业扩大国有资本金，或通过银行有偿借给企业使用，具体采取哪种形式，各地认识不同，做法也不一样，这是一个需要在实践中继续探索的问题。

4. 不良债务的处理问题。在产权改革中，如何合理地处理企业债务，是推动产权改革深入发展的重要环节。假如不作任何处理，债务完全由受让方承担了，这不尽合理，似有转嫁负担之嫌。目前，企业债务多为银行贷款。债务处理的最合理、最简便的办法，是由出让方从出让企业资产的价款中，还本付息。如果银行不收回，仍以银行贷款的形式留在企业，形成银行和受让方的债权债务关系，那么就应当在企业资产价款中扣除，出让方债务消失。如何化解国有小企业的债务包袱？有些地方采取转债入股的办法，如江西省抚州市有三户企业，以部分或全部银行债务转成职工股权（把企业向银行的借款转变为职工个人向银行的借款），职工承担这一部分贷款债务后，按一定比例投入等量现金，借款债务和职工投入的现金共同形成职工个人持股总额，职工逐年将其股本分得的红利首先用于偿还银行贷款本息，债务全部还清后，所有股本归职工个人所有。资不抵债企业改制时，或由财政部门以补亏方式使资产与负债持平，一次或分期补齐；或采取返回改制后企业所得税办法来弥补。没有补齐的差距，按国家对企业的负债对待。

5. 股权分配问题。在股份合作制企业中，职工个人股权应当如何分配，涉及企业的根本制度问题。现行的做法职工持股差距颇大，上海的材料反映[1]，最高持股与平均持股的差距，为3~10倍，最高持股为最低持股的差距，为5~50倍。持股差距究竟多少为宜？各部门主张不一，有的认为相差3倍即可，有的主张拉开到10倍。传统合作社要求社员持股大体平等，并坚持分红有限原则，目的在于防止资本对劳动的剥削。在目前我国劳动力有余而资本和技术紧缺情况下，允许股份合作制企业职工持股有差距是必要的，但差距不宜过大，以致失去合作制的平等合作精神。目前有些地方存在着经营者要求买大额控大股的倾向，有人主张进一步大胆拉开差距，企业主要决策者、经营者可以持有职工最低持股的100倍以上。这是不合适的。为了提高经营者的积极性和

---

① 姚铭尧：《中国股份合作制的崛起》，上海远东出版社1996年版，第57页。

鼓励他们承担风险，可以用提高职务工资或分红比例的办法，而不应把经营者变为控大股的老板。如果某些企业改制时各方面赞成经营者控大股，那就明明白白改制为私人资本为主的有限责任公司也可以，但不应再挂股份合作制的招牌。再者，目前有些地方采取经营者买大额的做法，也似乎与企业治理结构有点抵触。按照经营者买大额的规定，厂长（经理）应当买的最多，处于控股地位；可是按照合作制的性质，厂长（经理）又应当是职工一人一票选举的。并且，买大额是按照现行职务执行的，改制后就不一定保证他们仍能当选。即使当选了，也不能保证将来还能当选，落选以后是否要退股，新当选的是否要加股，这都是操作上难以解决的问题。所以，也有人主张最好不要硬性规定经营者买大头，应在所有职工大体平均的股权份额的基础上进行分配，根据职工的能力，自愿购买。此外，对个人股权转让范围和吸收外部人（法人、个人）持股问题是否可以更灵活一点，也有不同意见。

6. 好企业改制问题。按照"抓大放小"的精神，国家主要精力应放在掌握国家经济命脉的企业上，大量小企业没有必要都搞国有制，而要采取各种形式放开。从这样的战略思想出发，"放开小企业"的范围不仅单指困难的小企业，也包括好的企业。但往往出现这样的矛盾现象，一方面，对于困难的企业，主管部门愿意"放"，而企业职工担心投资被套牢而无回报，缺乏掏钱买下的积极性，形成"让改不想改"的局面。另一方面，对于效益好的企业，尽管不少企业主动提出改制要求，但上级主管部门不愿出让，形成"想改不让改"的局面。为了打破这种两难僵局，一种可行的办法是国有资产管理部门和企业上级主管部门（不论企业现状好坏）都要支持企业主动提出的改制要求，以促进好的企业争先改制，然后带动困难企业逐步走上改制之路。

国有小企业改制的较佳选择是股份合作制，它不是困难企业的专利，也适用于好企业，对它们注入新的活力，使之锦上添花，得到更大的发展。让好企业先改制能起到积极的示范作用，有利于股份合作制的推广。允许好的企业改制，还有利于国有资产管理部门积累资金，设立"改制基金"，支持、扶持困难企业的改制。实际上，各地在实行中小企业的股份制改革试点时，没有只限于亏损企业，有的则选择了经济效益较好的企业作为试点。当然，亏损企业改革紧迫性更强。但是，由于亏损，改革难度较大。而选择经济效益较好的企业改革，一方面职工容易接受，改起来阻力较小，可以在短时间内取得效果；另一方面由于效益好，无论是出卖、租赁，还是承包，市场价格看好，从而实现国有或集体资产的增值。同时，还应当看到，在市场激烈竞争的条件下，企业好与不好是相对的，现在经济效益好不等于将来经济效益也好，不在效益好的时候"高价脱手"，等到经济效益滑坡时再割肉贱卖，不仅难度大，而且会造成企业资产的流失。

五、中国中小企业的发展趋势

中小企业是中国经济的重要组成部分。随着中国经济体制改革的不断深化、工业化和城市化的发展、国际合作的进一步加强、中国的中小企业似有如下发展趋势。

1. 产权主体多元化。经过1978年以来的经济体制改革，中国中小企业产权主体多元化的格局已经形成。中国的大中型企业，国有比重大，特别是大型企业，几乎全部为国有，而中小企业则是国有、集体和个体（私营）等多种产权主体并存。随着产权改革的深化，中小企业产权结构的发展趋势是，集体所有制和个体（私营）经济比重越来越大，国有经济的比重则会进一步缩小。从1990年到1994年，中国全部工业企业的产权构成正是按照这一趋势变化的：国有企业单位数从1.31%下降到1.02%，下降了0.29个百分点，产值从54.60%下降到34.07%，下降了20.53个百分点；

集体所有制企业单位数从20.96%下降到18.60%，下降了2.36个百分点，产值从35.62%上升到40.87%，上升了5.25个百分点；城乡个体（私营）企业单位数从77.61%上升到79.94%，上升了2.33个百分点，产值从5.39%上升到11.51%，上升了6.12个百分点。今后，企业产权主体的结构还会循着这一发展趋势变化。预计到21世纪初期，城乡个体（私营）企业的比重还会上升，产值比重会上升到20%左右；集体企业的比重也会上升，产值比重会上升到60%左右；而国有中小企业的比重还会进一步下降，产值比重会降到20%左右；三种主要产权主体的产值比例为2：6：2。这样的一种"纺锤形"产权主体的产值构成，中间（集体）大，两头（国有和个体）小，既保证了我国经济的社会主义性质，也比较符合我国的国情。

2. 农村中小企业将逐步向小城镇集中。在中国的中小企业中，农村企业（亦称乡镇企业）约占80%以上。由于过去多种原因，这些企业布局过于分散。据1992年的调查，只有1%建在县城，7%建在建制镇，而92%分布在自然村。①对于这种过于分散的布局，有人称之为"村村点火，户户冒烟"。过于分散的结果，不但不利于节约土地，不利于防治污染，而且带来了投资的不经济性，加大了经营管理的难度。针对这些问题，《中共中央关于建立社会主义市场经济体制若干问题的决定》指出，要"加强规划，引导乡镇企业适当集中，充分利用和改造现有小城镇，建设新的小城镇"，以"形成更合理的企业布局"。为了更好地贯彻中央的这一正确方针，各地都采取了一些相应的措施，即以县为单位进行规划，选好点，做好小城镇建设的平面布置。有的地方还做出规定，凡是有一定规模的新上项目，在需要建立固定场所的企业原则上都应当将企业建在规划点上，并按照平面布置

---

① 《走向21世纪的中国经济》，经济管理出版社1995年版，第158—159页。

图的要求进行建设。凡按规划要求建设的，在企业登记、土地审批等方面予以优惠。老企业也应趁技术改造的机会进行搬迁。当然，一些适合于分散经营的家庭手工业，是不能强制集中的。农村中小企业的相对集中，将有力地推动中国小城镇的发展，这对于改变中国农村的落后面貌，促进农业劳动力的转移，提高人口的城市化水平，都有很大的意义。①

3. 中西部中小企业将加速发展。中国按地理位置，从东到西分为东部地区、中部地区和西部地区。这样的地理位置，也是经济发达程度的顺序。实际上，经济发达与否，是和中小企业是否发达相一致的。中国东部的江苏、浙江等地，就大中型企业的发展看，不如中西部地区。因为这些地区缺乏自然资源，国家投资建设的自然资源开发，大都分布在中西部地区，加之这些地方沿海，过去由于世界冷战，为了战备，国家也没有在这些地方大规模投资建厂。这些地方，完全根据自己的力量，因地制宜地发展中小企业，特别是发展乡镇企业。现在，中西部地区的各级政府和广大人民群众已经开始认识到发展乡镇企业是脱贫致富的必由之路，发展乡镇企业的积极性很高，这是中西部乡镇企业发展最坚实的基础。加之，为了促进全国地区之间经济的平衡发展，也是为了促使中西部地区经济跃上新台阶，国家对中西部发展采取了一系列优惠政策；东部地区为了调整自己的产业结构，劳动密集型产品开始向中西部转移，同时东部地区为了寻找原料基地，开始与中西部携手，共同投资开发中西部自然资源；国际合作也已由沿海向内地延伸，正沿着长江和黄河两岸展开，预示着中西部地区将更广泛、更深入地走向国际市场。近几年来，中西部乡镇企业发展步伐明显加快。1993年，中部10省乡镇企业产值占全国总产值的比重由上年的29.11%上升到29.90%，上升了0.79个百

---

① 参见"乡镇企业发展与小城镇建设"，载《中国乡镇企业发展的政策导向研究》，经济管理出版社1994年版，第176—181页。

分点；西部地区（不含西藏）由上年的4.37%上升到4.69%，上升了0.32个百分点[①]。特别是中部地区，表现出更强劲的发展势头。1994年集体企业单位数、从业人数、企业资产总量和营业收入、产值、利润、税金等重要经济指标，在全国的比重都有所提高，其中营业收入比上年增长了2.75个百分点，利润比重上升了2.2个百分点，上缴国家税金增加了4.59个百分点。[②]中西部地区的快速发展，对增强中国经济实力具有重要意义。

4. 以大中型企业为中心的专业化协作将进一步加强。随着中国以市场经济为取向的经济体制改革不断深化，地区和行业之间的分割将被打破，同时也会改变企业生产经营的"大而全""小而全"的格局，从而将会促使中小企业围绕大中型企业，开展专业化协作。近几年来，这种专业化协作已经开始起步，显现了良好的开端。例如，以各种不同的方式组织起了全国或地区间的大型机械企业集团、汽车企业集团、建筑材料企业集团、家用电器企业集团、自行车企业集团等。还有的虽然没有组成企业集团，但开始以固定供货的方式进行生产协作。这种生产结构的改组和调整，是中国经济体制改革的一个重要组成部分，对实现中国经济集约化经营有重要意义。在计划经济时期，地区和部门画地为牢、各自为战，重复建设十分严重。就农业机械修理、制造而言，不要说专业农业机械制造企业，仅就普通农业机械修理、制造，全国几乎所有的地、市、县，都有一个很不错的农业机械修（理）（制）造厂，而且目前大都处于惨淡经营的境地。将这些企业组织起来，稍加改造，就可以生产大型专业机械。开发这一领域，前程十分广阔。

---

① 根据《中国乡镇企业年鉴》编辑委员会编，中国农业出版社出版的《中国乡镇企业年鉴》1994年、1995年卷有关数据计算。

② 《中国乡镇企业年鉴》编辑委员会：《中国乡镇企业年鉴（1995）》，中国农业出版社，第337页。

5. 以科研和新技术开发为主的新兴产业的比重将进一步提高。目前，中国中小企业的产品绝大部分是劳动密集型产品，属于高科技和新兴产业的产品还是凤毛麟角。随着改革的发展和整个经济水平的提高，后者的比重会进一步提高。目前，一些离职或离休和退休的国家大型科研机关的科研人员、大中型企业的科技人员、高等院校的教授等，兴办了一批以科学研究、实用技术开发、技术咨询为主要内容的小型企业；在电子计算机等自动化控制设备领域也开始出现一批小型企业。这样的企业将来还会进一步发展，特别是以民间形式出现的小型企业，以技术交易为主要经营内容，其活力会更强。

6. 进一步拓展国际合作空间。目前，在中国的20多万个"三资"企业中，中小型企业依然占99%[①]；对外贸易的大部分产品也是中小企业提供的。随着中国经济体制改革的逐步深化和对外开放度的不断扩大，中小企业将会更进一步拓展国际合作空间。一方面，国外厂商将继续向中国投资，合作对象中绝大多数还是中小企业，中小企业出口产品还会随着中国对外贸易的发展而不断增加；另一方面，中小企业的各项管理将在改革中逐步实现和国际制度接轨；同时，为中小企业提供各种服务的机构不断发展，并逐步形成体系，从而为中小企业开拓国际空间提供服务，帮助中小企业寻求国际合作伙伴、开通国际合作渠道等。国际上，如欧共体、东盟、南美、加拿大、澳大利亚、日本等国家的中小企业，也都急于进入中国市场，并计划在中国寻求合作伙伴，中小企业不断拓展国际合作空间，将有助于中国经济走向世界。

---

① 陈清泰："贯彻五中全会精神，进一步放开搞活中小企业"，载《中小企业产权改革探索》，经济管理出版社1996年版，第9页。

走向繁荣的中国经济

——"中国经济发展研究论丛"总序

（1996年11月25日）

中国发展社会主义经济，至今已经历近半个世纪。在这段时期中，我们工作的重点是如何将丧失了近百年发展机遇的时间抢回来，如何使生活在占世界7%土地上的、占世界20%的人口尽快走上现代化的道路。经过艰难的探索，在为发展计划经济艰苦奋斗30年之后，我们选择了社会主义市场经济。

1979年以前，我们从本本出发，按照原苏联的思路，以为社会主义只能搞计划经济，不能接受市场机制，"市场是资本主义的东西"。在大约近三十年的时间里，我们将商品生产、价值规律和市场调节排除在社会主义经济的理论、政策和实践之外。企业生产什么、生产多少，以及家庭和个人消费什么、消费多少，都由国家计划从上到下来决定，企业、家庭和个人在经济行为中缺乏自主选择，没有横向竞争。不可否认，这种高度集中的计划经济，在一定程度上加速了本来短缺的资源动员，使我们初步建立了社会主义的工业体系和国民经济体系，改变了旧中国贫穷落后的面貌，并且消除了贫富两极分化的现象。

但是，原来那种排斥市场调节的计划经济，由于强调"一大二公"，强调全面计划化，经济系统内缺乏竞争，缺乏优胜劣汰的机制，缺乏一个自我发展、自我积累、自主决策、自负盈亏的微观基础。经济行为的效率要靠自上而下的宣传鼓动和行政指令来维持，加上一次又一次的政治运动的干扰，"从1958年至1978年，中国生产力的发展基本上是停滞的"，而且经常是大起大落、强周期波动，经济结构经常出现大失衡后的大调整、大调整后的大失衡。由此我们发现，社会主义排斥市场，排斥商品生产，排斥竞争和价格调节，并不是一个科学的选择。

早在20世纪70年代的中期，邓小平同志就根据马克思主义的一般原理，对中国经济的发展道路做出了开拓性的探索。70年代末和80年代上半期，他在著名的"有中国特色社会主义"的理论中，对现代经济发展规律做出了最新的概括：资本主义可以有计划，社会主义可以有市场，社会主义的中国也应当走市场经济的道路。改革开放以来，我们按照小平同志建设有中国特色社会主义的理论，寻求公有制和市场相结合的途径，努力实现从社会主义计划经济向社会主义市场经济的转变。建立社会主义市场经济体制，这正是我们改革的基本目标和选择。

过去18年，我们在这一选择上迈出了重要的一步。到目前为止，我们在建立现代企业制度、发展市场体系和改革宏观调控机制这三方面，都取得了重大成就。"我国的实践已经证明，发展社会主义市场经济有利于解放和发展社会主义社会的生产力，增强社会主义国家的综合国力，提高人民的生活水平，也有利于增强人们的自立意识、竞争意识、效率意识、民主法制意识和开拓创新精神，使社会主义的优越性进一步发挥出来。"发展社会主义市场经济是一个正确的选择，它既适合中国自身的国情，符合人民群众的意愿，又与现代世界经济发展的规律相适应。我们深信，今后，无论发生什么样的变化和情况，这一选择都不会放弃，经济改革的市场取向是不可能逆转的。

中国经济发展走上市场之路，走上社会主义市场经济之路，对世界来说是一件大事，对中国来说是一个创举。翻开近现代世界经济发展史，社会主义和市场经济相结合还没有现成的经验可循。社会主义如何与市场相结合？20世纪80年代，我们只是摸着石头过河，到90年代，才有了清楚明确的目标。但是，应当看到，目标不等于现实，要使目标变成为现实，前面要走的路还很长，任务还很艰巨，还将面临并要在实践中逐步解决许多矛盾和问题。

从今年（1996年）开始到2010年，我们要力争实现从计划经济向市场经济的体制转变和从粗放型经济增长向集约型经济增长的发展模式转变。应该说，转变经济增长方式的工作，我们在改革之初就开始抓，后来有过几次努力，但是都不尽如人意，主要原因是传统体制的约束。宏观层次的投资、生产和产业组织安排，在很大程度上还是用计划经济的方式。在微观层次，一方面，国有企业的政企不分问题依然没有解决，它们之间竞争不足，企业经济结构特别是存量资本结构的调整缺乏弹性，要素生产率低；另一方面，农村乡镇企业和城市集体与私人经济大多规模较小，过度分散，规模效益很低。在中观层次，由于地方保护主义和区域分割现象严重，并且各地攀比速度成风，投资扩张冲动，争铺新摊子，上新项目。这几方面的情况加在一起，虽然速度容易上去，但是，结构和效益总是不理想。由于速度与结构还没有很好地结合起来，又使得我们的速度不能持续，增长的稳定性能差，经济活动时常出现大起大落现象。十多年的经验表明，要使我国经济真正转到稳定、持续、快速、健康增长的轨道，必须加快实现两大转变，尤其是加快市场化改革，在迅速建立适合市场经济发展需要的现代企业制度的同时，大力培育市场，发展竞争。

中国是一个拥有13亿人口的大国，在改革和发展过程中，我们不仅要解决好速度、效益和结构的关系问题，而且还要正确处理就业和通胀的关系问题。从现在起，到2010年，我们每年要为新增劳动年龄人口、农业剩余劳动力和国有企业释放出来的富余人员创造大约1000万的就业机会，这是我们面对的特殊发展背景。在制定发展政策时不得不把这个背景考虑进来，这就决定了中国经济的发展速度要保持一个略高于那些就业压力较小些的经济的发展速度。但是，对我们这样一个机制还不完善的经济而言，特别是存在地方攀比增长速度、国有企业软预算约束程度还比较高、投资饥渴的现象还较普遍的情况下，控制通货膨胀始终是我们的一项重要任务。在我国，要将通胀率和失业率控制在一个既使资源配置效率高，又能保证社会稳定，促进经济持续、健康增长的水平，确实是一件极为艰苦的工作。为此，需要改进我们的计划指导，改进宏观管理，提高政策操作的技巧和有效性，需要加速宏观调控机制改革的进程。

作为一个大国经济，中国面临的另一个问题是地区发展不平衡。在新中国成立初期，我们面对的是东强西弱、南富北穷的经济格局。在发展社会主义计划经济的30年中，我们采取集中计划、统调统配的方式，将东部、南部地区资源（包括人、财、物）的一部分无偿转移到西部、北部，比如在财政统收统支过程中，统收向东部强化，统支向西部倾斜，将一些大的工业设施建在中部、西部、北部，以达到区域平衡发展的目的。应该承认，这种行政式统调统配办法对于壮大中部、西部、北部经济做出了重大贡献。但是，也在一定程度上限制了区域之间的竞争，限制了东部、南部地区的发展。改革以来，原来以统收统支、统调统配为特征的完全集中型财政体制，已经转向相对分权化；在区域发展政策上，也更为强调在平等竞争中自我发展、自我积累。这种强化区域竞争的办法，在一定程度上搞活了地方经济，提高了资源配置的效率，基本解决了地区经济发展中的平均主义问题。但东西之间、南北之间新的发展不平衡、收入差距扩大等问题又随之而来。前18年，东部、南部地区的经济发展快一些，中部、西部、北部地区相对慢一些，为了缩小这种不平衡和差距，其做法不是通过压低东部、南部地区发展的速度，不是通过简单的"输血"，来实现人为的平衡，而是通过加快体制改革、创造更为宽松的政策环境，来加大中部、西部发展的力度，来提高它们的"造血"功能。为此，我们还需要下大力气改变当前地区经济发展中的保护主义倾向，在全国形成资源自由流动、公平竞争的统一市场。

作为一个大国经济，中国的最大优势是市场大、发展潜力大。在目前国民经济整体素质还不很高的情况下，我们要继续大力引进外资，引进一切对我们有用的技术，扩大对外贸易。从近十多年对外开放的实践来看，我们在这方面取得了一定的成就，但是，也还存在一些需要进一步研究的问题。比如如何处理开放和保护的关系，在对外贸易中如何实现用市场换技术、换管理、换机制，在引进外资中如何从数量型为主向质量型为主转变，以及在经济国际化进程中我们这样一个人口和劳动力大国的贸易战略如何选择等。应该说，现在中国对外开放的门已经不小，国内市场上外国的东西不少，我们当然不要把门关小，而要开得更大一些。但是必须看到，这些东西并未换回相应的技术、管理和机制，所以在今后的开放政策中，我们的重点不是在数量，而是在质量。

中国经济既是一个大国经济，又是一个发展中经济，现在的人均经济实力还不强，这在一定程度上说明它的发展空间很大。改革18年来以9%以上的年均速度增长，这不仅在中国经济发展史上是一个奇迹，而且在同期的世界经济发展记录中也是一个不可小看的成就。到2010年时，我们仍将保持8%~9%的发展速度，在这样一个基础上，才有希望在21世纪中叶初步达到中等发达国家水平，完成邓小平同志"三步走战略"。中国经济的繁荣，不仅会加速中国自身的现代化进程，而且将对世界经济发展和人类和平事业做出直接贡献。那种认为"中国经济的快速发展对世界是一个威胁"的看法，是毫无根据的，是别有用心的。无论世界风云怎么变幻，中国都将坚持以经济建设为中心，走自己的路，使社会主义在中国大展宏图，创造辉煌。

孙冶方对中国经济科学的重要贡献和当前中国经济形势问题

——在孙冶方经济科学基金会与香港中文大学
联合举办的中国内地与香港之经济发展
研讨会上的发言
（1996年12月1日）

今天孙冶方经济科学基金会与香港中文大学联合举办的"中国内地与香港之经济发展"研讨会在这里隆重举行。首先，让我代表孙冶方科学基金会向香港中文大学和参加研讨会的经济学家及支持这次研讨会的香港通恒有限公司表示衷心的感谢！下面我的发言，分四点来讲。

第一点，作为孙冶方科学基金会负责人之一，首先我想利用这个机会，向诸位简单介绍孙冶方对我国经济科学的重要贡献。

孙冶方是我国一位享有盛名的经济学家，他虽然没有给我们留下大部头的经济学论著，却以数十篇精彩的文章和坎坷经历，成为我国经济学界公认的改革集权计划经济体制的勇敢的开拓者。

孙冶方经济思想的核心是什么？用他自己的话来说，就是"一切经济问题的秘密就在于如何以更少的劳动获得更多的劳动产品"。这里讲的"劳动"包括活劳动和物化劳动的投入。中国经济学界把"最小最大"叫作孙冶方公式。尽管"最小最大"是一个古老而朴素的一般经济原则，但是在中国强调政治斗争忽视经济建设、强调生产关系变革轻视生产力发展的年代里，孙冶方突出这一经济原则，并把它同中国经济实践联系起来，这在当时确实是独树一帜，而后对中国经济理论与实践的演变，产生了深刻的影响。

孙冶方用"最小最大"原则总结中国经济建设的经验教训。他批评传统计划经济体制最大的问题是不讲经济效果，揭露集权计划经济体制的理论基础是自然经济观，即把整个公有制经济看作是一个大的工厂，计划经济就像原始社会部落酋长分派干活，排斥等价交换，忽视资金核算，反对算经济账，因为反正肉烂在锅里，算账只是把钱从这个口袋放到另一个口袋。在这一集权计划经济体制中，企业只相当于一个工厂的车间，谈不上什么自主的经营权。

针对传统计划经济体制的弊病，孙冶方提出的改革主张是把计划经济建立在价值规律的基础上，以提高国民经济的效率。他主张把资金量的简单再生产范围内的权力下放给企业，以处理好企业和国家的经济关系；按等价交换的购销关系取代实物配给，处理好工业和农业的关系；按资金利润率和生产价格的原则改革价格体系；以利润为中心指标强化对企业的经济核算；等等。

孙冶方曾有一句名言：千规律，万规律，价值规律第一条。但是，孙冶方在这里讲的价值规律并不是以供求关系为基础的市场价值规律，而是以科学计算为依据的计划价值规律。类似经济学思想史上兰格所主张的计算社会主义模式，用计算办法安排社会经济活动。在这个理论前提下，孙冶方把社会主义和市场经济对立起来，否认全民所有制内部存在着商品货币关系，在抵制自然经济论的同时也反对市场经济。这是他整个理论体系的一个历史局限性。中国经济改革开始后，孙冶方在临终前几年已逐渐意识到自己理论的局限，但他自己已来不及而由他的学生后辈完成了向社会主义市场经济理论的突破进军。

当我们今天回过头来看孙冶方的思想观点时，无论是他的正面贡献还是他的局限所在，似乎都只是一些简单的经济学道理。然而孙冶方所生活的那个时代却使他为倡导和坚持自己的观点付出了血的代价。20世纪60年代初和后来的"文化大革命"，孙冶方曾被当作中国经济学界最大的修正主义者被批判，并在狱中度过了七年。孙冶方为坚持真理，不畏权势，铁骨铮铮，给学术界树立了光辉榜样。我们敬佩孙冶方为坚持真理所具有的无畏精神，我们崇敬孙冶方为改革传统的经济体制和发展经济所具有的大胆探索、勇于创新的精神，这也是孙冶方经济科学奖励基金会评奖坚持的原则。

关于孙冶方经济科学基金会的情况，将由该会秘书长张卓元教授简要介绍。

第二点，谈谈对中国大陆当前经济形势的一些看法。1996年是大陆经济发展中具有特殊位置的一年。之所以说"特殊"，一来是因为1996年正处于两个经济周期之交；二来是因为1996年也正处于两个五年计划之交；三来是因为从1993年6月、7月开始实行的"适度从紧"的宏观经济调控政策，到现在已经近三年了，这一政策是否需要改变或调整？尽管中央已经明确提出要继续把抑制通货膨胀作为宏观调控的首要任务，继续实行适度从紧的财政政策和货币政策，但是各方面要求放松的议论仍很多。1996年的这种特殊位置，无疑给我们把握1996年的经济走势带来了困难。在这种情况下，各方面对1996年的经济走势有不同的看法和不同的主张，是自然的，是可以理解的。

关于对1996年经济形势的分析与预测，我想，主要有两大问题：一是1993年年中以来的"软着陆"是否已经到位？这一轮的经济波动何时到达谷底，何时转入新一轮周期的回升？二是宏观调控应采取何种对策，方向与力度如何把握？

就第一个问题来说，这一轮的经济波动何时到达谷底，何时转入新一轮周期的回升，各方面的意见不尽一致。有的认为，1996年上半年到达谷底，下半年转入回升；有的认为，1996年年底到达谷底，1997年转入回升；还有的认为，1997年是谷底，1998年转入回升。不论是那种可能，关键的问题归结于宏观调控政策的取向。

在1996年宏观调控政策的取向上，也有种种不同的意见，大体上说，有这样三种意见：

第一种意见认为，应该停止从紧政策，转向放松政策。也就是说，宏观调控的方向应该改变。主要理由是：目前我们面临着就业压力大、国有企业困难大的问题；同时，经过近三年的紧缩，能源、交通、原材料等"瓶颈"制约已为缓解，一些生产资料已处于闲置状态或出现积压。

第二种意见认为，应该继续采取"适度从紧"的政策，不能放松。主要理由是："软着陆"尚未到位，各方面要求大干快上的势头很强劲，物价形势依然严峻，通货膨胀率的压力很大，其反弹甚易。

第三种意见认为，兼顾以上两种意见所提出的理由，应该考虑在坚持总量上"适度从紧"的原则下，根据经济波动的态势和物价上涨态势，审时度势地进行微调，该紧的还是要继续紧，该松的可以有重点地、结构性地、适度地和逐步地有所放松。所谓"该紧的还是要继续紧"是指，对于固定资产投资总规模的控制，对于新开工项目的控制，对于房地产、开发区建设的控制，对于贷款总规模和新增货币发行量的控制，对于财政支出和赤字的控制，对于物价上涨幅度的控制，等等，还是要从紧。所谓"有重点地放松"是指，对于经济效益好、产品有市场的国有企业，在流动资金方面应该给予支持，以促进有效供给的增加。所谓"结构性地放松"是指，对于农业、基础设施和基础工业等"瓶颈"部门，对于国家重点投资项目，要给予一定的倾斜政策，保证奖金到位，以促进产业结构的调整与升级。所谓"适度地放松"是指，在方向和力度的把握上要加以控制，避免激起经济增长率和通货膨胀率的强烈反弹。所谓"逐步地放松"是指，在时间的操作上，要随着波动态势的推移而有计划、有步骤地进行。

以上对于1996年宏观调控政策取向的三种意见，目前都有人主张，各自也都有其道理。而且，随着时间的推移，主张第一种意见的人正在增加，特别是各地方以及企业方面。我个人是同意以上第三种意见的。

第三点，简要谈谈中长期宏观调控对策问题。

通过以上对1996年三种政策取向的讨论，引发出一个更为重要的问题，这就是：从现在起，到进入下一个周期，包括到2000年，乃至到2010年的整个期间，宏观调控在总体的把握上，应该采取什么对策？

为了回答这一问题，我们来看一下新中国成立以来的历次周期波动中波峰与波谷之间经济增长率的落差，也就是波动幅度的变化。第一个周期，1953—1957年，也正好是"一五"期间，国民收入增长率的峰谷落差是9.6个百分点。第二个周期，1958—1962年，也正好是"二五"期间，国民收入增长率的峰谷落差是51.7个百分点，这是一次最典型的大起大落。第三、四、五个周期，这一落差分别为24.2个百分点、20.4个百分点和11个百分点。改革开放以来的四个周期，GDP增长率的峰谷落差分别是7.2个百分点、6.4个百分点、7.8个百分点和4个百分点。其中，改革开放以来的第四个周期，也就是从1991年起的现在这个周期，目前还不能说是否结束。我们暂且计算到1995年，GDP增长率的峰谷落差是4个百分点。1991—1995年，也正好是"八五"期间。

从以上情况我们看到，我国经济周期波动的峰谷落差到目前已缩小到4个百分点。我们认为，在今后，"九五"期间和到

2010年，每个周期的峰谷落差应该控制在3个百分点左右为宜。也就是说，使经济波动的总体态势呈现出一个缓升缓降的新局面，使经济波动平滑化。要出现这样一个新局面，其政策含义就是：在宏观调控上，需要采取一种稳定性政策。

所谓"稳定性政策"，包含两层意思：

第一层意思是，宏观调控要坚持总量上"适度从紧"的原则，在年度的调控上，要根据经济波动的态势，适时适度地进行必要的、小幅的松紧微调，避免人为地加大波动的幅度，特别要避免政策上的"大松大紧"导致经济波动的"大上大下"。

第二层意思是，宏观调控不能单纯地只在需求总量的控制上做文章，也不能单纯地只在需求面的松与紧上做文章，而必须将对需求总量的控制、对需求面松与紧的控制，同改善供给面、增加有效供给，与促进产业结构和产品结构的调整、优化和升级有机地结合起来。也就是说，要把控制需求与改善供给、控制总量与调整结构结合起来。这意味着，要将财政政策、货币政策、产业政策、收入政策、地区政策等各种政策手段配合运作，促进整个国民经济高效益、高质量地稳定增长。

宏观调控实行稳定性政策，缩小经济波动幅度，有利于抑制原有体制下的投资冲动与消费冲动，有利于为实现党的十四届五中全会提出的两个具有全局意义的根本性转变——经济体制转变和经济增长方式转变——提供出一个良好的宏观经济运行环境。或者说，宏观调控实行稳定性政策，是实现两个根本性转变的内在要求，是实现两个根本性转变的题中之义。同时，实现两个根本性转变的过程，也为实现经济的稳定增长提供了体制方面的重要保证和发展战略方面的重要保证。所以，宏观调控实行稳定性政策，与实现两个根本性转变是紧密结合在一起的。

第四点，谈谈有关抑制通货膨胀的一个问题。最近，国内官方文件和经济学界讨论中都一再出现要把物价上涨增长率降到经济增长率以下的提法。对此我想指出，物价上涨率低于经济增长率只能作为我国近期宏观调控实际操作的一个过渡目标，而不能作为宏观调控的经常性目标。仅仅从近几年来我国的物价上涨率高于经济增长率的实际情况出发，强调首先要把过高的物价上涨率降低到经济增长率以下，我认为，这是可以暂时接受的。因为这是针对我国近几年来的特殊情况而言的。但是如果把物价上涨率低于经济增长率作为经济运行状况良好的标准，那么这个提法是欠妥当的。之所以欠妥当，首先是因为，物价上涨率能否被接受，是由一定时期内居民收入的增长状况、不同居民间收入分配的差距、居民的心理承受程度、商品生产者成本的承受程度等多种经济、社会因素所综合决定的，而并非与经济增长率的高低相挂钩，似乎物价上涨率只要低于经济增长率就是正常的。比如，以一个时期的情况来说，"八五"时期，每年平均的经济增长率为12%，而每年平均的物价上涨率为11.4%，它虽然低于经济增长率，却是新中国成立以来物价上涨最高的时期，也掩盖了好几年（1994—1995年）年度物价上涨率高于经济增长率的不正常情况。拿个别年份的情况来说，1993年，物价上涨率为13.2%，低于该年13.5%的经济增长率。是否可以认为这是宏观经济运行状况良好的一年呢？事实是，这一年是经济过热、经济秩序混乱达到顶峰，不得不转而采取加强宏观调控、整顿经济秩序的措施。

从我国目前正处于体制转型时期的情况出发，影响物价上涨率的一个重要因素是价格的结构性调整与价格形成机制、价格管理机制的改革因素。由于价格调整与改革而带来的物价上涨，与一般意义上的通货膨胀还不是同一概念，我们在考虑控制物价上涨率的时候，还要为合理的、正常的、适度的价格调整和改革留出一定的余地。这个余地可以构成控制物价上涨率的下限。那么，控制物价上涨率的上限，我认为，应该是银行利率。当然，银行利率也要随整个经济形势的变动以及物价的变动而变动。但总的来说，不宜出现负利率的局面。同时，价格和利率的调整、改革等措施的出台，以及其力度的把握，要根据经济波动所处的不同阶段而相机选择。

国内有些人士主张把低通货膨胀率作为宏观调控的政策目标，但是究竟物价上涨多高才是低通胀，人们解释的伸缩余地也很大。笼统把低通胀作为政策目标并不合适。大家知道，若干年来西方主要市场经济国家的政府，都明确地把抑制通货膨胀作为其宏观调控的政策。至于在客观上能抑制到什么程度，那是一个由诸种因素所决定的实际结果问题。有的国家实现了低通胀，那正是实行抑制通胀政策的结果，而"低通胀"本身并不是其宏观调控政策的目标。如果我们把"低通胀"作为政策目标，那么，实际执行的结果则很可能是通胀的难以控制。

刘国光

经济论著全集

第 12 卷

收缩国有经济范围

——《中国经济时报》记者访谈
（1996年12月3日）

记者（王南）： 根据世界银行的发展报告，由计划向市场的转轨影响着世界上1/3的人口，在一定程度上已成为世界性的问题。其中市场经济能否在公有制基础上建立？国有企业能否与市场经济相容？这两个问题尤为引人注目。前苏联和前东欧国家的实践未有突破，一些著名经济学家也宣称从理论上说是不可能的。我们想听听您的看法。

刘国光： 我认为中国的实践已经对此提供了有力的反证，并且这种转轨一旦最后完成，则不仅对世界社会主义实践的贡献不可估量，对经济学理论的贡献也将是开创性的。当然我们现在还有许多极其复杂的难题需要解决……

记者： 比如说国有企业的改革问题？

刘国光： 是的，国有企业改革就是这样一个需要解决而又极其复杂、难度很大的问题。

记者： 那么您是如何看待国有企业改革到目前为止的进展情况呢？

刘国光： 承包制可以说是不成功的，它不但没有使国有企业的经营状况好转，反而继续恶化，亏损面不断扩大、亏损额持续上升。过去的改革，充其量只是解决了一些浅层次矛盾，难度很大的深层次矛盾并没有解决。尽管近几年我们把国有企业改革作为改革的"重中之重"来抓，但由于它又是改革的"难中之难"，改革的实际步伐并不理想。党的十四届三中全会提出建立现代企业制度的改革任务已经3年了，试点工作进展缓慢，尚未取得实质性成果，期限已从1996年年底推迟到1997年年底了……在我看来，国企改革关系到整个经济改革和现代化建设的进程与成败，已经到了非动大手术不可的关键时刻。

记者：在国有企业如何摆脱困境的问题上，我们经常听到各种各样的主张。一种主张认为国有企业的产权应该分散化，"落实"或"量化"到每个国民，就像俄罗斯和东欧某些国家；另一种是所谓的"曲线救国"，主张不触动或者绕开现有国有企业，用迅速大力发展乡镇企业等各种类型非国有经济的办法，为国有企业的解困创造条件；有人甚至主张像中国台湾地区和韩国那样，把国有企业挤到无足轻重的地位……

刘国光：国有企业目前在中国经济中占有的重要分量太大，而国内民间资金又太小，私有化方案不符合目前中国国情，另外它也不符合中国建立社会主义市场经济的目标。但值得注意的是，在反对私有化的讨论中，也有一种观点不适当地扩大"私有化"的涵盖面，把一些可以研究探讨的产权改革措施和设想，如股份制等，统统划入"私有化思潮"加以批判，我认为这也是错误的，不符合改革方向。

记者：那么究竟应该怎样做，才能使国有经济更好地发挥主导作用呢？

刘国光：要适当收缩国有经济范围。长期以来中国国有经济经营领域过广，实际上国家管不了也没必要管那么多行业，今后国家只要掌握战略产业部门、经济命脉部位即可，那些不该由国家管的企业，应逐步实行非国有化。要按照国家产业政策和地区产业结构的要求，通过产权转让和流动，对国有经济进行战略性调整，使国有企业从一般竞争性行业中退出，转让给各种类型的民有或民营企业去经营，国有资产营运范围收缩集中于自然垄断性部门、公益性部门和国家经济命脉部位，如邮政、电讯、铁路、港口、武器制造、航天、银行、高新技术产业等。对长期亏损、扭亏无望、不能偿还到期债务的企业，实行破产一批、出售一批、兼并一批。

记者：国有企业目前背着非常沉重的历史包袱，如债务、冗员以及企业办社会等，如果不加以解决，转变经营机制，向现代企业制度过渡就非常困难。请问对这些问题，您的思路是什么呢？

刘国光：企业的不良债务，除自身经营不善所致外，很大程度是国家财政政策调整造成的，例如，本属于国家投资兴办的企业和财政拨款的企业流动资金，自1983年起采用了用银行贷款代替财政拨款的办法，此后企业生产经营资本得不到应有的补充，加上国企税负偏重等原因，致使企业负债累累、无力偿还，我认为有必要在国有经济范围内，进行财政—银行—企业之间的债务重组，建立一种良性关系。对于清产核资中清查出来的企业潜亏，各种财产损失，以及由于企业不可抗拒的自然灾害和政策性原因造成的贷款损失，按有关规定分别予以冲销处理；由"拨改贷"和基建贷款形成的历史债务，按产业政策、企业经济地位和偿债能力，分期归还、挂账停息或转为国家资本金或银行股权。

由于我国过去长期实行低工资政策，现在的国有资产中，有相当比例实际上应属广大职工所得之积累，因此出让一部分产权或股权给有关的社会保障和社会福利基金组织掌握用于职工养老、失业救济、住房补贴等，是合乎情理的。企业为职工办的各项福利事业，也要逐项从企业剥离，逐步走向独立经营，或成建制地交当地政府或社会组织来管理。

记者：在中小企业改革问题上，一些地方如山东诸城、山西朔州等曾进行了各种尝试，中央提出"抓大放小"的方针以后，各地改革的步伐明显加快了。但至今也还听到有人将包括股份合作制在内的改革指责为"私有化"……

刘国光：20世纪80年代，一些人指责股份制，现在又将矛头对准股份合作制。我认为，把股份合作制说成私有制是不能成立的。尽管股份合作制企业的资本最终属于职工个人，但作为出资者的职工又是本企业的劳动者，他们联合起来对社会化的生产资料共同占有、共同使用、共同管理，并共同占取和分配劳动成果、共享税后利润，这里没有不劳而获、占取他人剩余劳动的情况，因而如果从生产关系总体而不是单纯从法权关系上来理解，股份合作制属于公有制的组成部分是无疑的。当然，其中特别是外来股份中可能会有私有因素的成分，因而，可以说这是社会主义初级阶段的一种公有制经济形态。

记者：根据您的经验，国有企业改革的时间表将会是怎样的呢？

刘国光：国有企业的困难和问题不是一日之寒，国有企业的改革改造也不可能朝夕完成，需要长期艰苦努力探索。在我看来，经过今明两年（1996年、1997年）的试点，如果在第九个五年计划内（1996—2000年）加以推广并不断完善，20世纪内完成国有企业经营机制的转换，基本建成现代企业制度，那将是一个很可观的成就。